Historical Literacy
in the Age of
Post-Globalization

教養としての
世界史
の学び方

Yamashita Norihisa
山下範久
編著

東洋経済新報社

はじめに

本書は、経済学や政治学、社会学など、社会科学を学ぼうとする大学初年次の学生に向けて、それら個別のディシプリンを学ぶ前提として必要な世界史のリテラシーを身につけていただくための「教科書」として企画されました。

「世界史」の「教科書」というと、事実の羅列や固有名詞の洪水を思い起こされる方がいらっしゃるかもしれません。また大学で社会科学の教育に携わる教員の間からは、「最近の学生は歴史に無知すぎる。あれも知らないし、これも知らない」といった風の愚痴もよく聞かれます。しかし本書は、高校までの世界史教育で本来は頭に入るはずであった知識を、効率よく詰め込みなおすことを目的に書かれた本ではありません。

本書が「世界史のリテラシー」と呼んでいるのは、現代を理解する枠組みとして世界史を適切に参照することのできる力です。後に述べますが、その意味で本書は、大学で用いられる狭い意味での「教科書」というよりも、むしろビジネスやさまざまな問題解決の現場にあってヴィジョンを求められている方々に役立てていただくべきリベラルアーツ（教養）のテキストでもあります。

では、なぜ「世界史のリテラシー」が重要なのか。完成した本書を読みかえして、私は編者として本書には大きく3つの宛先があると考えます。最初の宛先は、ビジネスにせよ公務にせよ、広く社会の現場で新しい価値の創造・提供に取り組もうとしている人々です。

現代はしばしばディスラプティブ（破壊的）な変化の時代といわれます。技術革新が、単なる既存のプロダクトの性能向上や機能付加ではなく、ライフスタイルや社会のあり方を変えてしまうような新しいプロダクトやサービスを創り出して、従来のマーケット、そしてその前提となっている価値基準を破壊し、ダイナミックに世界を変えているからです。すでに陳腐な引用ですが、スマートフォンやソーシャルネットワーキングサービス、各種のシェアリング・プラットフォームが、その登場の以前と以後でどれほど私たちの生活や意識、規範を変えたかを思い起こせば十分でしょう。

こうした時代において、技術的な専門知はそれだけでは価値を生みにくくなります。ただ良いモノを作るだけではなく、「良い」とはどういうことかを定義することが求められるからです。いわばプロダクト以前に、そのプロダクトが求められる社会をデザインすることが求められているのです。歴史学に限らず、今日、実業の世界でしばしばリベラルアーツの意義が説かれるのは、ここに理由があります。

新しい社会をデザインすること、言い換えれば社会における潜在的なニーズを可視化してそれに応える仕組みを考えること、それはきわめて創造的な作業ですが、必ずしもまったくの無から有を生み出す作業ではありません。イノベーションを新結合と定義したのは経済学者のシュンペーターでした。新しいものは、むしろ既にあったもののこれまでにない掛け合わせから生まれてくるものです。社会の新しいデザインを考えるとき、人類が異なる時代、異なる地域において、これまでにどれくらい異なるかたちの社会を構築してきたかについての知識、すなわち歴史の知識はいわば創造力の燃料となります。

ただ、特に歴史学的知識の場合、いくら強調してもしすぎることはないのですが、それはエピソードの集積のままで活かされるものではありません。社会の構造的な深層における変化を可視化して捉えることのできる視角をさまざまなかたちで——たとえば時間軸を変える、より広い空間的視野に置きなおす、新しいコンセプトで捉え返す——つまり枠組みを変えてみるといった仕方で——工夫すること、つまり歴史を解釈する適切な枠組みを運用する力を高めることが必要となります。この意味で「世界史のリテラシー」は、技術的な専門知をディスラプティブなイノベーションと接続するスキルとなるのです。

2つめの宛先は、特に高校生を含む若い世代です。というのもまさに今日、歴史教育のあり方自体が大きく変わろうとしているからです。

冒頭に本書は、世界史の知識を詰め込みなおすことを意図していないことを述べました。一般に、なにかを知っていること、なにかができること、そしてそれを通じてなんらかの成果を上げることとは、互いに関係はしていますが、異なる次元に属するものです。当たり前のことですが、現実の世界では、知識をため込んでいれば、それを用いて解決されるべき問題が向こうのほうからやってくるわけではありません。知識はそれだけではスキルとして活かされず、スキルも活かしどころを見出せなければ、コンピテンシーとして具体的に役に立つものにはならないということです。

すでに広く報道もされていますが、高校の歴史の指導要領が大幅に改訂され、2022年度から新たに日本史と世界史を統合して近現代史を学ぶ「歴史総合」という科目が必修で導入され、そのうえで「世界史探求」という科目に進むカリキュラムとなります。この改訂では、学び手である生徒自身が、現代社会への関心と関連付けて自ら問いを立て、史料と向き合い、能動的に理解を深めていくことが強調されています。

一般に「アクティブ・ラーニング」と呼ばれるこうしたアプローチは、国際バカロレア教程や他の先進的な教育プログラムではつとに実施されてきているものであり、現代社会に求められる人材育成に不可欠のものとされています。これからの若い世代はこうした教育を受けることがデフォルトになることを、従来の世界史教育を受けた世代はよく知っておく必要があるでしょう。本書はこのような現代的な歴史教育の潮流と社会科学を接続することを意識しています。

歴史教育におけるアクティブ・ラーニングにかかわって、もうひとつ本書が意識していることは、歴史修正主義や歴史否定主義の問題です。歴史に対して主体的に解釈に取り組むことは、「歴史は現代を生きる私たちがそれぞれの信念や利害に応じていくらでも好きなように解釈してよい」ということではありません。端的に事実に基づかない、あるいは事実に反する解釈は論外ですが、事実にさえ基づいていれば何を言ってもよいわけではありません。それ以上に大切なのは、解釈の枠組みの選択や構築について適切な技法を用いる力なのです。

この点、前述の新しい指導要領についても懸念の声は出ています。ただでさえまだ知識が乏しい生徒は安易な解釈で不適切な結論に陥りがちですが、その危険は指導する教員が解釈の枠組みの運用について十分な能力を持っているかどうかに大きくかかわるからです。そうした能力は、最も直接的には現場の先生方に求められるものですが、フェイクニュースの時代ともいうべき現代においては、事実を解釈する枠組みの適切な運用は単に歴史認識にとどまらない切迫性を持ったスキルでもあります。

3つめの宛先は、いわば本書のハードコアの読者、すなわち社会科学において研究を志す人々です。

今日、社会科学の歴史的前提は大きく変化しています。政治学にせよ、経済学にせよ、社会学にせよ、西欧の諸社会が19世紀に経験した大規模な社会変容とその帰結――つまり近代化――を踏まえて、その歴史的経験から抽出されたモデルを基礎に理論化・体系化が進められてきたものです。20世紀を通じて、近代化は次第に西欧の独占物ではなくなっていきましたが、近代化がどのようなものであるかを解釈する足場が西欧から離れたことはほとんどありませんでした。非西欧の諸社会――たとえば日本――における近代化の経験は、西欧の歴史を尺度に評価され続けました。「遅れている」とか「進んでいる」とかいう一次元的な尺度によってです。

もちろん、たとえば経済学が開発経済学という分野を発達させ、さらに経済史をそこに統合しようとしているように、西欧以外の諸社会を分析の対象に収めるために、社会科学のモデルを拡張しようとする努力は重ねられています。そしてそうした試みが決して何の成果も上げてこなかったわけではありません。しかし、そうして拡張されたモデルも、多かれ少なかれ出発点において西欧の経験を基準とする枠組みであったことに変わりはありません。結果として、条件の違いを無視して非西欧社会において適切に近代化を進めることに失敗したり、逆に条件が違いすぎるために近代化がそもそも不可能であると決めつけたりする議論に陥ったりということが繰り返されてきたこともまた否定できません。また非西欧社会の側でもそうした発想にむしろとらわれがちであったと言えるでしょう。

しかし20世紀の末以降、いわゆるグローバル化の中で、アジアの諸社会をはじめとして、むしろ非西欧の諸社会にダイナミックな発展の重心がシフトしてきました。多極化へ向かって動き出した世界を理解するためには、これまで19世紀の西欧という限られた視野の中で概念化されてきた「近代」を、時間的にも空間的にももっと大きな視野の歴史の中に開いて、多元的なかたちで捉え返す必要があります。

そうでなければグローバル化が引き起こす多元的な現実に対して、社会科学は力を失うばかりか、下手をすれば偏見を増幅する装置に転化してしまいかねません。これまで欧米からの発信にリードされてきた「世界史のリテラシー」を、むしろ非欧米社会の視点から逆に包摂し返すことが、グローバル化の今日に求められているのではないでしょうか。本書はその意味で日本から発信する新しいリベラルアーツ（教養）を目指すものでもあります。

本書を読むのに、従来の大学入試でしばしば問われてきたような、細かい史実に関する知識は不要です。必要なのは歴史を見る枠組みのカタログを増やすことへの貪欲さと自分にとっての「当たり前」の規範や価値観の外部に開かれた姿勢だけです。

本書制作の母体となったプロジェクトでは、経済学、政治学、社会学、国際関係論、歴史学、哲学、文学などディシプリンを横断し、多様なフィールドを持つメンバーとゲストスピーカー／ディスカッサントのあいだでおよそ2年半にわたる議論を重ねてきました。いわば異なる言語の話者の間のスリリングかつ辛抱強い討議を通じ、編者として本書は非常にリーダブルな作品にも仕上がったと感じています。

大学で社会科学を学ぶ学生の方はもちろん、能動的な学びにモチベートされた高校生のみなさん、そしてリベラルアーツの必要をわが身に感じておられるビジネスパーソンの方々、3つの宛先のそれぞれで、広く手にとっていただけるテキストだと信じています。

編著者

目次

第2章　近代的歴史記述をいかに開くか

第Ⅱ部 世界史と空間的想像力の問題

第3章 「ヨーロッパ中心主義」が描いてきた世界地図

第4章 アジア史から見る世界史

第5章　日本は「東南アジア」をどう捉えてきたか

第6章 大西洋のアメリカと太平洋のアメリカ

第8章 「市民社会」概念の歴史性と普遍性

第13章　宗教的交通の豊かさ

第Ⅰ部

私たちにとっての「世界史」はいかに書かれてきたか

［第Ⅰ部のポイント］

歴史は過去に関する記述——書かれたもの——です。過去は文字通り過ぎ去っており、私たちは時間をさかのぼって直接に過去を体験することはできません。なんらかの意味で書かれるということを経ずに歴史は私たちの前に姿を現すことはありません。それはまず、あらゆる歴史には書き手が介在するということを意味します。それはまた、どの歴史もその書き手の視点から見た過去の像にすぎないということでもあります。芥川龍之介の小説に『藪の中』という作品——黒沢明が『羅生門』というタイトルで映画化しています——がありますが、同じ事件について互いに矛盾する語りが並べられたこの作品は、歴史が過去の単純で透明な再現ではないということを鮮やかに示しています。この意味で「書き手の数だけ歴史がある」というのは、たしかにひとつの真理です。

しかし他方で、現に書かれたさまざまな歴史がまったく無定形で無限に拡散しているかといえば、必ずしもそうとはいえません。むしろたいていの歴史——書かれた過去の像——は、一定の型にはまっていることのほうが普通です。それは書き手が歴史を見る視点がその書き手の生きる社会や時代の関心に埋め込まれているからです。後にも述べますが、例えば、社会の目標が近代化に置かれており、その近代化が国民形成を必然的に伴うことが前提とされていた時代には——19世紀から20世紀の半ば頃までのことですが——その社会の歴史をひとつのネイションの発展の歴史として書く視点が、標準的な歴史の文法を規定しました。

私たちは、学校教育やあるいは日々接するメディアなどを通じて、なんとなく「世界史」とはどういうものか——比喩的にいえば『世界史』という書物の本文そのものではなく、目次のだいたいの構成がどうなっているか——についてのイメージを持っています。そしてそのイメージをある種自然なものとして受け入れていると思います。しかし実際のところその「世界史」のイメージは、程度の差こそあれ、「近代」を基準とするパースペクティブに埋め込まれたものです。これまで「世界史」が「近代」を基準としてきたことは、もちろん根拠のないことではありませんが、それは決して唯一の普遍的な世界史のパースペクティブを保証するわけではありません。むしろ20世紀を通じて、そして現代においてますます、そのパースペクティブが持つバイアスのほうが問題になっているのです。

この第I部では、近代に標準的となった歴史記述がどのように構築されたか、それが持つバイアスがどのようなものか、そしてその近代的な歴史記述をいかにして開くべきかについて述べます。

第1章

近代的営みとしての歴史学

［本章のポイント］

本章では、今日私たちが学問としての歴史だと考えているものが、近代にどのように成立し、それが世界史の描き方としてどのような枠組みを持ったものであり、その枠組みにどのようなバイアスがあるのかについて述べます。「古代、中世、近代」という時代区分の持つ意義と問題を理解することが本章の目標です。

科学としての歴史学

(1) 人類の進化と神話

現在地球に生きている私たち現生人類、すなわちホモ・サピエンス・サピエンスの大きな特徴のひとつは、血縁関係などの小さな範囲を超えて大規模な社会的協調行動をとることです。そのような大規模な社会的協調行動は、例えば「自分たちがなんらかの共通の起源から生まれ出てきり、運命を共にした仲間である」などといったかたちの物語を共有する能力を条件としています。そうした物語の共有によって、社会的な協調行動を要求する秩序に、私たちの生きているこの世とはそういうふうにできているのだという根拠づけが与えられることになるからです。

こうした物語は必ずしも客観的な事実に基づいている必要はありません(むしろ直接見たり触ったりできるものから切り離された次元で物語を事実であるかのように受け取ることのできる能力こそがホモ・サピエンス・サピエンスが他の人類と異なる進化的適応を遂げた生物である所以です)。その物語が社会を構成する集団の成員によって事実であるかのように信じられていることが、社会的な協調行動の基盤となります。

人類の社会に特徴的なこうした機能を持つ物語は、「神話」と呼ばれることがあります。この神話は、自分たちの社会がどのような起源を有しており、それに由来して現在の自分たちの社会がなぜ今あるようなかたちをしているのか、なぜこのような秩序を持っているのかを説明するという意味で、その社会の歴史を語っているともいえなくもありませんが、一般に歴史は神話とは異なるもの、むしろ神話と対置されるべきものと位置づけられています。神話はなんらかの超越的な（人間の経験的な次元を超えた）根拠に基づく物語であるのに対して、歴史はあくまで人間の経験的な次元における客観的な事実に基づくものだとされるからです。

歴史を書く営みの歴史の起源として、しばしば古代ギリシアにおけるヘロドトスの『歴史』やトゥキディデスの『戦史』といった作品が名指されるのは、それらの作品が、その作者の明示的な意図として経験的事実に基づいて自分たちの生きている社会の成り立ちを説明しようとしていることが認められるからです。ヘロドトスは、自分が実際に見たもの、実際に見てきた（と主張する）人から聞いたことによって『歴史』を書いたと述べていますし、トゥキディデスは、さらにそうした目撃や証言の客観性について明示的な関心を示す記述を行っています。

(2) 神話と歴史は区分できるか

このように基本的な態度において神話と歴史とは相反するものであることは踏まえたうえで、神話と歴史の区別の難しさについても触れておかねばなりません。先に述べたように、そもそも現在の社会の由来と成り立ちを説明する物語として、神話の中に歴史を読み取ることは不可能ではありませんし、逆に歴史が経験的な事実のみに基づいて書かれるといっても、経験的な事実のすべてを完全に再現することは原理的に不可能です。むしろ、何らかの手続きによって「事実」として選ばれた過去の断片を筋の通る物語に配列したものが歴史であるといったほうがよいでしょう。

だとすれば、何を「事実」として選ぶのか、どのような筋の配列に説得力を感じるのかは、歴史を書く人間とその歴史を読む人間が属する集団や社会の価値や信念に左右されますし、また逆にどのような歴史が書かれ、どのような歴史が読まれるかによってその集団や社会の価値や信念のかたちも変わりえます。つまり、特定の社会のかたちを正統化するという点で歴史には神話と共通する機能を帯びるのです。

このような機能を果たすことを目的として歴史が書かれるならば、そのような歴史は当然神話に接近しますが、逆にこうした機能を帯びる可能性から完全に隔離されたところで歴史を書くことは不可能です。実際のところ、例えば中国の歴代の王朝が編んだ正史のように、人類の歴史の中で書かれてきた（そして読み継がれてきた）歴史は、多くの場合、むしろ特定の社会のかたちを正統化することを目的としていましたし、近代の国民国家が整備した大学において制度化された歴史学は、後にも述べるように近代国家としての国民《ネイション》の統合と国民的《ナショナル》な発展を支える機能を――しばしば明示的に意識された使命として――果たしました。

私たちの生きている現代においても、社会統合のあり方に影響を与えるために歴史が書かれること（あるいは歴史が書き直されること）はけっして珍しいことではありません。この意味で、歴史と神話の区別はかならずしも容易ではありません。そればかりか、特に近代以前において歴史は、例えば勧善懲悪の枠組みで解釈された説話・教訓的な物語との区別や、歴史的事件に題材をとって脚色されたエンターテインメントとしての物語との区別もあいまいでした。そうした多様な形態の物語も、人々の集団的な共同意識を構成することにあずかっていたとするならば、逆にごく広い意味での神話に含めて考えることもできるでしょう。

(3) 近代国家、大学、歴史学

しかし近代において歴史は、宗教や形而上学やイデオロギー、さらには歴史に題材をとったフィクションをも含む広い意味での神話からはっきりと区別された、真理を追究する自律的な知的生産の営みとして制度化されました。一言でいうならば、歴史は、科学としての歴史学として根拠づけなおされたのです。この科学としての歴史学の制度化の舞台となったのは、19世紀以降の近代国家が整備した大学でした。

一般に(ヨーロッパにおける)大学の起源は中世(具体的には12世紀頃)にさかのぼりますが、学生ないしは教師のギルドとして成立した中世の大学は、初期近代(16~18世紀)にいったん衰退しています。今日私たちが知る大学は19世紀以降に近代国家が整備することで「復興」(もう少し正確にいえば再定義)されたものです。このとき整備された大学は、一方で近代的な国民国家の統合と発展という目的を持って作られたものですが、他方でそこで推進される学問——真理を追究する営み――は、宗教や形而上学といった、なんらかの超越的な根拠に基づいて体系化された知識ではなく、経験的な次元における客観的な事実に根拠をおく「科学」という様式をとることが基本的な条件となりました。言い換えれば、学問が、近代国家の目的に奉仕しつつ、近代国家による保護を受けるためには、自らの営みが科学であることを主張しなければならなくなったのです。

では、なんらかの真理（真である知識）の主張が科学的であるためには、具体的にはどのような条件を満たさなければならないのでしょうか。「科学とは何か」というのは、科学哲学の問いそのものであり、そう簡単にこたえられるものではありません。ただ大学の再整備が進んだ時代において、「科学とは何か」という問いについて考える際のひとつの枠組みとなったのは、法則定立的科学と個性記述的科学という二分法でした。法則定立的科学とは、観察から何らかの一般化された法則を見出そうとするアプローチです。例えば、物理学は法則定立的な性格の強いディシプリンといってよいでしょう。また社会科学においても、例えば物理学に範をとって科学としての自立を目指してきた経済学のように法則定立的な性格の強いディシプリンはあります。

しかし歴史学は、このような法則定立的な方向で自らを科学として正当化する道は歩みませんでした。ひとつの大きな理由は、歴史の一回性です。法則を見出すことは、なんらかの反復するパターンを発見することをともないますが、「同じ川の流れに二度飛び込むことはできない」という俚諺もある通り、歴史においてまったく同じ状況そのものが起こることは究極的にはありえません。過去のすべての状況が一回限りの固有性を持っているならば、そこに法則を見出すのは無意味だということになります。

仮になんらかのパターンが抽出できたとしても、それは表面的なものでしかなく、そのパターンの背後にある事実をむしろ覆い隠してしまう――その分だけ過去についての真実から遠ざかってしまう――ことになります。この場合、科学的であること――経験的な次元で客観的な事実に基づく知識であること――を追求することは、普遍的な法則を発見することではなく、状況の個別性をできるだけその状況の個別性そのものに即して再現することに向かうことになります。これが個性記述的アプローチであり、歴史学はまさに個性記述的科学として自己を科学として正当化する道を歩んだのです。

個性記述的科学としての歴史学を理解するうえで、歴史の一回性ともかかわって、もうひとつの大きな意味を持つと考えられた要素は、人間の持つ自己対象化の力です。人間には、自己を対象として観察し、それに基づいて自己のあり方を変える能力があります（社会学などではこの能力を「再帰性」といいます）。人間は、この自己対象化の能力ゆえに、自由な意思の力によって自らが生きる社会を変革する主体、つまり歴史の主体だとされてきました。人間の持つ自由な意思が歴史を作るのだとしたら、そこに法則を見出すことはやはり無意味だということになるでしょう。逆に言えば、近代の歴史学は、人間が主体として作り出してきた過去の社会の変化を歴史学の対象とすることで、個性記述的な科学としての自立性を確保したのです。例えば地質学は、法則定立的に生産された科学の知識を用いて過去の地球の姿を再現しようとしますが、そのような法則定立的な他の科学による過去の事象についての知とは異なる次元での真理が歴史学の領分として確保されたわけです。

(4) ランケの「歴史主義」

個性記述的科学としての歴史学の方法論的な基礎を確立した歴史家として、レオポルト・フォン・ランケ（1795－1886）を挙げることができます。ランケが確立した歴史学の様式はしばしば「歴史主義」と呼ばれます。ここでいう「歴史主義」とは、ごく単純化していえば、過去の事象をその過去の文脈において理解しようとする態度のことを指します。「過去の文脈において理解する」ということは、一方で、現在の視点からの解釈を排除するということであり、他方で、他の時代的文脈から切り離されたなんらかの全体性のある文脈の存在を前提とするということでもあります。このそれぞれからランケの歴史主義を要約する2つの有名なフレーズが発されます。

ひとつは「ただそれが如何にあったか（wie es eigentlich gewesen）」というフレーズです。このフレーズが意味しているのは、歴史は、現在にあって歴史を書く者の価値観による解釈として書かれるのではなく、客観的な事実にのみに基づく過去の再現として書かれなければならないということです。そして過去の客観的な事実に基づくということは、再現しようとしている過去の事象が起こった時に生じた経験的な証拠に基づいて歴史は書かれなければならないということになります。そのような経験的証拠として最も体系的に利用可能だとされたのが、その歴史的事象に伴って書かれた文書です。人間が自分たちの社会を自分たちの意思で作り出し、動かそうとするとき、例えば、法令や命令文書、外交文書や書簡、憲章や宣言など、さまざまなかたちで文書が書かれます。こうした現場で書かれた文書こそが、その歴史的事象の起こった文脈におけるその事象のあり様を再現する際の直接的な証拠となるというのが、ランケとその弟子たちの方法論の基礎になりました。

もちろん、人間は嘘をつき、またしばしば事実を誤認します。したがって再現すべき過去のその時に書かれた文書だからといって、そのすべてがそのまま過去を透明に再現しているわけではありません。そうすると、証拠として集められた過去の文書を相互に突き合わせて、なにが事実であるかを突き止める作業が必要になります。これが「史料批判」と呼ばれる作業であり、今日でも歴史学の方法的な基礎とされています。ちなみに、この史料批判の技法は、もともと手書きによる書写が繰り返されているうちに、いくつもの異なる版が生じた聖書について、それらの異なる版を照合して、オリジナルのテクストを確定しようとする聖書学の発展の中で編み出されたものの応用でもありました。

ランケの歴史主義を要約するもうひとつのフレーズは「各時代は神に直接する（jede Generation unmittelbar zu Got ist)」です。神という言葉が入っていますが、そこに宗教的な含意はありません。これは、それぞれの時代に完結した世界としてのなんらかの全体性があり、それぞれの時代は質的に異なる文脈を構成しているという意味です。そうであるがゆえに、例えば中世の社会は単に十分に近代化していない社会なのではなく、近代とは異なる別のかたちで完結したひとつの世界として捉えなければならないというアプローチが導かれてきます。その時代固有の文脈を踏まえ、その時代の視点に立つことではじめて、過去のリアリティ――「ただそれが如何にあったか」――が再現できるというわけです。ランケは古代から近代にいたる歴史の変化を、民族によって異なるテンポとパターンで進行する、段階から段階への発展だと捉えました。それぞれの段階が、固有の特徴を持つ完結した文脈を成すものとして研究の対象となったのです。

近代歴史学と時代区分

(1) 近代に生まれた三区分法

一般に歴史を書くという営みにおいて、時代区分は書かれる歴史に意味を与えるうえで本質的な役割を持ちます。特に前節に述べたようにランケに象徴される個性記述的科学として確立された近代の歴史学は、その歴史主義的方法論自体が時代区分を要求します。

近代の歴史学において最も基本的な世界史の時代区分は古代、中世、近代の三区分法です。論理的に当然ですが、この三区分法はそれ自体が近代に生まれたものです。中世的な社会構造が解体して、新しい社会が形成されつつある時期に、その新しい時代に名前を与え、それを意味づける枠組みとして三区分法は生まれました。つまり近代的な歴史の捉え方自体、言い換えれば近代的な歴史意識が、この三区分法を成立させたわけです。その意味で、近代は、古代、中世、近代という三区分法で歴史を見る時代という自己言及的な性格を持っているともいえます。

もっとも三区分法の発想のもとになった具体的な起源は必ずしもひとつではありません。例えば古代の学芸に関心を寄せたルネサンス期の人文学者は、古代／中間の時代／近代という三区分で世界史を見ていましたし、プロテスタントは原始教会の時代／カトリック教皇たちの時代／プロテスタントの時代という見方で世界史を捉えていました。これらの三区分は具体的な時期や年代において、厳密に重なりあうものではありませんが、近代の初期にあたって、自分たちが直近の過去から断絶した新しい時代を生きているという歴史意識を反映している点で共通の性格を持っています。

留意すべきは、近代の初期にあたっては、自分たちの生きている「新しい時代」がどのような性格や特徴を持った時代なのかを自立的に表現する言葉がなかったということです。「新しい時代」はさしあたって、直近の過去の否定としてしか理解されません。そこで呼び起こされるのが、その直近の過去の向こう側にあったさらに古い過去です。直近の過去は、かつてその古い過去が滅びることによって成立したものと捉えられます。そこから、その滅び去った古い過去の中に、直近の過去を乗り越えるために甦るべき要素があるという発想が出てきます。近代の黎明におかれるルネサンスは、まさに古代の文芸の復興運動そのものでしたし、フランス革命の当事者たちは、自分たちをしばしばローマ時代の共和主義者になぞらえました。こうして、新しい時代、すなわち近代にとって乗り越えられるべき「暗黒の時代」としての中世と、その中世によって抑圧されていたが、いまや再発見されて新しいかたちで復活させられるべき古代という三区分が生まれてくるわけです[1]。

近代の初期（17世紀ごろ）に、さまざまなかたちで用いられていた三区分法は、ランケ的な歴史主義と合流し、19世紀には古代、中世、近代という3つの構造的に異なる時代に区分して世界史の発展段階を捉える見方が定着しました。それは概略以下のようなものです。

（1）ここでの叙述は近代を進歩とみなす考え方を前提にしていますが、近代の初期においては、「退歩史観」とでも呼ぶべき歴史の見方もありました。すなわち、最高の理想は過去に打ち立てられており、人類の歴史はそこからの堕落の歴史であって、人間にできることはせいぜいのところ、過去の最高の理想にできるだけ近づく（あるいは離れない）努力をすることでしかないという歴史の見方です。このような歴史の見方に立つとき、三区分法的な時代区分は、必ずしも近代が優れた時代であることを意味しません。古代こそが優れた理想の時代であり、近代はそれを抑圧した中世の暗黒を脱したとはいっても、けっして古代を越えることはできず、せいぜいその不完全な模倣をしか実現できないという捉え方も可能だからです。

実際、17世紀のヨーロッパでは、ギリシアやローマの古典と自分たちの時代とでは、どちらのほうが優れた技芸を生み出しているかについて、激しい論争が起こりました（「新旧論争」といいます）。この論争はやはり17世紀に起こった科学革命の成果が広く認められるとともに、近代のほうが優れているという結論に落ち着いていきましたが、逆にいえば、新しい時代としての近代が世界史において優れた時代であるという認識は、少なくとも近代の始まりにおいて自明ではなかったということは閑却すべきではありません。

(2) 世界史の発展段階としての時代区分

まず古代とは、ギリシア・ローマ文明から西ローマ帝国の滅亡（476年）までを指します。この古代において「世界」は地中海です。政治体制として、ギリシアはポリスに特徴づけられ、ローマは共和制から帝政への変容に特徴づけられます。経済的には古代は奴隷制を前提とする社会であると特徴づけられます。

つづく中世は一般に、西ローマ帝国の滅亡から東ローマ帝国の滅亡（1453年）までの期間を指します。シャルルマーニュ（カール大帝、742-814年）による西ヨーロッパ世界の完成を軸として中世世界の形成期とみなされる前期（476年～10世紀）、教皇権が絶頂を迎え、十字軍が行われる中期・盛期（11～13世紀）、封建制の矛盾が顕在化し、近代への移行につながる構造変動が起こり始める後期（14世紀～1453年）とさらに区分することが一般的です。

中世は一方で封建制の時代であり、他方でカトリック教会の時代でした。逆にいえば、一方で封建領主、他方で教皇権力に対抗する力が、その後の近代を作り出すという位置づけにもなります。中世において権力基盤の弱かった国王が、一方で諸侯に対して権力の集中を図り、他方でローマ教皇から自立して絶対王政国家を構築していく過程は、まさに中世から近代への移行期に位置づけられますし、中世において封建領主や教会の権力から一定独立した位置を占めていた自治都市の存在も、のちの近代を準備するものであったと一般に位置づけられます。

そして近代です。先に中世の終わりとして東ローマ帝国が滅亡した１４５３年という年号を象徴的な区切りとして挙げました。そのまま裏返せば、近代はおおむね15世紀の後半から始まるということになります。これは近代の起源についてのひとつの考え方としてもちろん成り立つことであり、実際そのように記述する世界史の教科書はいくらでも見つけることができます。

(3) 近代はいつ始まったのか

ただ、近代がいつ始まったかという問いは、大きく２つの理由から少し複雑な問題をはらみます。ひとつの理由は、すでに述べたように、近代という時代区分が、近代人が自分たちの生きている時代を過去から区別し、「新しい時代」として切り出してきた自己言及的な概念であることです。もうひとつの理由は、近代という時代が現代を生きる私たちの時代であり、その意味で現代と地続きに捉えられていることです。

まず前者の理由について、近代を生きる人々が自分たちの生きる時代を「近代」という固有の性格を持った時代であると認識し、それを概念化し、そしてその認識が社会に定着するのは、近代という時代そのものよりも遅れてやってきます。そしてそのように自分たちが近代に生きているという時代認識が定着することで、ほかならぬ近代社会自体の性格が強められ、近代社会の中にダイナミズムを生み出すため、いわばそうして後からやってきた認識が、近代社会のあり方を変えていくことになります。

そこに後者の理由がさらに問題を複雑にします。15世紀の後半から始まったとすれば、すでに私たちは500年以上近代を生きていることになりますが、その間に近代社会のあり方がダイナミックに変わってきたのだとしたら、私たちが生きている現代も含めて、まさに歴史の中のどの地点から「近代」という概念を過去に向かって投射しているのかによって、その意味は必ずしも一定ではないことになります。事実、「近代」という言葉は、社会科学およびその周辺の文献で広く用いられますが、それがいつから始まる時代としてイメージされるかは、議論の文脈によってかなりの揺らぎがあります。逆にいえば、「近代」という言葉は、歴史を意識しない場面では、かならずしも厳密な定義はなく、かなり伸縮的に用いられているということでもあります。

こうした複雑さも踏まえて、近代をどう捉え、どう位置づけるべきかについては、次章であらためて述べます。ここでは時代区分としての「近代」は、視点によっていくつもの異なる枠組みやスパンで捉えることができることを指摘するにとどめておきましょう。ただ差しあたって、ごく一般的な次元で世界史を俯瞰する枠組みの通説として、近代の起源をどこに置くかについては、大きく2つの考え方が広く前提とされています。ひとつは前述のように15世紀の後半に起源を置くもの、もうひとつは18世紀末を画期とするものです。何の断りもなく「近代」といえば、漠然としたかたちではあれ、2つのうちのどちらかがイメージされているといってよいでしょう。

前者、すなわち15世紀の後半に起源を置く考え方では、近代の起点として、ルネサンスや宗教改革、大航海時代の意義が重視されます。いずれも中世のマインドセットを支配した神や教会の権威からの離脱という性格を持っています。またそれらを経て成立する主権国家や絶対王政の成立も近代的な政治体制の起源として位置づけられます。経済的にも15世紀後半からは生産力の持続的な上昇とともにヨーロッパ規模（あるいは大西洋規模）での垂直的な交易関係が成立しました（大航海時代の意義はここにもあります）。当時の先進産業であった毛織物工業が北西ヨーロッパに集積する一方で、そこで雇用される労働者への食糧の生産が東欧や南欧に集積し、それらが互いに結びついてひとつの資本主義的なシステムが出来上がったとする世界システム論のような見方もこの立場に含められます。

これに対して後者の考え方では、アメリカ独立革命やフランス革命などの市民革命、18世紀後半のイギリスに始まったとされる産業革命、政治的共同体としてのネイションの概念の成立とともに近代国家の様式として広まった国民国家など、より直接的に現代の私たちの生きる社会を構成する制度の形成が重視されます。

2つの考え方は、必ずしも排他的ではありません。15世紀後半から18世紀末までを、いわば本格的な近代社会が到来するまでの長い移行期間に位置づけて、「初期近代（early modern）」というひとつの時代区分（あるいは下位区分）として捉える見方は、少なくとも西欧の文脈では一般に定着しているものです。

いささか脱線しますが、日本史では、この「初期近代」と年代的におおむね重なりあう織豊政権から江戸時代までの時期を「近世」と呼んできたので、early modern の訳語として「近世」

が当てられることもしばしばあります。特に近年では、15世紀後半から18世紀末にかけての時期に、単にヨーロッパだけではなく、アメリカ大陸、アフリカ、アジアの諸地域が互いに関係しあいながら、グローバルな文脈を共有していたことに注目する歴史家が増えており、early modernがヨーロッパ史の文脈の外でも用いられる一方で、日本語の文献では「近世」が日本史の文脈を離れて、そのようなグローバルな意味でのearly modernの訳語一般として用いられるようにもなっています。

(4)「長い19世紀」と「短い20世紀」

話を戻すと、先に述べたように近代社会には、それ自身のありようを捉え返し、それまでの近代社会の限界を乗り越えて、さらに近代的な社会へと変容を促していくダイナミズムがあります。むしろそうしたダイナミズムこそが近代という時代を特徴づけているともいえます。そうした観点に立って、初期近代と19世紀以降の近代を長い近代化の過程の2つの段階のように捉える見方をもう一歩延長すると、内部にいくつかの区切りを持ち、多段階的に進行する近代化の過程として近代という長い時代を捉える見方にもつながってきます。表面的な事件の連鎖の次元ではなく、もっと深い社会の構造の変化としての長い近代化の過程全体を「近代」と捉える見方です。例えば、初期近代の間にも17世紀の科学革命のような大きな離陸の区切りがありますし、18世紀末以降にも、例えばフランス革命からロシア革命あるいは第1次世界大戦までの時期を「長い19世紀」、両次の世界大戦から１９８９年のベルリンの壁の崩壊に象徴される冷戦の終焉の時期までを「短い20世紀」と区切って捉える見方は広く共有されています（この２つの用語はイギリスの歴史家エリック・ホブズボームによって広められたものです）。「長い19世紀」はヨーロッパの帝国主義／植民地主義が近代化をけん引した時代、「短い20世紀」はヨーロッパの外部の世界からの巻き返しの時代、あるいは社会主義というかたちのオルタナティブな近代へ向けた挑戦の時代といった性格づけができるでしょう。近代の起源は、複数のスパンで多層的に見出せるものなのです。

さて少し整理しておきましょう。近代に成立した歴史学は世界史を「古代、中世、近代」に区切る時代区分をベースとして歴史記述を枠づけました。逆にいえば、ある社会の歴史を考えるとき、その社会がいつ古代から中世になったのか、いつ中世から近代になったのかが、歴史を記述する際の最も基本的な問いになったということです。

一般に近代は、おおむね15世紀後半のルネサンスや宗教改革、大航海時代と結びついたイメージか、18世紀末から19世紀にかけての市民革命、産業革命、国民国家の形成といったイメージで捉えられますが、もう少し厳密に考えた場合、近代という時代区分の持つ自己言及性が問題になります。その自己言及性に由来する近代のダイナミックな――たえず自己更新していく――性格のゆえに、「近代」は複数の異なるタイムスパンの起源を持つ伸縮的・多層的な意味内容を帯びることには注意しておく必要があります。

近代を基準とする歴史観のバイアス

(1) 第1のバイアス：近代の目的視

古代、中世、近代の三分法と「近代」概念の導入は単に歴史学の中で起こったことではなく、歴史学を含めた社会科学全体の制度化のされかた自体に影響を与えました。端的にいえば、政治学、社会学、経済学などの社会科学の諸ディシプリンは、「近代」社会とはどのような社会であるかという問いを起点に成立したものといっても過言ではありません。おおむね19世紀に起こったそのような社会科学の制度化が、どのような世界観のもとに成立したかについては第3章で述べます（「19世紀パラダイム」についての記述を参照してください）。ここでは、近代を基準とする歴史観が、歴史学も含めて社会科学全般にどのようなバイアスを与えたかについて述べます。

ここまで見てきたように、科学として正当化され、制度化された歴史学は、近代を基準とする歴史観を自己言及的にインストールして成立しました。そこから大きく3つのバイアスが生じます。

第1のバイアスは近代の目的視です。近代を基準として古代、中世、近代の三分法を採る歴史観は、社会が古代から中世を経て、最終的に近代というゴール（終着点＝目的）にたどり着く過程を描く物語の枠に歴史を収める傾向を帯びます。この傾向は、歴史の描き手が、自らの属する現代を近代社会として肯定していればしているほど強まります。

もちろん近代化は大きな達成であり、人類の諸社会をより良いものにしてきました。生産力の向上のような物質的な恩恵もそうでしょうし、人権や民主主義といった観念の普及もそうでしょう。しかし近代社会が、一度そこにたどり着きさえすれば、永遠に約束される楽園のような場所であるかといえば、かならずしもそうだと決めてかかることはできないでしょう。21世紀の今日に至っても地球のすみずみまでが近代化したとはとてもいえませんし、近代によって破壊された価値を過小評価すべきではありません。また、近代社会として一定の達成をみた社会において、例えばポピュリズムや排外主義のようなかたちで、近代社会の基本的な価値がむしろ否定されるような傾向もないとはいえません。それが近代からの後退や近代の崩壊を意味するのか、既存の近代社会からまた別のかたちの近代への進化や近代の超克へと向かうものなのかはきわめて論争的な問題ですが、近代社会が固定的な歴史のゴールでないことは確かです。

かつて冷戦が終焉を迎えたとき、アメリカの政治学者であるフランシス・フクヤマは「歴史の終わり?」という論考をNational Interest誌に寄稿し、古代から近代にいたる人類の解放の中でリベラルな民主主義こそが人類にとって最善の政治体制であり、冷戦の終焉と社会主義体制の否定によって、それに対する有意味な代替案がないことがはっきりしたいま、人類はまさに「歴史の終わり」に到達したと述べ、大きな反響を呼びました。しかしその直後からリベラルな民主主義へのバックラッシュはむしろ強まりつつあるように見えます。ほかならぬフクヤマ自身が近著の『政治の起源』および『政治の衰退』の中では、リベラルな民主主義へ至る歴史のルートが必ずしも普遍的ではないかもしれないこと、またいったんリベラルな民主主義に達した社会がそれを維持するための政治的なコストは決して小さなものではないことを強調しています。

近代社会が達成した価値を認めることと、近代化を普遍的、必然的、最終的なゴールとして歴史を解釈する枠組みを無批判に前提とすることは異なります。すでに21世紀に生きている私たちはこの意味で歴史のゴールとしての近代を相対化する視点を持つ必要があります。

(2) 第2のバイアス：ネイションという主体

第2のバイアスは歴史の主体的単位としてのネイションです。近代を基準とする歴史観は、時間軸上の社会の変化を近代化に向かう変化として意味づける圧力をともないます。逆にいえば、近代化の尺度で評価できる変化が観察されない社会に対して「歴史がない」という切り捨てを行う傾向を帯びるということです。実際、19世紀から20世紀の初頭にいたるまで、近代的な歴史学が研究の対象とした社会は、イギリス、フランス、ドイツ、イタリア、かなり遅れてせいぜいアメリカ合衆国が加わる程度でした。近代化を果たしたとみなされたこれらの国々は「歴史を有するネイション（historic nation）」として歴史学の対象となりましたが、例えばインドや中国、マリやメキシコ、トランシルバニアやアナトリアといった地域は、文献学や地誌、民族誌の対象にはなりえても、歴史学の対象にはならなかったのです。逆にいえば、20世紀に入って、ヨーロッパの周辺部や非西洋の諸社会が、近代国家の建設を目指したとき、自分たちのネイションの歴史を書くことが、おおきな政治的意味を持ちました。それは自分たちの社会が近代国家であるという存在主張に直結していたからです。

しかしいずれにせよ、歴史は近代化の主体としてのネイションを単位として書かれるものであることが、近代を基準とする歴史学の前提となったことにかわりはありません。結果としてネイションの境界をまたぐように存在する集団や交通関係は歴史学の関心の後景に置かれることになりました。近代化の担い手としてのネイションにとって有意味なこと以外は公式の記録にも社会の集合的な記憶にも残りにくいというバイアスを生むことになりました。

さらにネイションが歴史記述の単位となることには、もうひとつのバイアスも埋め込まれています。ネイションという概念は、歴史記述の地理的な単位の側面も持ちますが、むしろ第一義的には近代化の担い手たる人間集団として定義されるものです。「歴史を有するネイション」とは、自然や伝統に対して受け身な存在ではなく、自分たちの社会を自分たちで制作する主体として、近代化を目指す意思を持つ人間の集団であることを意味します。この見方の中で歴史は、人間が自らの意思で構築するもの、言い換えれば「自然」と対比されるような意味で「社会」的に構築されたものに視野を限定されるバイアスを持つことになります。

今日でこそ、例えば気候変動のような自然の要因が歴史を動かす視点は比較的考慮に入るようになりましたが、それは、近代を基準とする歴史観がもつ近代的な人間観——意志と理性によって自らの社会を制作する主体としての人間——を乗り越えようとする、比較的新しい試みのなかで出てきた視点です。この意味で近代を基準とする歴史観は人間中心的な歴史であったといえます。

(3) 第3のバイアス：ヨーロッパ中心主義

最後に第3のバイアスはヨーロッパ中心主義です。すでに述べたように近代を基準とする歴史観は古代、中世、近代の三分法に基礎づけられていますが、その時代区分はあくまでヨーロッパの視点によるものです。この時代区分をヨーロッパ以外の社会に当てはめようとするとどうしても無理が生じます。アステカ帝国は古代社会なのでしょうか、中世社会なのでしょうか。「インドの中世」とはいつ始まっていつ終わったと考えればいいのでしょうか。中国の封建制はヨーロッパの中世社会と比較可能なのでしょうか。

近代を基準とする歴史観は、ヨーロッパの歴史から抽出されたモデルを物差しとして、その他の社会の歴史を古代、中世、近代の三分法からなる一次元的な尺度に位置づけようとする枠組みに帰着します。さらにいえばそれは、すでに近代に達したヨーロッパ社会の視点から、他の社会がどこまで追いついてきたか（あるいはどの段階にとどまっているのか）を評価する視点をともないがちです。しかし、もともと異なる条件のもとでそれぞれに発展してきた社会の形態を、特定の一地域の歴史から抽出されたモデルに当てはめて解釈しようとすれば、その社会を理解するうえで実質的に重要な要素を切り捨て、モデルに合う部分だけが過大に評価されることになります。

もちろん、近代に普遍性があることを軽々しく否定することはできません。19世紀から20世紀にかけて、ヨーロッパ世界だけではなく、ラテンアメリカやアジア、アフリカの諸社会が次々と近代化を目指すようになったことを、「単に植民地化の外的圧力のもとで、やむを得ずそれまでの社会のあり方を変えた（変えさせられた）だけだ」と解釈することは一面的に過ぎるといわざるをえないでしょう。時代区分を考えるときに典型的に表れますが、個々の歴史的変化について、それがその社会に対して持つ意味の深さ浅さを測るには、なんらかの基準が必要になります。近代の持つ普遍性がそのような基準を定めるうえで説得力のある根拠を提供することは認めるべきでしょう。

ただ近代化の経験自体の広がりとは別に、特に19世紀から20世紀の前半にかけて、近代化の経験をどう解釈するか、いわばその解釈権がヨーロッパ世界にほぼ独占されてきたことは、歴史を見る基準としての近代の捉え方に大きなバイアスを与えてきました。近代の持つ普遍性を、ただヨーロッパの経験からのみではなく、より多様な立場からの近代化の経験を踏まえて概念化することなしには、歴史の基準に近代を置くことはやはりできないといえるでしょう。

［文献］

アンダーソン、ベネディクト『想像の共同体』白石隆・白石さや訳、書籍工房早山、2007年
ウォーラーステイン、イマニュエル『知の不確実性』山下範久監訳、藤原書店、2015年
岡崎勝世『世界史とヨーロッパ』講談社現代新書、2003年
岡本隆司『中国の論理』中公新書、2016年
コリングウッド、R・G『歴史の観念』小松茂夫ほか訳、紀伊国屋書店、1970年
サイード、エドワード『オリエンタリズム』今沢紀子訳、平凡社、1986年
酒井直樹・ブレット・ド・バリー・伊豫谷登士翁編『ナショナリティの脱構築』柏書房、1996年
遅塚忠躬『史学概論』東京大学出版会、2010年
野家啓一『歴史を哲学する』岩波現代文庫、2016年
フクヤマ、フランシス『歴史の終わり（上・下）』渡部昇一訳、三笠書房、2005年
フランク、アンドレ・グンダー『リオリエント』山下範久訳、藤原書店、2000年
ホブズボーム、エリック『市民革命と産業革命──二重革命の時代』安川悦子ほか訳、岩波書店、1989年
ホブズボーム、エリック『資本の時代　1848-1875（1・2）』柳父国近ほか訳、みすず書房、1981-1982年
ホブズボーム、エリック『帝国の時代　1875-1914（1・2）』野口建彦ほか訳、みすず書房、1993-1998年

ホブズボーム、エリック『20世紀の歴史――両極端の時代（上・下）』大井由紀訳、ちくま学芸文庫、2018年
メール、マーガレット『歴史と国家』千葉功ほか訳、東京大学出版会、2017年

第2章

近代的歴史記述をいかに開くか

［**本章のポイント**］

第1章に述べたように、近代的歴史記述は、ヨーロッパの諸ネイションによる近代化の達成の過程を基準として、世界史の全体を枠づけ、様々な歴史的経験を評価するパースペクティブです。近代化は確かに人類の大きな達成であり、そこに一定の普遍性が含まれていることは否定できませんが、近代的歴史記述におけるそのモデル化には、世界史における、さまざまな他の経路や形態での社会の進歩や普遍性が不可視化される傾向があり、グローバル化が進んだ今日、かえってその視野の狭さや偏りが問題視されています。本章では、グローバル化の視点から、近代的歴史記述に対する批判の展開を簡潔に追い、「近代」概念が負わされているバイアスを解除するアプローチをマッピングします。本章は本書全体の問題意識の理論的総論にもあたります。難解に感じる読者は、本章を飛ばして第Ⅱ部、第Ⅲ部に進み、最後に本章に返ってお読みになることをお勧めします。

近代の普遍性と世界の複数性

(1) 近代的歴史記述を開く3つのアプローチ

第1章では、近代的な歴史記述がどのようにして成立し、どのような骨格を持ち、そしてどのようなバイアスを持っているかについて述べました。それは19世紀に近代国家が推進した大学の制度化の中で個性記述的科学として正当化され、近代を基準として古代、中世、近代の三分法で枠づけられた歴史記述によって世界史を見ようとするものでした。近代を基準とする歴史観は、19世紀から20世紀を通じ、近代の持つ普遍性の説得力に支えられて、世界史を見るうえで強力な枠組みとして機能してきました。しかし他方で、この近代的歴史記述は、近代を目的とすること、ネイションを歴史の主体的単位として前提とすること、そして近代を概念化するうえで、ヨーロッパの経験を特権化しすぎていることといった、互いに重なりあうバイアスを抱えたものでもありました。

本章では、グローバル化が進んだ現在の視点から、この近代的歴史記述をいかに開くかについて、3つのステップを踏んで述べます。第1に、まず本節で、グローバル化という新しい現実が、歴史の見方に与えるインパクトについて概観します。第2に、次節において、近代的歴史記述に対する批判の展開を跡づけます。近代的歴史記述は、決してこれまでまったくなんの批判にもさらされてこなかったわけではありません。むしろ歴史学はそうした批判も内面化して不断にその限界を押し広げようとしてきました。そのフロントは多岐にわたりますが、ここではグローバル化の歴史記述へのインパクトという視点から、世界史における横のつながりを重視するパラダイムシフトを中心に、近代的歴史記述の批判的展開を整理します。

そして第3に、近代的歴史記述をいかに開くかについて、いくつかの考え方の方向性を示したいと思います。前章に述べたように、近代を基準とする歴史観にはいくつものバイアスがあり、それは単に過去について偏った像を提示するだけではなく、未来について考える際にも視野をゆがめる危険があります。しかし他方で、単純に近代の普遍性を否定することが、そうしたバイアスから逃れる適切な方法ではないことも先に述べた通りです。この背後には世界の複数性と近代の普遍性のあいだの大きな緊張関係が横たわっています。この緊張関係は本書を貫く問題意識です。

本書を構成する各章は、それぞれのアプローチでこの問題に取り組もうとしていますが、それらのアプローチは必ずしも明確に単一のアプローチに収斂するものではありません。ここでは、第Ⅱ部以降の各章をお読みいただくうえで、それらのアプローチの意味をよりよく理解していただくためのマッピングを示したいと思います。

(2)「グローバル化」のインパクト

さて、ではまず本節では、いわゆるグローバル化が歴史の見方に与えるインパクトについて述べていきましょう。今日「グローバル化」という言葉は、歴史学においても他の社会科学においても広範に用いられていますが、それほど厳密な定義が共有されたうえで用いられているわけではありません。もちろん個々の論文などでは、操作的な定義が与えられたうえで用いられることもありますが、多くの場合、厳密な分析概念というよりは、問題関心の通用性を広げるための記述概念として用いられているといってよいでしょう。つまり具体的には異なる個別的事象を扱う歴史研究が、「グローバル化」という概念で主題設定を与えられることで潜在的な関連性が可視化されるということです。

その意味では、歴史学において「グローバル化」といえば「世界が一体化していく傾向」という大きな主題に関連することを指示するために用いられることが普通です。社会科学において「グローバル化」という言葉が流通し始めたのは、一般に1990年代の半ばといわれていますが、その際に直接に念頭に置かれていたのは、主に冷戦の終焉や1970年代以降の経済システムの変容や情報化によって引き起こされた社会の変容などでした。もちろん冷戦の終焉は東西に分かたれていた2つの世界を一体化させる出来事だったといえるでしょうし、変動為替相場制への移行や多国籍企業の成長を世界的な市場経済の一体化を強める契機と見ることもできるでしょう。インターネットのような情報技術の発達もまた世界の一体化をおおいに促してきたといえるでしょう。

しかし歴史学的な視座において「世界の一体化」という場合には、もう少し長い射程のグローバル化が視野に入ってきます。今日、私たちは（少なくとも社会科学的な話題の文脈では）「世界」という言葉と「地球」という言葉をほぼ同じ意味で用いています。しかし「地球」が私たちの住むこの惑星の全体という空間的スケールを指すのに対して、例えば「イスラーム世界」とか「ヨーロッパ世界」、「地中海世界」とか「インド洋世界」といった表現があるように、「世界」は必ずしもそうではありません。「世界」という言葉には、「その中に生きる存在にとって『全体』として経験される範囲」というニュアンスがあるからです。ある「世界」において、客観的には、その外部に別の人間社会があったとしても、その内部の存在にとって、そうした外部が認識や理解、想像の外にあれば、その存在にとっての「世界」はそこで閉じることになります。

例えば、大航海時代以前、アメリカ大陸とヨーロッパとの間に恒常的な交通はありませんでした。14世紀の時点でアステカ帝国に生きる人々とヴァロワ朝のフランス王国に生きる人々は、それぞれ別の「世界」に生きていたといっていいでしょう。あるいは、紀元前1世紀末にローマ帝国が成立した頃、中国は漢帝国の時代でした。よく知られているように、後漢の時代には西域都護の班超の部下である甘英が地中海地域まで到達したと考えられる記録があり、他方ローマ帝国の五賢帝のひとりマルクス＝アウレリウス＝アントニヌスの使者がやはり後漢の日南郡にまで達したという記録もあります。いわゆるシルクロードの交通や東西をむすぶ海上交通も盛んでした。しかし、ではローマ帝国と漢帝国とが連続したひとつの世界を作っていたかといえば、それはかなり限定された意味においてということになるでしょう。２つの帝国に生きる大部分の人々の生活様式や基本的な世界観、信仰などの思惟の体系は、それぞれの帝国の間で異なっており、しかもそれは互いの帝国の存在を前提としていないと考えられるからです。

少し乱暴な一般化ではありますが、一般に交通や通信の技術が限られ、宗教やその他の形而上学的思惟による世界観・宇宙観に基づく秩序の規定が強いほど、異なる世界が複数並存しやすいと考えられます。逆にいえば、交通や通信の技術が人類の歴史を通じて傾向的に発達し、特に近代以降、宗教やその他の形而上学的思惟による世界観・宇宙観から抜け出るにつれて、世界は一体化していくと考えられるということです。

先にシルクロードや古代の海上交通についても触れたように、このことは、近代やそれよりもはるか以前の時代に異なる「世界」をまたぐ交通がまったく不在であったことを意味するわけではありません。むしろ逆です。そうした交通の場に生の舞台を置いていた人々の立場から歴史を見ることの重要性は第４章であらためて論じられます。また同じく第４章で強調されるように、気候変動のような地球規模で共有された条件の変化が、異なる「世界」の間に同期的な変化を引き起こすこともあります。そのうえで人類の歴史においてはかなり長い間、複数の「世界」が並存しており、長期的にそれら複数の「世界」が一体化してきたことの延長線上に、社会科学において一般にいわれるような、短期的な（数十年スパン程度の）意味でのグローバル化があるということです。

こうした複数の「世界」が趨勢的に一体化する過程として世界史を見る視点は、まさにグローバル化という新しい現実の認識が歴史の見方に与えたインパクトにほかなりません。第1章で述べた近代を基準とする歴史観に、このグローバル化という視点が入ったことで、世界史を捉える枠組みは、おおむね15～18世紀を境として、複数の世界が並存していた時代から地球規模で世界が一体化していく時代への転換として捉えられるようになりました。ここから互いに関連する大きな2つの課題が浮上してきます。すなわちひとつは、特に近代以前の非西欧の歴史にどのような時代区分の尺度を考えることができるかということ、もうひとつは、既存の近代概念の枠内でグローバル化を捉えるのではなく、グローバル化の観点から逆に近代を捉えなおすということです。順に述べましょう。

(3) 近代以前の非西欧における時代区分

まず、近代以前の非西欧における歴史の時代区分について、近代を基準とする歴史観が、非西欧の諸社会の歴史に対して、古代、中世、近代の三分法の枠組みを押し付ける枠組みとなることについてはすでに述べました。他方で伝統的に、非西欧の歴史が書かれる際には王朝の交代が重要な時代区分の指標となってきました。（日本の場合は、平安時代以前においては遷都が、鎌倉時代以降江戸時代までは幕府の交代が、いわば疑似的な王朝交代のように前近代の時代区分の指標となっていますが、必ずしも一貫性のある時代区分の論理があるわけではありません）。

もちろんある王朝が滅び、別の王朝が興ることは、それ自体大きな政治的な変化なので、王朝の交代が、歴史に時間的切れ目を入れる際のひとつの指標として意味を持つことは確かです。また（特に書かれた史料に基づいて）歴史を書くという立場から見たとき、王朝は、巨大な官僚機構としてそれ自体が最大の文書生産者であり、またしばしば宗教や学芸の保護者でもありました。中国のように、史書の編纂が王朝の正統性とむすびついて公式の事業として行われてきたところでは、王朝は歴史に書かれる対象であると同時に歴史を書く主体でもあり、王朝の交代に枠づけられた歴史が書き継がれてきました。

しかし、当然のことながら、この王朝交代を時代区分の指標とする枠組みは、近代をゴールとする段階で区分する論理とは無関係であり、王朝の交代と近代化へ向かう社会構造の変化とは本質的に一致しません。したがってその社会が経験する近代化の過程とのつながりをその中から引き出すことは困難です。またそれ自体としては、他の社会との比較の尺度を提供するものではありません。

非西欧の諸社会では、そもそも近代へ向かう社会構造の変化経路自体が西欧とは異なります。王朝交代を指標とする時代区分の枠組みに、古代、中世、近代の三分法による時代区分の枠組みを重ね合わせようとしても、例えば中国において古代が終わるのは後漢なのか唐なのかで見解が分かれたり、宋代にはすでに中央集権国家の成立や市場社会の形成などの点で近代化が始まっていたとも見える反面、佃戸制のような農村制度には前近代的な隷属的要素が濃いといったような不整合が起こったりします。

あるいはインドに「中世」概念を当てはめようとすると、おおむね13世紀以降のイスラーム諸王朝からムガル朝を中世とする考え方がある一方で、ヴァルダナ朝による統一が崩れたラージプート時代以降の7～8世紀から18世紀までのきわめて長い期間を「古代」と「近代」の間に置く考え方もあります（前者の場合、13世紀までインドは「古代」であったことになります）。土地制度に注目するのか、カースト制のような分業体制や地縁関係に注目するのかで「中世」の輪郭は大きく変わりますし、北インドの王朝と南インドの王朝のあいだでも社会構造やその変容の経路が異なるので、インドを全体として見ようとすると、同時代に古代王朝と中世王朝が混在する状況といったような概念上の困難も生じてきます。要するに、個別のケースを見れば見るほど、規則に対する例外のほうが多くなりすぎるのです。

このように近代を基準とする時代区分を非ヨーロッパの諸社会に当てはめると、一見すれば、（古代から近代への段階的進歩のモデルをベースとする）普遍的な尺度から、異なる地域の歴史が同じ座標の上で比較可能になるように見えるかもしれませんが、より具体的にそれぞれの地域のリアリティーを見ていくと、「古代」や「中世」といった概念で割り切れない様々な状況が次々に見出され、概念の定義にさかのぼった出口のない論争に陥る危険のほうが大きいといわざるを得ません。だからといって王朝の交代のように、個別の社会の内部の変化をその内的な論理にだけ従って評価することで時代区分を行っても、他の社会と比較可能な概念化はできませんし、そうした社会における近代化の評価にもつながりません。

(4) グローバル化の観点から近代を捉えなおす

一方でヨーロッパ的基準の外からの当てはめが現実からの乖離を引き起こし、他方で王朝交代などに基づく内的論理からの概念化が個別的記述から出られないのだとしたら、非ヨーロッパ世界の歴史の時代区分はどのように考えなおされるべきなのでしょうか。ひとつの方向は、ヨーロッパを含め、この地球上の多様な諸社会の歴史をそれぞれの外部との関係に開いて捉え返すことです。これが2つ目の課題、すなわちグローバル化の観点から近代を捉えなおすことにつながっていきます。

すでに述べた通り、近代を基準とする歴史観は近代をゴールとして世界史を見ます。この枠組みの中に、新しい世界史のステージとしてグローバル化を位置づけようとすれば、グローバル化は近代化が地球規模に普及していくプロセスの最終段階（あるいは少なくとも最新の段階）となります。しかし、そのような位置づけでは、グローバル化は結局のところ、ヨーロッパの経験から抽出された近代のモデルに地球上のあらゆる社会が収斂していく過程だとする解釈から出ることができません。地球上にはもともと複数の「世界」があり、それら複数の「世界」を巻き込んだインタラクションの長い過程として捉えられる「世界の一体化」としてのグローバル化という視点は、そこには入ってこないのです。

前章に述べたように、近代を基準とする歴史観における「近代」は、ルネサンスや宗教改革から産業革命まで、あるいは大航海時代から科学革命や市民革命まで、さまざまな起源が参照されつつ、伸縮的・多層的に用いられています。どうして「近代」にそのような伸縮性・多層性があるのかといえば、それは「近代」という概念が自己言及的に構成されているからにほかなりません。つまり自分たちがそれまでとは異なる新しい時代としての「近代」を生きていると考える人々が生きている時代が「近代」だということです。少し細かくいえば、「近代」概念が持つこの自己言及性には二つの次元があります。ひとつはそれ以前の時代からの区別の次元です。繰り返しになりますが、「近代」という時代区分は、近代に生きる人々が「自分たちは近代に生きている」と考えたところを起点として過去から現在を切断して括りだすことで成立しています。他方で今日、「近代」は短く見積もっても百数十年、長く見積もれば5世紀以上に及ぶ期間にわたる、ひとつの時代であるわけですが、それにもかかわらず近代を、いわばその内側に生きる人びとの自己申告ではなく、外側から客観的に定義するのがむつかしいのは、近代社会がまさにその客観的性質の次元においても自己言及的だからです。近代社会は、いわばつねに近代とは何かについて自問する性格を持っており、自己の中の近代化されざる部分を掘り起こしては、それを近代化（＝合理化）する終わらない過程としての性格を持っています。結果として近代をなんらかの固定的な外的特徴で定義することは、つねにこの近代自体の自己言及的（＝再帰的）なダイナミズムによって裏切られてしまうのです。例えば戦前の日本は、その当時の文脈では「近代社会」であったわけですが、仮にそのまま現代によみがえらせたとしても、もはや「近代社会」とは呼べないでしょう。いえ1970年代の日本でさえ、今日の基準で十分近代的かどうかは疑わしいというべきかもしれません。こうして「近代」の定義は、視点によって伸び縮みしたり、いくつものスパンの重なりとしてしか理解できないものとなったりするわけです（第6章や第13章で提起される「系譜」に注目するアプローチは、このような近代の持つ自己言及性の問題にフォーカスするという意味を持ちます）。

突き詰めて考えれば、ある時代の起点をどこに定めるかは、そもそも何をその時代の本質と捉えるかと表裏を成します。近代の場合、たとえばその本質を資本主義や市場経済に求めるのか、民主主義や立憲主義に求めるのか、合理性や世俗主義に求めるのか、さらに資本主義なら資本主義、民主主義なら民主主義について、何を規準としてどのように定義するのかによっていくつもの異なる捉え方が可能です。そして先に述べたように、近代社会はその本質を再帰的に更新し続ける性格を持つため、それが論じられる状況や、それを論じる者の立場によって、近代の起点は不可避的に論争的な主題になります。

さらに言えば近代という時代区分は、私たちが現在生きている時代であり、私たちが社会の基盤的な価値として何を奉じるのかと直接にかかわるので、近代の起点をめぐる問いは、単に歴史学的な問題の範囲を超えた議論に開かれやすい傾向を帯びます。またそうであるがゆえに歴史学的にも挑戦的な主張がなされやすい主題です。例えば、教科書的には「中世」だと考えられているような時代（例えば十字軍などを通じてイスラーム世界との交通が盛んとなり、知的な枠組みに大きな変動があった12世紀や、都市における商業ブルジョワジーが成長した13〜14世紀）に起源を見る主張や、逆に近代の理念を完全に実現している社会などないという意味で、あるいは近代というのはそもそも近代人が自己言及的に自分の生きる時代を近代だと呼んできた虚構上の存在にすぎないという意味で、いまだかつて近代など到来していないという主張もあります。

少し注釈が長くなりました。要するに時代区分概念としての近代の困難は、私たちがいわば近代の内側から近代を定義しようとするところにあると言い換えてもよいでしょう。自己言及性とは、定義するものが定義されるもののうちに含まれていることにほかなりません。踏まえて、ここでの論点は、グローバル化を近代の中に位置づけるのではなく、逆にグローバル化の中に位置づけなおすことでした。言い換えれば、グローバル化という視点を梃子《てこ》にして、時代区分概念としての近代を、近代の内側から定義するのではなく、人類史的なスパンのグローバル化の中で外側から定義しなおそうということです。

(5)「世界の一体化」が意味するもの

先に歴史におけるグローバル化は一般に「世界の一体化」として捉えられると述べました。そのうえで「世界史を捉える枠組みは、おおむね15〜18世紀を境として、複数の世界が並存していた時代から地球規模で世界が一体化していく時代への転換として捉えられるようになった」と述べました。しかし、15〜18世紀以前と以後とで人類史を二分するこの捉え方は、それだけでは近代を基準とする歴史観を必ずしも脱し切れておらず、いわばグローバル化のインパクトを十分に受け止めているとはいえません。人類史を二分したうえで、前近代を「世界」が複数ある時代、近代を「世界の一体化」が進む時代と規定するのであれば、結局のところなんらかのかたちで内側から本質視された近代によって、いわば複数の「世界」が近代に統一されるような仕方で「世界の一体化」が進むという見方に接近し、近代をゴールとする見方にグローバル化の概念が回収されてしまうからです。

ここで想起すべきなのは、複数ある「世界」はそれぞれに閉じた実体ではないということです。古代のローマ帝国と漢帝国はそれぞれ「世界」ですが、互いに交通がなかったわけではありません。イスラーム世界とヨーロッパ世界もそれぞれに輪郭を持つ「世界」だといってよいでしょうが（「イスラーム世界」という概念の妥当性についてのもっと詳しい説明は第Ⅱ部の補論であらためて行います）、イスラーム世界とヨーロッパ世界との間に（戦争も含めて）様々な相互関係があったことはいうまでもないでしょう。「世界」はあくまでその中で生きる人々が、自分たちを取り巻くさまざまな存在との関係のあり方を特定のかたちに枠づけて認識し、その認識の中で生きることによって経験の地平として閉じているにすぎません。「世界」は客観的、物理的に閉じた実体ではなく、いわば特定のかたちに誘導された交通関係の渦のようなものなのです。客観的、物理的な相互関係の連鎖をたどっていけば、人類史の最初からあらゆる「世界」は別の「世界」と関係を持っており、あらゆる「世界」のはざまには、そうした関係を取り持つ存在があるということです。

だとすれば、「世界の一体化」とは、個々独立の「世界」がひとつまたひとつと特定の世界なりシステムなりに飲み込まれていくプロセスというよりも、最初からグローバルな連関の中に置かれていたさまざまな「世界」の間の関係の様式が変容していくプロセスだということになるでしょう。

例えば国際政治経済学者のケース・ヴァン・デル・パイルは、「対外関係様式」概念を導入して、世界史の時空を、部族間関係の様式、帝国／遊牧民関係の様式、主権国家関係の様式、グローバル・ガバナンスの様式という4つの様式で分節化する見方を提起しています。宮崎正勝は、空間移動と生活様式という視点から、グローバルな交通空間の変容を、定住農耕の開始、ウマの導入による地域世界の形成、地域世界間の交通ネットワークの形成、外洋航海を通じたグローバルな空間の再編成、鉄道と蒸気船の導入、電子空間を通じた結びつきの形成といった画期で分節化する見方を提示しています。

ヴァン・デル・パイルや宮崎の議論は、本稿の関心からすれば、スケッチ的なものにとどまりますが、それでもこのように関係論的な視座で見た「世界の一体化」としてのグローバル化を文脈に置くことで、近代の位置づけを開く展望が得られます。3つのことが指摘できるでしょう。第1に、近代化を特定の「世界」への統合とみなす見方から切り離すことで、近代化へ向かう経路が複数あることが前景化されるということ。第2に、「一体化」した世界は、必ずしもフラットで単一の世界ではなく、「一体化」された関係性の中に置かれた複数の「世界」が潜在的に存在することが示唆されるということ、言い換えれば近代のかたちが複数あることが前景化されるということ。そして第3に、近代を、長期的な「世界の一体化」としてのグローバル化の過程の中に置くことで、近代が必ずしも歴史のゴールではないことが前景化されるということです。これら3つの展望は、第Ⅱ部以降の各論でもそれぞれのかたちで確認されます。

近代的歴史記述に対する批判の展開

(1) ウォーラーステインの世界システム論

前節では、近代的歴史記述に対するグローバル化のインパクトについて述べました。そこで重要なことは、世界の一体化の前提となる「世界」の複数性を関係性において捉えるということでした。もう少しざっくばらんにいえば、個々の「世界」のタテの連続性ではなく、複数の「世界」のあいだのヨコの連続性に注目せよということです。

前章で、近代を基準とする歴史観のバイアスとして、近代の目的視、歴史の主体的単位としてのネイションの特権化、ヨーロッパ中心主義の3点を挙げました。近代の目的視は、古代、中世、近代という単線的な発展段階の枠で歴史を見ようとします。ネイションの特権化は、ネイション単位で近代化へ向かう歴史の筋道をたどろうとさせます。ヨーロッパ中心主義は、近代化の条件をヨーロッパという「世界」の内部に見出させようとさせます。これらは互いに結びついて、タテの連続性を基調とする世界史の枠組みが構成されます。つまり、まずヨーロッパ文明のタテの連続性があり、その中に見出されるネイションがそれぞれ、あたかも陸上競技のセパレートコースを走るかのように、それぞれに古代から中世、中世から近代と近代化の段階を昇っていく歴史を基準として、ヨーロッパの外の諸社会の歴史の進歩度合いが測られる世界史観です。

この世界史観は、社会科学における近代化論の枠組みと互いに強め合うかたちで、歴史の見方の大枠を規定していましたが、20世紀の後半に入ると、この枠組みに対する批判が高まってきました。最も体系的な批判を提供したのが、イマニュエル・ウォーラーステインが唱えたいわゆる世界システム論です。ウォーラーステインは近代化論の背後にある考え方を「発展主義(developmentalism)」と呼び、それを「あらゆる国家は発展を目標としており、その発展という目標への進歩は測定可能、かつ合理的な政策によって加速可能である」という考え方だと要約したうえで、それが個々の国家の埋め込まれている世界システムにおける歴史的な関係性を無視していると批判しました。

ウォーラーステインは、世界史を見る際の単位として史的システムという概念を提起し、世界史における近代は、資本主義的な世界＝経済として性格づけられた史的システム、すなわち「近代世界システム」として捉えるべきだと主張しました（「世界＝経済」というすこし変わった表記の概念についてはあとで説明します。ここでは「世界」規模の経済システムというくらいの意味合いで理解していただいてかまいません）。この近代世界システムは、紀元1500年前後に北西ヨーロッパに形成され、その後断続的に地理的範囲を拡大して19世紀にはグローバルなシステムとなり、現代にいたっているとされます。システムの内部は中核、半周辺、周辺という3つの層から成っており、個々のネイションはこの近代世界システムのどの層に属するものとして埋め込まれているかによって歴史のコースを強く条件づけられると説かれました。

この見方に従えば、いわゆる「先進国」と「発展途上国」は、近代化を成功裏に進めたネイションと近代化の推進に失敗したネイションではなく、近代世界システムにおいて中核的な位置を占めたネイションと周辺的な位置を占めたネイションとの相互関係の帰結として「近代化」という尺度におけるギャップが発生した結果に貼られたラベルに過ぎないということになります。いわばグローバルな格差の問題を、個々のネイションの近代化の遅速の問題ではなく、世界規模での両極化的な関係の問題とみるこの視角は、まさにタテからヨコへの見方の転換です。

ヨコの連続性を強調する見方は、地域間の同時代性を強調するので、いわば世界史を輪切りにするような見方が帰結します。個々のネイションごとに時代区分を考えるのではなく、世界システムという単位で、ある時期からある時期までをなんらかの時代として切り出してくるわけです。

世界システム論において、この意味で時代区分のひとつの指標になるのは、ヘゲモニーの概念です。

ヘゲモニーはもともと、権力にとって被支配者から支配の同意を取り付けやすくする文化的な優越権のことを指す概念として、イタリアのマルクス主義者であったアントニオ・グラムシが導入したものでしたが、国際関係論の文脈ではそこから転用されて、国際システム全体においてシステムの秩序や規範を定めるイニシアチブをとるほどの大きなパワーを指す概念として一般に用いられます。ウォーラーステインは彼の世界システム論の枠組みの中でそれを定義しなおし、資本主義的な世界＝経済の中で生産、流通、金融のすべての面で他の中核的諸国に対する優位を保持する国家と規定して、そうした国家が近代世界システムの基本的な秩序や規範（例えば「自由貿易」や「民族自決」など）を規定し、これを護持することを示そうとしました。

ウォーラーステインによれば、近代世界システムにはこれまで3つのヘゲモニーがありました。17世紀のオランダ、19世紀のイギリス、そして20世紀のアメリカです。3国はそれぞれの時代に最も先進的な産業分野の拠点――オランダは毛織物工業と海運業の拠点となり、イギリスは産業革命をリードし、アメリカは自動車産業を支配しました――となって国力を蓄え、オランダはスペイン、イギリスはフランス、アメリカはドイツとの闘いにそれぞれ勝利してヘゲモニーとしての地位にいて、資本主義的な世界＝経済の基本的な秩序と規範を設定・護持する役割を果たしました。

時代区分の観点からヘゲモニー論を見ると、これが世界システム論に輪切りの時代区分を与えていることがわかります。つまり近代世界システムは、1500年前後の時期に形成されたのち、オランダのヘゲモニーに象徴されるヨーロッパ規模の世界システムの時代、イギリスのヘゲモニーに象徴される19世紀的な植民地主義／帝国主義の時代、そしてアメリカのヘゲモニーに象徴される20世紀の冷戦の時代におおきく区切られます。(1) 前章で「長い19世紀」と「短い20世紀」という時代区分にふれましたが、ウォーラーステインによるヘゲモニー論は、いわば近代世界システムを、初期近代、長い19世紀、短い20世紀の3つのステージに輪切りにしてそれぞれの時代における同時代的な関係構造とその段階的変容に注目させる世界史観ともいえるでしょう。

世界システム論は、近代を基準とする歴史観のパラダイムに対して、タテの連続性からヨコの連続性に関心をシフトさせるうえで、きわめて大きな意義を持ちました。しかし、近代を基準とする歴史観が持つバイアスを完全に乗り越えるものであったわけではありません。ウォーラーステインが史的システム概念を提唱したとき、その射程は建前としては世界史の全体に及ぶものでしたが、実際に彼が分析の対象にしたのは近代世界システムに限られていました。したがってたしかに近代世界システムの内部においては、タテからヨコへの視点の転換によって、ネイション

(1) 冷戦終結後の近代世界システムを、世界史の時代区分上どのように評価するかについては、ウォーラーステインは近代世界システムの終末期と見る立場を貫いていますが、異論も多いところです。本文に後述する通り、これは近代世界システムが閉じた実体として概念化されているために生じている理論的困難だといえます。

を主体的単位とする歴史記述のバイアスを批判する点では大きな成果を上げたといってよいでしょうが、近代を目的視するバイアスを十分に批判できているかどうかは後述のように議論の余地があります。

またなにより問題なのはヨーロッパ中心主義との関係です。ウォーラーステインは史的システム概念を、世界史を見る際に自律的な実体として括ることのできる単位と規定しました。具体的には、そこから先のつながりが切れると内部の人間社会の基本的な生活様式が変わってしまうような物質的結びつきを基盤として史的システムは境界づけられます（その意味で経済的に一元的であることが史的システムの基礎です）。そのうえで、そのような物質的なつながりの範囲と文化的一元性（宗教や言語の一元性）および政治的一元性（単一の統治機構）とが重なり合う史的システムが「ミニシステム」、文化的には多元的だが政治的には一元的な史的システムが「世界＝帝国」、そして文化的にも政治的にも多元的な史的システムが「世界＝経済」と分類されました。

(2) 世界システム論に対する批判

ウォーラーステインは、世界史のほとんどの時空はミニシステムと世界＝帝国に占められていたと論じます。そのうえで、いくつかの条件が重なって、１５００年頃のヨーロッパに資本主義のメカニズムをそなえた世界＝経済が出現し、それによって近代が始まったと彼は説きます。しかしこの近代世界システムを１５００年のヨーロッパに誕生した自立的なシステムとして捉え、その延長線上に現代のグローバルな世界システムを位置づける見方は、先に述べた「世界」を閉じた実体として捉える見方そのものであり、むしろ人類史的なスケールではタテの連続性を強調する見方になっています。つまり世界システム論はヨーロッパ中心主義のバイアスをより広い文脈の中で再強化しているわけです。

このように近代世界システムの内部ではヨコの連続性を強調する見方を導入しながら、近代世界システムを含むより大きな世界史の時空においては、むしろ史的システムを実体的に閉じた「世界」としてタテの連続性を強調してしまう世界システム論のバイアスに対して、特に１９９０年代頃から激しい批判が突き付けられるようになりました。ヨコの連続性の立場を徹底して、近代を基準とする歴史観のバイアスを批判的に乗り越えようとするならば、先に「世界の一体化」について述べたように、史的システムは閉じた実体ではなく、つねに同時代のグローバルな関係に埋め込まれた「世界」として捉えられるべきだということになります。実際、初期には世界システム論の立場に立っていたアンドレ・グンダー・フランクは『リオリエント』という著作で、近代世界システムは決して外部から切り離された実体ではなく、もし歴史を見る単位として真に外部のないシステムを同定するならば、それは人類史の総体でしかありえないという立場から、世界システム論を批判しました。

世界システム論を、人類史全体のスケールでさらにヨコの連続性に開く批判は、いわば近代を基準とする歴史観に対する批判的展開の第二局面といえます。第二局面の焦点はヨーロッパ中心主義批判です。具体的には近代世界システムとその外部との関係をどう捉えるかが課題となります。

近代世界システムをより広い時空の文脈に置きなおしたとき、最初に目につく外部は15世紀後半から18世紀末に至る初期近代の時期の非ヨーロッパ世界との関係です。ウォーラーステインは1500年前後の時期に北西ヨーロッパに近代世界システムが出現したとき、それは資本主義的な世界＝経済として自律的であると主張し、例えばオスマン帝国やロシア、西アフリカといった他の「世界」（ウォーラーステインの用語法でいえば、他の世界＝帝国やミニシステム）との関係は外部世界との非恒常的な接触でしかなかったと断じます。

しかし当時の初期近代のヨーロッパ社会にとって、「新世界」との関係、そしてその「新世界」で得た銀によってアクセスが可能になったアジアの物産の意義は非本質的であったといえるでしょうか。また世界システム論の見方に従えば、15～18世紀はヨーロッパにのみ近代社会が成立して、それ以外の地域は前近代的な世界＝帝国やミニシステムによって占められており、それらの前近代的な史的システムがひとつずつ近代世界システムに包摂されていくことで、近代は地球規模に拡大したということになります。しかし近代世界システムに飲み込まれるまで、それらの非ヨーロッパの諸「世界」には、何の歴史的ダイナミズムもなかったのでしょうか。またそれらの非ヨーロッパの諸「世界」間に何のインタラクションもなかったのでしょうか。

さらにいえば、近代世界システムの内部のタテの連続性の中では、オランダとイギリス、アメリカは同じヘゲモニーの位置を占めるように見えますが、たかだかヨーロッパ規模の地域システムにすぎない17世紀の近代世界システムにおけるオランダの位置と19世紀以降のグローバルな規模の近代世界システムにおけるヘゲモニーを同一視できるでしょうか。

世界システム論以前の古典的な近代的歴史記述において初期近代は、ヨーロッパの個々の社会について中世から近代へと多段階的に発展する過渡期の位置づけでした。世界システム論においては、初期近代は近代世界システムがヨーロッパ規模であった時代に対応して、一方で19世紀以降のグローバル化した近代世界システムとのタテの連続性が強調されており、他方では同時代の非ヨーロッパ世界との関係では逆に不連続が強調されています。

これに対して近代を基準とする歴史観に対する批判的展開の第二局面では、むしろ初期近代をヨーロッパで閉じたものとしてではなく、グローバルな同時代性において捉え返そうとしています。近代世界システムがヨーロッパ規模の「世界」であった頃、地球には例えば清帝国やムガル帝国、オスマン帝国などを核として、同時代的に多くの「世界」が存立していました。それらの「世界」は外に交通関係を持ちつつ、他方でその交通関係を管理して、それぞれ「世界」としての固有の秩序を維持していました。それればかりか、中国経済史家のケネス・ポメランツが指摘するように、初期近代の終わり頃まで、例えばヨーロッパと中国の生産性や豊かさには大差がありませんでした。

こうした見方は、相互関係の中で異なる経路で並行して歴史が展開していたことを示唆します。ヨーロッパの初期近代もそうした相互関係の中で生じた多様な展開のうちのひとつということになります。同時代的な関係性に開かれながらも、多元的な「世界」が併存するグローバルな時代としての初期近代という見方は、ヨーロッパ的な近代化を唯一の普遍的な歴史の発展経路、歴史のゴールと見る古典的な近代的歴史記述を相対化するのです。

(3)「大分岐」と「ゴールとしての近代」

以上、この節では、古典的な近代的歴史記述に対する批判的展開を、歴史の主体的単位としてのネイションというバイアスを批判して近代世界システム内の構造的関係に注目する第1局面と、さらに世界システム論が再強化してしまったヨーロッパ中心主義を批判して複数的な「世界」を横断するグローバルなヨコのつながりを強調する批判へと向かう第2局面という2段階の学説史的過程として整理しました。次節に移る前に、特に近代を再考するうえで、このタテからヨコへの世界史の見方の転換が提起する2つの大きな論点を確認しておきましょう。

第1に、ヨーロッパ的近代の相対化は、特に19世紀から20世紀にかけてのヨーロッパによる世界支配をどのように説明するのかという問題を逆に前景化します。ヨーロッパ的近代だけが普遍的な歴史の進歩であって、他の「世界」がそれに失敗したのであれば、ヨーロッパによる世界の支配はある意味で必然として説明がつきます。しかし少なくとも初期近代まで、ヨーロッパを含む多元的な「世界」が、互いに関係しあいながら、異なる経路で発展を遂げていたのだとすると、ではなぜ19世紀に突然、ヨーロッパとその他の「世界」のあいだで歴史のコースが大きく分岐するのかが問題になります。

この「大分岐」問題は、古くはマックス・ウェーバーのようなヨーロッパの社会科学者が追求した大問題でしたが、近代的歴史記述に対する現代的批判の展開の中で再浮上してきました（「大分岐」というフレーズは上に引いたケネス・ポメランツの著作のタイトルとして広まりました）。ポメランツ自身は森林資源の枯渇にともなう石炭への転換と新大陸へのアクセスにより土地供給の制約の緩和を、資本集約的（＝労働節約的）な技術革新の連鎖、すなわち産業革命が起こった理由に挙げていますが、そのような環境面の条件よりも所有権や取引の法的保護、あるいは都市の政治的自立性といったような制度面の条件を強調する議論も有力ですし、科学革命などの思想的条件を挙げる議論もあります。また第4章で厳しく批判されるように、そもそも突然分岐したという捉え方自体にも異論はあり、決定的な結論は出ていません。しかしそのような競合する説明のうちのいずれが妥当するかは、歴史を見る時間的・空間的枠組みと絡み合います。近代的歴史記述という枠を外すことで、ヨーロッパ的近代があらためて（歴史解釈の基準ではなく）歴史的な説明の対象になったわけです。

そして、もうひとつの大きな論点は、ゴールとしての近代についてです。先に世界システム論による近代の目的視に対する批判には、その有効性に議論の余地があると述べました。すでに述べたように、ウォーラーステインの議論は、近代世界システムの内部ではヨコの連続性（中核／半周辺／周辺の構造的な関係性）を強調しつつ、より広い人類史的な時空における史的システム間の関係においては、むしろタテの連続性を強調するものであり、これまで人類の歴史に存在したすべての史的システムは、最終的に近代世界システムに包摂されるという見方に立っています。その限りで、世界システム論にとって近代はやはり世界史のゴールの位置を占めています。

ただその延長線上にウォーラーステインは、現代を近代世界システムの構造的矛盾の限界に達する時代だと捉え、世界は資本主義とは異なる何らかの様式の史的システムに移行しつつあると主張しています。つまり世界システム論は、近代世界システムの内側にありながら、いわば近代世界システムの持続可能性の限界を指摘することで、近代世界システムの次の史的システムにゴールを延長するかたちで、古典的な近代的歴史記述における近代の目的視を批判しているわけです。

しかしながらこの批判では、近代の矛盾を乗り越えたものとして想像された（次の）ゴールが単に未来に投影されているにすぎず、「近代」が、これまではほかには可能性のない唯一普遍のゴールであったことを批判するものではありません。私たちが経験してきた、そして依然としてその中にいる、これまで「近代」と概念化されてきたものを、より広い文脈に置きなおして考えることで、これまでの概念化の中では抑圧されていた別の近代のリアリティを示す視座は、少なくともウォーラーステインの説くままの世界システム論からは出てきません。ヨーロッパ的な近代を単一で普遍的な歴史のゴールと考える歴史観を批判するためには、単に近代はもう終わりでその次があるというだけではなく、ヨーロッパ的な視座から「近代」として抽出されたものを、よりグローバルな文脈において再概念化（あるいは脱概念化 unconceptualize）する必要があります。次節ではこの点について述べましょう。

近代的歴史記述をいかに開くか

(1) 近代を目的とする歴史学を批判する

前節では世界システム論を軸として、近代的歴史記述に対する批判を2つの局面に分けて概観しました。世界システム論に体系化される第1の批判の局面では、近代的歴史記述が抱える3つのバイアスのうち、特にネイションのタテの連続性に批判の焦点があたりました。そして世界システム論を批判的に受け継ぎ、さらにヨコの連続性の視角を突きつめてグローバルな関係性の文脈を強調する第2の批判の局面では、特にヨーロッパ中心主義に対する批判が主題化されました。

2つの局面における近代的歴史記述に対する批判は、それぞれネイションを特権化する世界史記述、ヨーロッパ中心主義的な世界史記述については有効であったと評価できるものでした。しかし、近代を基準とする歴史観の3つのバイアスは、それぞれ独立のものというよりは、互いに絡まり合ったものでもありました。そして3つのうちで、近代を目的（ゴール）とする歴史観に対する批判については、第1局面の批判は（単に近代の持続不可能性を指摘する）外在的な批判にとどまるものでした。

第2局面の批判は、ヨーロッパ的近代の普遍性を相対化する視角を提供するものでしたが、ではそのうえで近代をどう捉えればよいかについては、開かれた問いのままだといわざるを得ません。その意味で近代的歴史記述に対する批判はいまだに途上にあるといえます。むしろナショナルな歴史観やヨーロッパ中心主義的な歴史観に対する批判も、近代を目的とする歴史観に対する批判と結びつかないまま、自己目的的に追求されるならば、むしろ別のドグマに転化する危険があります。ナショナルな歴史観の批判は、ともすれば歴史の主体の所在をめぐって際限のない細分化に陥りがちですし、ヨーロッパ中心主義批判は、非ヨーロッパ社会からの自文化中心主義に転化したり、近代が乗り越えてきたはずの不合理や暴力を呼び戻してしまう論理に逆用されたりする危険と隣り合わせです。

前章でも述べましたが、近代を目的とする歴史観を批判するということは、単純に近代を否定することとは異なります。ここでいう「批判」で求められているのは、近代を——とりわけヨーロッパの経験から抽象された「近代」を基準として——すべての社会が最終的にたどりつくはずの歴史の唯一の均衡点であるという考え方を解除して歴史を見ることです。

人間社会はこれからも変わりゆくはずです。その中で、これまで「近代」と概念化されてきた時代は、ゴールというよりはむしろ過渡期というべきものに位置づけが変わるかもしれません。

また現在起こっている人間社会の変化の先に、合理的なゴールはひとつしかないと考えなければならない理由もありません。むしろこれまで「近代」と概念化されてきた時代にも潜在的に、複数の同じくらいに合理的な社会に向かう歴史の経路は伏在していたのではないか、あるいは「近代」という自己言及的な時代区分が人間社会の変化を見るタイムスパンそのものを狭めてしまっていたのではないか、そして近代的歴史記述はこうした別様の考え方に近代を開くことを妨げてきたのではないかと問うことが「近代を目的とする歴史観を批判する」ということです。

この問いは、単に過去の事実をめぐる問題というだけでなく、現在の私たちがどのような歴史的位置に立っているのか、私たちがいま経験しているさまざまな変化が、どのようなスパンの歴史の中で意味を持つのかについての私たちの認識、つまり私たちの歴史意識にかかわる問題です。それゆえに、簡単に共有可能な結論が出るわけではなく、むしろ本質的に論争的な性格を持つ問いでもありますが、だからといって「何でもあり」"Anything goes."というわけではありません。どのような考え方の幅があるのかについては、本書の第Ⅱ部および第Ⅲ部における個別の主題についての議論が例証的に示しますが、ここではそれらの議論をマッピングする際の座標として2つの方向性を提示します。すなわち、近代を複数性に開く方向性と近代を時代区分の基準から外す方向性です。以下、私たちの歴史意識とのかかわりを軸に順に述べましょう。

（2）近代を複数性に開く——「世界の一体化」はゴールではない

まず近代を複数性に開く方向性について、「世界の一体化」が、実体として閉じた複数の世界が次第に統合される過程ではなく、むしろ複数の「世界」の関係のあり方の変化のひとつの局面として捉えるものであるべきことは、これまでにすでに述べました。「世界の一体化」という視角は、そもそもグローバル化によって前景化してきたものですが、特にグローバル化をめぐる議論が盛んになり始めた当時（すなわち20世紀末）、グローバル化が世界の均質化や「フラット化」として捉えられる傾向は強いものでした。先にも触れたフランシス・フクヤマの「歴史の終わり」論は、まさに世界が「近代」という歴史のゴールにおいて一体化を果たすことが確実になったと主張するものでした。

他方、こうした実体的な意味での「世界の一体化」は、グローバル化のもたらすものとして、リアリティに反するのではないかという批判は社会科学の領域でも上がっていました。例えばサミュエル・ハンティントンのような国際政治学者は、文明や宗教といった変数が冷戦後の国際政治の新たな分割線になると主張し、特に西欧的な近代の価値観を奉じる社会とそれとは異なる価値観を持つ社会とのあいだで「文明の衝突」が生じると論じました。

こうした主張の持つ政治的意味については、まさに歴史を踏まえて慎重であるべきですが、グローバル化がそう簡単に実体として世界を一体化するわけではないということを指摘する初期の議論としては重要な洞察を含んでいます。また社会学や人類学の領域では、グローバル化がむしろローカルなものとローカルなもの同士の掛け合わせによる新たな文化や社会実践を創造する契機となることに注目する議論が盛んに提起されました。グローバルとローカルとを組み合わせた「グローカル化」といった新語が作られたのもこの文脈です。グローバル化がむしろローカルな多様性を活性化させるという着眼もまた「世界の一体化」を実体レベルでの統合ではなく、関係性の変容として捉えようとする見方と通じるものです。

もっと古典的な議論の中にもグローバル化による世界の実体的統合がいわば人間の条件との関係で限界を持つという指摘はあります。例えば（第Ⅲ部の「市場」の章でも触れられる）経済人類学者のカール・ポランニーは『大転換』において、人間社会を成り立たせている財やサービスの循環は個々の社会が置かれた具体的文脈に埋め込まれた部分があり、それらをすべて掘り起こして市場を通じて流通させようとすると社会の前提にある信頼関係や自然環境などが破壊されると警告しました。

また先に述べたグローカル化はどちらかと言えば文化が豊かになるポジティブな意味合いの強い言葉ですが、そのプロセスは、他者――文化的なコードを共有しない存在――と接触する機会を増大させます。すでにグローバル化の進んだ現代を生きる私たちにとって、そうした他者に対してオープンであるべきことは基本的な規範の一部だというべきですが、実際的な問題として私たちが自分の生き方や考え方、価値観などをそれに応じてどこまでオープンにしていけるか、あるいは技術的・制度的条件としてどのようにオープンにすることが可能なのかは、それほど自明ではありません。

このように、現代のグローバル化の先に見えているのが、均質でフラットに一体化された世界ではなく、むしろ「世界」の複数性が新しい仕方で可視化された世界に近いのであれば、「世界の一体化」があたかも実体的に閉じた世界の統一であるかのように考えられていたのは、まさに近代的な歴史記述のバイアスによるものであって、そのバイアスを解除するならば、複数の「世界」のあいだの関係性の変容の過程としての「世界の一体化」と現代のグローバル化を直接接続するものとして見る視野が開けます。

言い換えれば、グローバル化は世界の均質化へ向かう近代化の延長としてではなく、むしろ「世界」の複数性を抑圧するような「近代」概念によって後景化させられた時代――たとえば近代の陰画として描かれてしまった中世、あるいはその中世と近代の過渡期におかれて独立の時代としての輪郭を与えられてこなかった近世（初期近代）――をグローバルな文脈に置きなおし、そこでの複数の「世界」のあいだの関係のあり方から現代の世界に至る変化の線を引きなおすことで近代を目的視する歴史観を解除しようということです。

もちろん複数の「世界」のあいだの関係を統御するうえでの条件――特に交通や通信の技術――も大きく変わっているので、グローバル化によって世界が再中世化するとか、近世的な帝国が復活するとかいった話に直結するわけではありません。しかし例えば、多極化する現代の世界を見つつ、清帝国、ロシア帝国、ムガル帝国、オスマン帝国のような複数の「世界」の核とヨーロッパ世界とが併存していたグローバルな近世や、第4章で論じられるように、陸路を通じた東西交通と遊牧民と定住民との関係によって複数の「世界」のあいだのダイナミズムが規定されていた15世紀以前の世界のありさまを参照するならば、グローバル化を単純に普遍的な近代の全地球的普及と見ることはできなくなるでしょう。そうすれば世界史における時代区分としての「近代」の位置づけもまた変わることになるでしょう。少なくともそれはゴールではありません。むしろ例外的な過渡期のような位置づけに変わるかもしれないでしょう。

(3) 近代を時代区分から外す

次に、近代を時代区分の基準から外す方向性について述べましょう。すでに指摘したように近代という時代区分は、自分たちが近代に生きていると考える人々による自己言及的な概念として構築されたものです。もちろん近代とはこういう時代ですと何らかの指標とともに定義しておいて、その定義に従って過去を観察し、定義を満たした時点で「ここからが近代です」と区分するような操作は可能ですし、現にそういった研究は山ほど積み上げられてきました。

しかし本質的に近代とは、近代の理念に沿って社会を変えていこうとする人々が自分たちの時代を過去から区別してそう呼ぶことから始まったものであって、客観的な現実より先に、主観的な意思があり、その意味で構築されたものです。例えば地球に生命が誕生した（いいかえれば化学の対象の領域から生物学の対象の領域が分化した）のは、いまから38億年前と推定されていますが、これを基準に生命以前の地球（ないしは宇宙）と生命以後の地球とを区分するのと同じような客観性は、（少なくともここでいう近代的歴史記述における）近代という時代区分にはないということです。

しかし近代的歴史記述の中では、近代は客観的な時代区分のように前提とされてきました。操作的な基準の立て方こそ論者によって違っても、前近代的な社会と近代的な社会との差異は客観的なものだと考えられていたのです。それは、近代へ向かう社会変化が必然的な変化であるように捉えられたからです。

前章で論じたように、近代化は一面では、人間が意思と理性によって作り出す歴史的変化として捉えられていましたが、他面では人間社会が環境との相互関係の中で必然的に引き起こす変化としても捉えられていました。近代化を社会的構築と捉えるか自然的必然と捉えるかは、一見するとまったく逆の捉え方のように見えますが、世界を、自らの歴史を自ら創り出す人間と所与の自然法則に従うそれ以外の存在とに、もっと簡単にいえば社会と自然とに分割して考えている点で、いずれも共通の見方をしています。つまり近代化を社会的構築と捉えるか自然的必然と捉えるかは、そのように分割された世界観の中で、近代化を社会の領域の中で理解するか、自然の領域の中で理解するかの選択の差でしかなく、そもそも社会と自然とに世界が分割できることについてはむしろ共通の土台の上にあるのです。

このような考え方の問題は、この社会と自然の分割自体が、きわめて近代的な人間観に立脚していることです。すなわち、歴史において人間だけが主体であり、それ以外の存在はその人間による世界の制作のための客体であるとする人間観です。人間を、それを取り巻く環境から存在論的に切り離すこの発想は近代に特有のものです。

このような人間観は、現代の私たちの素朴な感覚として一見特に問題はないように感じられるかもしれませんが、近年の進化生物学や人間行動学などの知見に照らして決して科学的に根拠づけられるものではありません。私たち人間もまた、環境に適応して繁殖する生物のひとつであり、人間に固有の特徴とされる性質、例えば遺伝的関係がない個体間の大規模な協力行動を行う能力(超社会性)や、物理的事実ではない主観的な態度によって構成された事実(「南に10㎞いったところに水がある」ではなく、「彼は私と結婚する約束をしました」というような事実)について客観的なコミュニケーションができる能力も、そのような適応の結果としてそなわっているものです。

また人間と他の生物とのあいだの関係だけではなく、人間と無生物を含めた環境とのあいだの関係も、決して人間が一方的に自らの意思を押し付けるようなものではありません。むしろ人間社会の歴史は多くの場面で環境に対するパッシヴな反応によって紡がれてきたともいえます。こうした意味で人間とそれ以外の存在とのあいだの関係はそれほど非対称的ではありません。

(4) 自然主義的な世界史観

このようにひとたび近代の自己規定の論理の外に出て考えると、(私たちの社会にとっての価値としての近代は別としても) 時代区分の基礎に近代を置く考え方は、客観的な根拠を欠くという問題に突き当たります。ここから考えられるひとつのアプローチは宇宙誕生から現代まで、生命の誕生から現代まで、あるいは人類の誕生から現代までといった、従来であれば、歴史学とは切断された領域――宇宙物理学、地球物理学や地質学、進化生物学や考古学などの領域――と世界史とを接続して一貫したパースペクティブに収める枠組みを考えることです。

この地球に分布する大陸の形状とその生態学的条件から「近代化」の条件を解き明かそうとした進化生物学者ジャレド・ダイアモンドの『銃・病原菌・鉄』はその比較的早い例です。ビッグ・バンから現代までの歴史を、物理的世界から、化学的世界、生物学的世界、歴史的世界と、しだいに複雑な存在のレイヤーが創発する過程として描くディヴィッド・クリスチャンによるビッグ・ヒストリーのプロジェクトも注目されています。またビッグ・ヒストリーの枠組みに部分的に乗りつつ、進化生物学的な観点で人類史の始まりから進化の果てとして――サイボーグ化や生命工学的なエンハンスメントによって――訪れる「人間の終わり」までを見通そうとしたユヴァル・ノア・ハラリの『サピエンス全史』もこうした議論の流れの中においてよいでしょう。さらに地質学者のパウル・クルッツェンは、「地球環境における人間の痕跡が今や広範で激しくなったことで地球システムの機能に衝撃を与え、自然の他の巨大な力に匹敵するようになった」と指摘して、「多くの面で人間活動が支配的となった現在に至る地質時代に『人新世』anthropoceneという用語を与えることが適当である」と提起しました。

この「人新世（anthropocene）」という概念は、もともとは地質学的概念として提起されたものですが、歴史家のディペシュ・チャクラバルティは、この概念が「人間の歴史と自然の歴史の区別を解体する」と述べ、「人間の歴史と自然の歴史を分け、人間には「内面」（＝再帰性）があることを根拠として、前者（＝人間の再帰的製作の対象としての文化／社会のシステム）のみを歴史の対象としてきた」近代的歴史学を根底から再考させるインパクトを持つと主張しています。

こうしたいわば自然主義的な世界史観が、必ずしも近代という時代区分を否定するわけではありません。クリスチャンのビッグ・ヒストリーのフレームワークでは、17世紀に「近代革命」という画期が置かれていますし、ハラリの『サピエンス全史』でも科学革命は人類の歴史における画期としての位置づけを与えられています。チャクラバルティも例えば人新世概念と近代の系である資本主義との関係をひとつの大きな主題として論じています。

しかし、そこでの近代はもはや時代区分の基礎ではなく、進化論的スケールの中で人類史を俯瞰したときに、例えば超社会性の獲得や書記言語の獲得といったような人類の適応上の意義という基準に照らして見いだされるものであって、決してそれ自体を根拠として歴史のパースペクティブを構成するものではありません。むしろこれまで近代の問題だとして論じられてきたことが、むしろ人間の問題であった。あるいはポストモダンの問題として考えられていたことが、実はポストヒューマンの問題であったというパースペクティブの変更を促すものです。この意味で自然主義的アプローチは、近代を時代区分の基準から外すうえで、もっとも直接的な方向を指し示しているといえるでしょう。

［参考文献］

Allen, Robert C., *The British Industrial Revolution in Global Perspective*, Cambridge University Press, 2009

Chakrabarty, Dipesh, "The Climate of History: Four Theses", *Critical Inquiry* 35 (2), 2009, pp. 197-222

Christian, David, *Maps of Time: An Introduction to Big History*, University of California Press, 2011

Hopkins, A.G., ed., *Global History*, Palgrave, 2006

Mokyr, Joel, *The Gifts of Athena: Historical origins of The Knowledge Economy* (revised edition), Princeton University Press, 2004

van der Pijl, Kees, *Nomads, Empires, States: Modes of Foreign Relations and Political Economy I*, Pluto Press, 2007

van der Pijl, Kees, *The Foreign Encounter in Myth and Religion: Modes of Foreign Relations and Political Economy II*, Pluto Press, 2010

van der Pijl, Kees, *The Discipline of Western Supremacy: Modes of Foreign Relations and Political Economy III*, Pluto Press, 2014
Scholte, Jan Aart, *Globalization: A Critical Introduction* (2nd edition), Palgrave, 2005
Wong, Roy Bin and Jean-Laurent Rosenthal, *Before and Beyond Divergence*, Harvard University Press, 2011
アパデュライ、アルジュン『さまよえる近代——グローバル化の文化研究』門田健一訳、平凡社、２００４年
ウォーラーステイン、イマニュエル『脱＝社会科学』本田健吉ほか監訳、藤原書店、１９９３年
ウォーラーステイン、イマニュエル『入門世界システム分析』山下範久訳、藤原書店、２００６年
グハ、ラナジット『世界史の脱構築——ヘーゲルの歴史哲学批判からタゴールの詩の思想へ』竹中千春訳、立教大学出版会、２０１７年
グライフ、アブナー『比較歴史制度分析』岡崎哲二ほか監訳、ＮＴＴ出版、２００９年
サンスティーン、キャス『熟議が壊れるとき：民主政と憲法解釈の統治理論』那須耕介編・監訳、勁草書房、２０１２年
スブラフマニヤム、サンジャイ『接続された歴史：インドとヨーロッパ』三田昌彦ほか訳、名古屋大学出版会、２００９年
ダイアモンド、ジャレド『銃・病原菌・鉄（上・下）』倉骨彰訳、草思社文庫、２０１２年
ハラリ、ユヴァル・ノア『サピエンス全史（上・下）』柴田裕之訳、河出書房新社、２０１６年
パリサー、イーライ『フィルターバブル』井口耕二訳、早川文庫ＮＦ、２０１６年

ハンティントン、サミュエル『文明の衝突』鈴木主悦訳、集英社、1998年
ハント、リン『グローバル時代の歴史学』長谷川貴彦訳、岩波書店、2016年
フリードマン、トーマス『フラット化する世界（上・下）』伏見威蕃訳、日本経済新聞社、2006年
ボヌイユ、クリストフ、ジャン＝バティスト・フレソズ『人新世とは何か――〈地球と人類の時代〉の思想史』野坂しおり訳、青土社、2018年
ポメランツ、ケネス『大分岐』川北稔監訳、名古屋大学出版会、2015年
ポラニー、カール『〈新訳〉大転換』野口建彦ほか訳、東洋経済新報社、2009年
マレー、ダグラス『西洋の自死』町田敦夫訳、東洋経済新報社、2018年
ミラン、エリック『資本主義の起源と「西洋の勃興」』山下範久訳、藤原書店、2011年
宮崎正勝『「空間」から読み解く世界史』新潮選書、2015年
山下範久『世界システム論で読み解く日本』講談社選書メチエ、2001年
ラトゥール、ブルーノ『虚構の「近代」』川村久美子訳、新評論、2008年

第Ⅱ部
世界史と空間的想像力の問題

［第Ⅱ部のポイント］

第Ⅱ部の主題は、世界史が書かれる前提となる空間の問題です。「世界史はどのような世界地図を思い浮かべながら書かれてきたか、そして書かれうるか」という問題について考えます。

歴史は真空中で起こるものではありません。世界史はこの具体的な地球を舞台に展開するものであり、この地球には、陸と海があり、温暖な土地と寒冷な土地、湿潤な土地と乾燥した土地があり、大河の流れるところや急峻な山に隔てられたところがあります。人間にとって有用な動物や植物、鉱物の分布も決して均一ではありません。つまり、世界史が展開する「世界」は均質な空間ではなく、さまざまな特性を持った具体的な場所や地域から成っています。

また世界史がその上に展開する「世界」の多様性は、自然的な条件からのみ構成されているわけではありません。例えば、ある人にとってのある場所の近さ（あるいは遠さ）は、物理的な距離によってのみ決まるものではないでしょう。人間は他の動物とは異なり、記号を用いたコミュニケーションによって大規模な集団をつくりだします。国民国家と国民国家の間の国境線を想起すればすぐに理解できると思いますが、そうした人間の集団と集団の間の関係もまた世界史の舞台である空間に不連続性を刻み込みます。

このように、世界史の舞台としての「世界」が均質でも一元的でもないことを見て取ることはそれほど難しくはありません。しかし歴史を書くときに、そのような世界史の空間の多様性を、まったくありのまま描き出すことは（まさにその多様性のゆえに）不可能です。言い換えれば、どのような世界史も、なんらか特定の視点に立って分節化された――つまりさまざまな境界線で区切られ、意味づけられた――世界地図を前提に書かれているということです。

そしてまたそのような特定の視点は、ある場合には世界史の書き手が読み手の思い描く世界地図に寄り添うことで、別の場合には書かれたある世界史を読む読み手がその背後にある世界地図ごとその世界史を受け入れることで、世界史の書き手だけではなく、書かれた世界史の読み手にも共有されます。その意味では世界史にとっての空間の問題とは、世界史が書かれる前提としてだけではなく、世界史が書かれることで特定の「世界」のかたちのイメージが構築され、ひろく共有されていく作用としても問題となります。つまり歴史の書き手にとってだけでなく、読み手にとっても問題となるわけです。

第Ⅱ部では、世界史が書かれ、そして読まれる前提に介在している空間的想像力の問題について、４つの章にひとつの補論を加えて多面的に論じていきます。

第3章

「ヨーロッパ中心主義」が描いてきた世界地図

［本章のポイント］

第Ⅰ部では近代的歴史記述の問題を外側から概観しました。本章では、特に空間的想像力の視点から、ヨーロッパにおいて世界史がいかに書かれてきたかの歴史をたどることで、近代的歴史記述を内側から検討しなおします。制度化されたヨーロッパ中心主義の認識枠組みが、かたちを変えながら現代にまで及んでおり、一見自然に思われる世界地図の見方にもすでに歴史的なバイアスが入り込んでいます。

ヨーロッパ中心主義の2つの水準

今日、特に中等教育までの一般的な世界史の空間的な枠組みは、依然としてヨーロッパ中心主義的です。もちろん第I部に述べた通り、特に1990年代以降、ヨーロッパ中心主義に対する反省や批判は、むしろ歴史研究の主流を占めるほどに進みました。しかし、私たちが世界史を書く、あるいは読む際の空間的想像力からヨーロッパ中心主義が払拭されたかと問われて、留保なしに払拭されたと答えるのは、なお難しいといわざるをえません。

歴史記述におけるヨーロッパ中心主義には、2つの水準があります。ひとつは、いわば内容の水準におけるヨーロッパ中心主義です。これは、世界史が文字通りヨーロッパを中心として、つまりヨーロッパを主体として書かれているということです。そこではヨーロッパの外側の社会は、主体としてのヨーロッパが歴史を作る際の客体や舞台としての役割しか与えられず、ヨーロッパに外から突き動かされてはじめて歴史に参加する受動的な存在として描かれる傾向を帯びます。ヨーロッパの外側の社会に主体性が認められるときも、その社会がどれくらいヨーロッパ的に行動しているかによって測られることになります。

もうひとつのヨーロッパ中心主義は、形式の水準におけるものです。内容の水準におけるヨーロッパ中心主義は、ヨーロッパの内と外の区別を前提にしています。したがって内容の水準でヨーロッパ中心主義を批判するとき、批判者は、例えばアジアやアフリカの諸社会がいかに自らの歴史の主体であったか、あるいは近代の世界を構築するうえで能動的な役割を果たしたかを強調することになります。それはもちろん意味のある批判ですが、そもそものところで、ヨーロッパとそれ以外とを分ける発想、そのような分割を埋め込んで想像された世界地図を前提している点では、批判の対象となるヨーロッパ中心主義的な歴史記述と同じです。この点を理解しないいままで、ヨーロッパ中心主義を批判しようとすると、単に中心（歴史の主体）がヨーロッパからヨーロッパ以外のどこかにかわるだけで、歴史の書き方としては同じ形式の偏見を再生産することになりかねません。この意味でヨーロッパ中心主義はその形式の水準、すなわちそもそも「ヨーロッパ」の内と外の区別を可能にしている空間的想像力の水準でも吟味されなければならないのです。

もちろん実際に歴史を書くとき、あるいは書かれた歴史を批判的に読むとき、このヨーロッパ中心主義の2つの水準は必ずしも明確に2つに分けられるとはかぎりません。形式が内容に影響を与えることもあれば、内容が形式に影響を与えることもあるからです。「ヨーロッパ」の範囲をどこまでだとイメージしているかで、世界史に占めるヨーロッパの役割の描き方は変わるでしょうし、逆に例えば前近代と近代とを画する本質的な事件を何に見るかによって、どのような世界地図にどのようなかたちの「ヨーロッパ」が描かれるかも変わるでしょう。

すでに述べたように、「世界」を俯瞰するとき、私たちは特定の視点に立たざるをえません。

したがってグローバル化が進んだ今日でさえ、世界史はなんらかの特定のかたちをとった内と外の区別を前提にしてしか書くことができません。だからこそ、単に内容の水準だけでなく、形式の水準でヨーロッパ中心主義を吟味することが、グローバル化した現代に世界史を書くことはもちろん、歴史を批判的に読むうえでも大切なのです。

本章では以下、ヨーロッパ中心主義的な空間的想像力を形式的水準から考えなおすための準備として、ヨーロッパにおける世界史の書かれ方の変容の歴史を、その空間的想像力のかたちに注目して振り返ります。

空間認識の「三層構造」の誕生

ヨーロッパの古代の歴史書といえば、「歴史の父」と呼ばれるヘロドトスの『歴史』やトゥキディデスの『戦史』などが有名でしょう。今日の私たちから見て、これらが歴史書であることをあえて否定する必要はないでしょう。しかし当時、これらの著作が書かれた目的は、現代における歴史学の目的とは必ずしも同じではありません。ヘロドトスやトゥキディデスの目的は、市民に政治参加のための実用的教訓を提供することにありました。実際これらの著作は、かならず書き手にとっての現代で終わるように書かれています。つまりは同時代的な政治史だったわけです。なぜそれが実用的教訓になるかといえば、彼らの観念として、時間は反復すると考えられていたからです。人間の本性（ネイチャー）は変わらないから、その人間がつくる社会は必ず、同じことを繰り返す。だから人間社会においては、季節が巡るように、同じことが何度も起きるというわけです（こうした考え方を「古典的ヒューマニズム」といいます）。だから、「過去に起きたことを知れば今に役に立つ」という理屈になるのです。

さて、それらの歴史書の空間的想像力について見ると、古代においては、ギリシアでもローマでも、ヨーロッパとアジアとを対比的に捉える視点がすでに織り込まれていることが見てとれます。「ヨーロッパ」や「アジア」、それに「リビア」という言葉が用いられ（「アフリカ」という言葉は少し遅れて使われ始めます）、ヨーロッパとアジアの対比が頻繁に言及されます。その典型はヘロドトスの『歴史』でしょう。そこでは、ギリシア人は自由を本性としているのに対して、ペルシア人は隷属を本性としているとされ、この自由対隷属の争いとしてペルシア戦争が解釈されています。

ヘロドトスはかならずしもギリシア人とペルシア人に優劣を設けたわけではありませんでしたが、すでに彼の同時代人であるアイスキュロスは、ペルシア人を「夷狄」と呼んでおり、自由と隷属の対比は、単なる対比ではなく、アジアを劣等視する見方へと転化する傾向を帯びていました。ヘロドトスから1世紀下って、アリストテレスの著述の中にもアジア人の本性を自由の欠如において劣等視する見方が確認できます。

対比による空間的想像力の構成は、単純にヨーロッパとアジアの対比で完結したわけではあり

図表3－1　本章に登場する主な人物年表

年代
B.C.500
B.C.400
B.C.300
≈
B.C.100
A.D.1
A.D.100
≈
A.D.400
A.D.500
≈
A.D.1400
A.D.1500
A.D.1600
A.D.1700

人物
アイスキュロス（紀元前525年－紀元前456年）
ヘロドトス（紀元前485年頃－紀元前420年頃）
トゥキディデス（紀元前460年頃－紀元前395年）
クニドスのクテシアス
アリストテレス（紀元前384年－紀元前322年）
ポリュビオス（紀元前204年－紀元前125年）
大プリニウス（23年－79年）
アウグスティヌス（354年－430年）
コロンブス（1451年頃－1506年）
オルテリウス（1527年－1598年）
マルティノ・マルティニ（1614年－1661年）
ビュフォン（1707年－1788年）
ジェームズ・クック（1728年－1779年）

ません。たとえば、古代ギリシアの都市クニドスの歴史家クテシアスは、著作『インド誌』の中で、ペルシアの先に「インド」という国を想定し、もはや人間ではない怪物が跋扈する驚異の地として描写しています。そこでは、ギリシアとペルシアの対比の外側にさらに、両者を合わせた「人間」の領域とその外部という対比が重ね合わせられています。こうして対比を重ね合わせるような叙述でヨーロッパとアジアの空間認識を提示し、さらに種々の出来事も解釈されるというのが、古代のヨーロッパにおける歴史の文法でした。この延長線上に、古代的な空間認識の三層構造が構築されます。古代ローマの博物学者・政治家の大プリニウスは、『博物誌』の中で、ヨーロッパ

とアジア、さらにその外側で構成される三層構造を提示しました。すなわち、ヨーロッパは自由な市民による本当の意味での人間が住む地域、その外側のアジア・アフリカ（リビア）は隷属を特徴とする一段劣った人間の住む地域であり、さらにその外側には未知の怪物が住んでいる地域がある、というわけです。古代のヨーロッパにおいては、この三層構造が、自然の秩序として捉えられており、それを踏まえて歴史が解釈されていました。この対比的に捉えられた秩序の自然性が古代のヨーロッパの空間的想像力の大きな特徴です。

さて世界史の空間的想像力を考えるうえで、対比と並んで強調しておかなくてはならないのは連関への着目です。内と外の対比が、単に自分たちに関係のある世界とない世界という区別にとどまるならば、そのような対比の視線は、まだ世界史の空間を俯瞰する視線としては未熟なもの――漠然と外を意識していながらも視線自体は内と外の境界線が引かれた内側の地面に立っている状態――にとどまります。内と外の社会とがどのように連関しあってひとつの「世界」を成しているかという視線が、「世界史」の成立において決定的な意味を持っています。

その観点で見れば、先に述べた「歴史の父」であるヘロドトスは、かならずしも世界史を書いたわけではないともいえます。彼が描くペルシアは端的にギリシアの外にあり、ギリシアで起ることとは無関係に、ペルシア自身の論理でギリシアに攻め込んで来たにすぎません。彼が描いた歴史はあくまでギリシアの歴史にとどまります。

これに対して古代において、世界史を書いた最初の例としてポリュビオスが挙げられます。彼は、古代ギリシアに生まれ、第3次マケドニア戦争に際して人質となってローマに送られ、その学識のゆえにそこで小スキピオの庇護を受けて、著述を行いました。自身が目撃したカルタゴの陥落も描かれている、彼の代表的な著作『歴史』の冒頭には「……イタリアとリビアの事件がギリシアやアジアの事件と絡み合い、あらゆる事件がひとつの結果に結びつくようになった……」と記されています。異なる共同体との関係を総体として描くことを明示的に課題としていることが読みとれます。古代における世界史のマニフェストといってもよいでしょう。

三層構造をキリスト教化した「普遍史」

古代のヨーロッパ社会では、ローマ帝国が衰勢に入って以降、キリスト教が急速に広まりました。世界宗教としてのキリスト教は当然、世界史の文法にも影響を与えました。キリスト教的な世界観のもとで体系化された世界史は「キリスト教的普遍史」と呼ぶことができます。普遍史をもっとも一般的に定義するなら、「人類史の全体を描く歴史」ということになりますが、創造から終末までの時間に現在を位置づけるキリスト教の歴史意識は、まさに「人類史の全体を描く」ものだからです。

古代におけるキリスト教的普遍史は、一般にアウグスティヌスの『神の国』において完成されたとみなされています。キリスト教的普遍史は、もちろん聖書の記述を根拠にしています。これ

図表3－2　ヘレフォード図

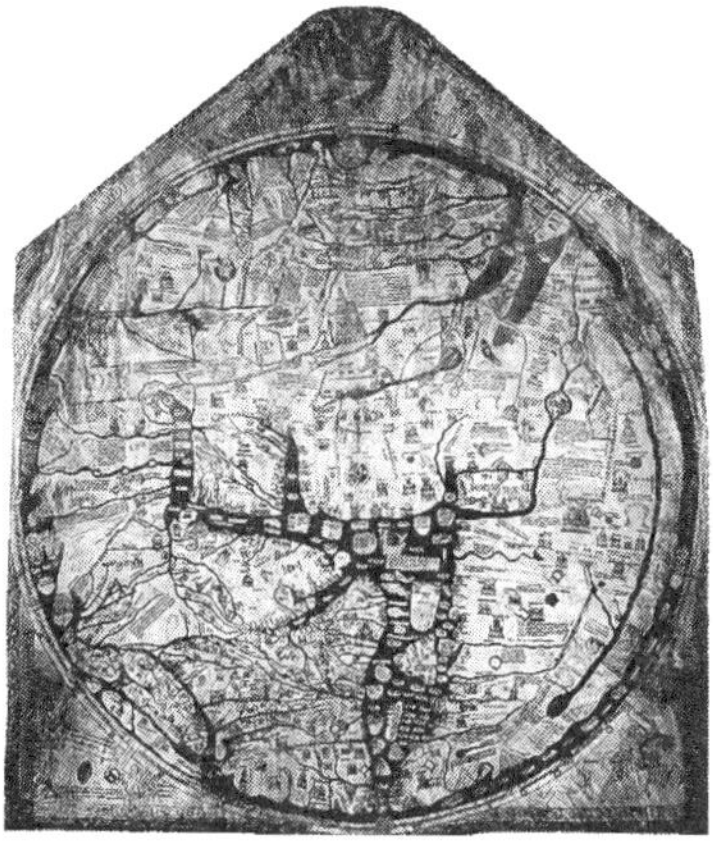

は時間の枠組み（時代区分）だけではなく、空間的想像力にも影響を与えます。『神の国』では、前述の三層構造がキリスト教化されて引き継がれていきます。すなわち、ヨーロッパがキリスト教徒の世界であり、アジア・アフリカが異教徒の世界であり、その外側に怪物的人間の世界がある、という三層構造です。キリスト教的普遍史においては、この三層構造は、自然の秩序によってそうなっているのではなく、神がそう創られたからそのようになっていると説明されます。

こうした古代的な空間的想像力のキリスト教的変容は、世界地図のかたちで遺されています。その極致として有名なのは「ヘレフォード図」（図表3－2）と呼ばれるものです。もともと古代ヨーロッパには、三層構造を模式図で示した「TO図」（図表3－3）と呼ばれる地図が存在していました。左側が北方向を指し、T字の川の上部にアジア、左下に

図表3－3　TO図

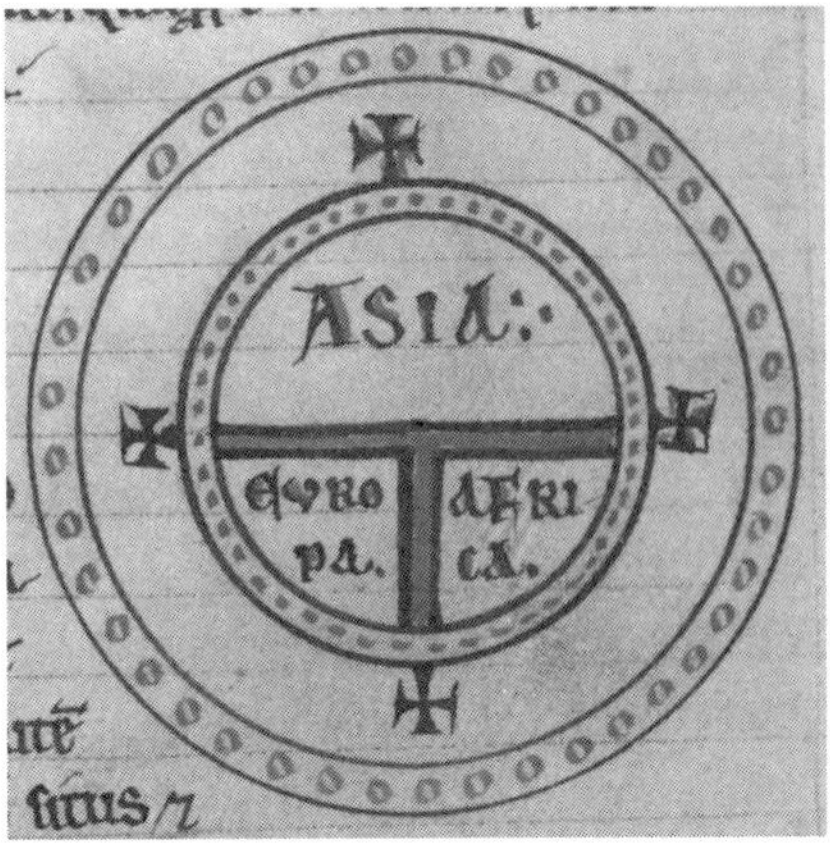

ヨーロッパ、右下にアフリカが配置され、その外周をO字の海が囲んでいるというものです。これが、古代ヨーロッパ人がイメージする世界の基本フォーマットでした。

　これがキリスト教化され、古代から中世にかけて新しい地理情報を書き足されて描かれた世界図の様式をマッパ・ムンディと呼びます。そのマッパ・ムンディの代表的な作品がヘレフォード図です。1300年頃に描かれたとされており、イギリスのヘレフォード大聖堂に所蔵されていることから、こう呼ばれています。それを見ると、「T」「O」や配置の構図は同じですが、中央にはエルサレムが置かれています。また上部にあるアジアのさらに上には、天国のようなものも描かれています。つまり古代的な三層構造にキリスト教的な世界観が上書きされているのです。

　古代から中世にかけて、キリスト教化した世界史は、社会の中の歴史の意義も変えました。古代において歴史は市民の政治教育のためでしたが、中世に入ると歴史、特に普遍史としての世界史の目的は神の栄光を証明することに変わりました。古代に形成された三層構造の空間的想像力は、このようにキリスト教的普遍史の枠組みの中で、その意味づけや根拠づけを変容させながら、世界史を描く空間的枠組みとして継承されていきました。

「普遍史」に突き付けられた3つの矛盾

ところが15世紀末から16世紀初頭にかけて、キリスト教的普遍史が前提としていた空間的想像力に対し、３つの大きなインパクトがもたらされます。

その第1は大航海時代の到来、特に新大陸（アメリカ大陸）への到達と、世界が球体であるという発見です。これは、３つの大陸しか存在せず、しかも平面として描かれていた「ＴＯ図」の世界とは明らかに異なります。これは、ヨーロッパ人にとって空間的想像力の更新を要請する大きなインパクトとなりました。

くわえて、ヨーロッパ人が新大陸で遭遇したのは怪物ではなく、人間でした。中世までのキリスト教的な空間的想像力のマインドセットでこの事実を受け止めるのは容易ではなく、彼らは本当に人間かという議論さえ繰り広げられました。彼らを奴隷として扱うことの是非を問う「ラス・カサス論争」も、そうした文脈で起こったことです。

最終的には、新大陸はヨーロッパ人が新たに「発見」した大陸であり、そこに住む人間は人間であるという認識に達しますが、新大陸の人間がただちにヨーロッパ人と同様に人間であると捉えられたわけではありません。新大陸の「発見」とともに、ヨーロッパ人の空間的想像力には「野蛮人」や「未開人」といった概念が導入されました。図式的にいえば、「怪物」が「野蛮人」や「未開人」に置き換えられたことになります。つまりヨーロッパ人の空間的想像力は、キリスト教徒、異教徒、野蛮人ないしは未開人からなる三層構造へと更新されたのです。

第2のインパクトは宗教改革です。プロテスタントは「ただ信仰のみ」と訴え、神の地上の代理人と自らを位置づけるカトリック教会を批判しました。神と直接向き合うことこそが重要であり、そのためのツールは神の言葉である聖書だけであると唱えたわけです。

ゆえに当然のことながら、プロテスタントの聖職者たちは、聖書の研究に多大なエネルギーを注ぎ込みました。その結果、聖書学が発展します。複数の写本の系譜を突き合わせて聖書の起源を復元しようとする、いわゆる「高等批判」の作業が進められました。第1章でも触れましたが、この「高等批判」の技法は、今日の歴史学における「史料批判」の原型でもあります。

しかし聖書学の発展によって（後世の写本ではなく）聖書がもともと描いていた「歴史」――天地創造からのプロセス――は、従来カトリックが依拠していた聖書に根拠を置くものと、プロテスタントが聖書学の成果を踏まえて原典とする聖書に根拠を置くものの2種類に分かたれることになってしまいました。両者の間には当然記述に隔たりがあります。しかし「普遍史」である以上、それが複数存在すること自体が矛盾を孕《はら》んでいます。キリスト教的普遍史がヨーロッパの世界史記述から完全に払拭されるには、なお2世紀以上の年月がかかりましたが、その枠組みが自己解体する契機はここにあったといってよいでしょう。

そして第3のインパクトは、中国史の問題です。宗教改革と並行して、カトリックの側でも改革運動は起きていました。その最も代表的なものはイエズス会です。イエズス会はアメリカだけではなく、中国などアジアにも宣教活動を展開しました。イエズス会から中国に渡った宣教師の中には、中国の歴史書などを研究し始めた者がいました。そうした研究によって中国の国家や社会、歴史に関する知識がヨーロッパに入ってくることになりました。

例えば、イエズス会修道士のマルティノ・マルティニは、中国の史書をもとにして『中国古代史』（1658年）を著しました。彼は、中国の史書の最初に記されている神話時代——いわゆる三皇五帝の時代——の記述を史実だと解釈し、それらの史書に記載された各王朝や皇帝の年代を計算して、中国における最初の王（伏羲《ふっき》）の統治が、イエスの生まれる2952年前であると算定しました。これは、ヘブライ語聖書による年代学によるノアの大洪水を5世紀以上さかのぼることになりますが、ノアの大洪水で人類が8名から再出発するという記述——キリスト教的普遍史では「史実」として動かしがたい記述——に矛盾します。

これがキリスト教社会にとって、きわめて都合の悪い話であることはいうまでもありません。

しかし他方で、中国の史書はマルティニのような近世のヨーロッパ人の目から見て高度な水準にあることを認めざるを得ず、これを虚構であると否定することはできませんでした。むしろ、キリスト教的な普遍史の枠組みへの信頼自体に動揺を与えることになったのです。

18世紀まで世界地図に描かれた「未知の南方大陸」

アメリカの文芸評論家・歴史家のスティーヴン・グリーンブラットの著書に、コロンブスの航海について論じた『驚異と占有』があります。それによると、コロンブスはその航海の過程で当初、航海中に目にした珍奇なものを、大プリニウスの『博物誌』などの古典や聖書などのテクストの記述をもとに解釈しようと努めていました。

もちろん聖書や古典の書き手は「新世界」を知らなかったわけですから、コロンブスが目にしたものが、それらのテクストにあらかじめ書きこまれているはずはありません。しかしコロンブスは当初、自分が見たものをテクストのほうに合わせようとしたわけです。およそ認識枠組みというのは、そのように経験の解釈にバイアスをかけるものです。

ところが「西インド」の各地を見て回るうち、ある時点から、コロンブスによる経験の解釈のベクトルが転換します。すなわち、自分がいま目にしているものは聖書にも『博物誌』のような古典にも書かれていないもの、つまりこれまで人類（キリスト教の福音を聞くヨーロッパ人という意味での「人類」ですが）に知らされてこなかったものであるという認識に立ち始めるのです。

そのことを、コロンブスは大げさに驚いた身振りとともに記録します。それによって、自分の目にしているものが、人類にとっての未知、すなわち既存の秩序の外部にあるものだということをアピールしたわけです。そして、次々と自分が目にした「驚異」に名前を与えていきます。もし目の前の土地やモノが、人類にとって未知なのであれば、その土地やモノを支配する権限は既存の秩序の誰のものでもありません。名を与える行為は、その土地やモノを自分が設定する秩序の下に置くことそのもの、言い換えればその土地やモノに対して創造主の立場に立つことにほかなりません。かくして驚異の身振りと表裏一体になった命名の行為が「新大陸」の占有を正当化するロジックとなったわけです。

これは一面では、聖書やギリシア古典のようにこの世界を解釈する際の根拠として前提とされる、いわば大文字のテクストに基づく認識枠組みからヨーロッパ人が一歩外へ踏み出す瞬間を示しているともいえますが、その大文字のテクストから出たときの振る舞い——創造主として命名し占有する——は、そのようなテクストに規定された認識枠組みからの出方が、もう一段深いところではやはり大文字のテクストに縛られていることを示しているともいえます。

実際のところ、大文字のテクストに根拠づけられた空間認識は、16世紀どころか18世紀に至るまで、さまざまな図像にその痕跡を見ることができます。そのひとつの典型が、近世の世界地図の南半球に描かれた「未知の南方大陸（Terra Australis Incognita）」です。16世紀に地理学者オ

図表3－4　オルテリウスの世界地図

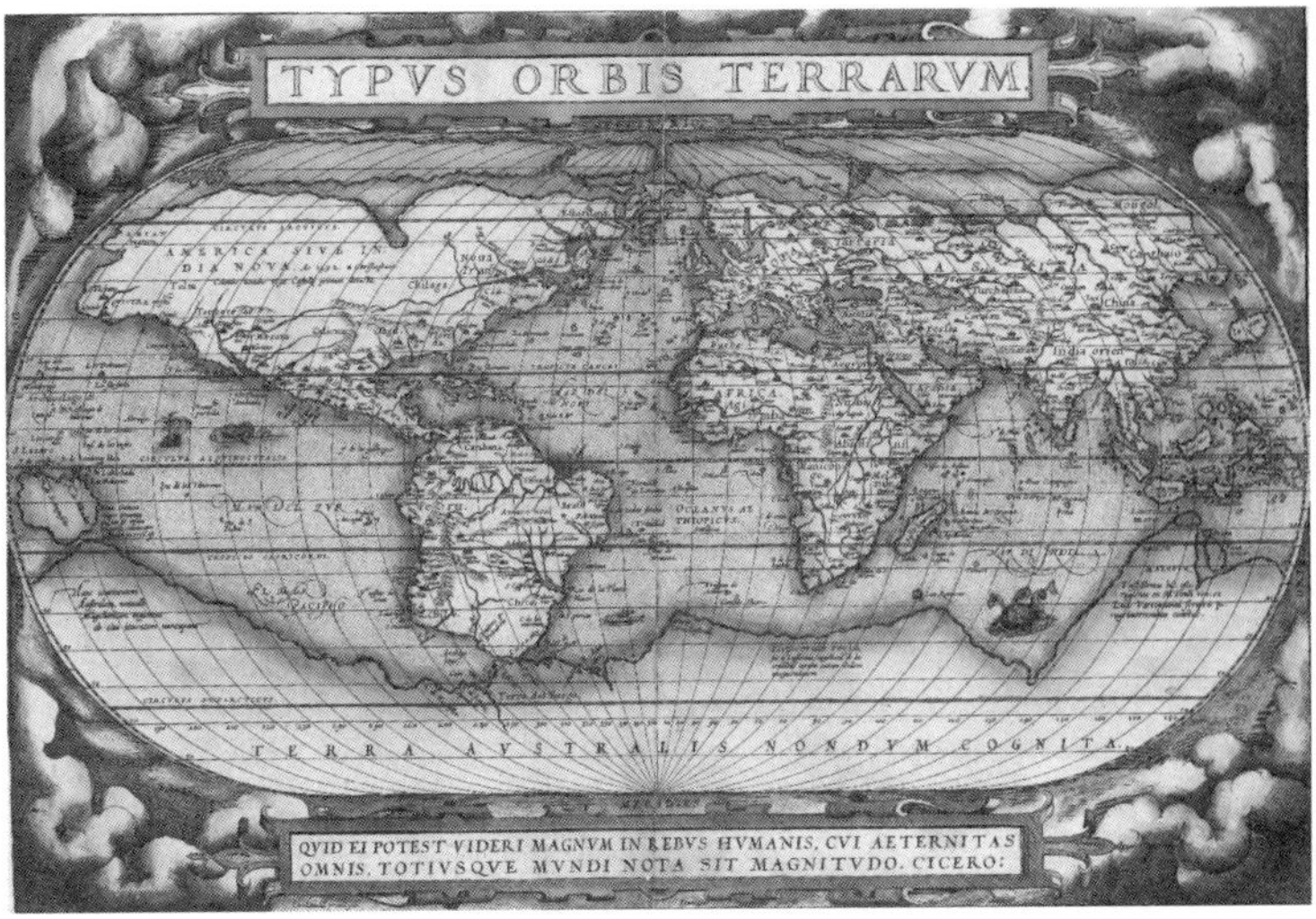

ルテリウスによって描かれた世界最初の近代的な世界地図（図表3－4）にも、17世紀初頭にイエズス会が中国に持ち込み、東アジアの近世における世界地図のスタンダードになった「坤輿《こんよ》万国全図」（図表3－5）にも、それは描かれていました。文字どおり、誰も見たことがないのに存在するとされていたのです。

一見すると南極大陸のようにも見えるのですが、当時はまだその存在は知られていません。ではなぜ描かれたかといえば、その根拠はギリシア古典です。そこでは、自然は均衡を本質とすると考えられていました。だとすれば、北半球に既知の大陸がこれだけある以上、南半球にもそれと釣り合う同規模の大陸があるはず、と考えられたわけです。これが「未知の南方大陸」という古典的概念なので

図表３－５　坤輿万国全図

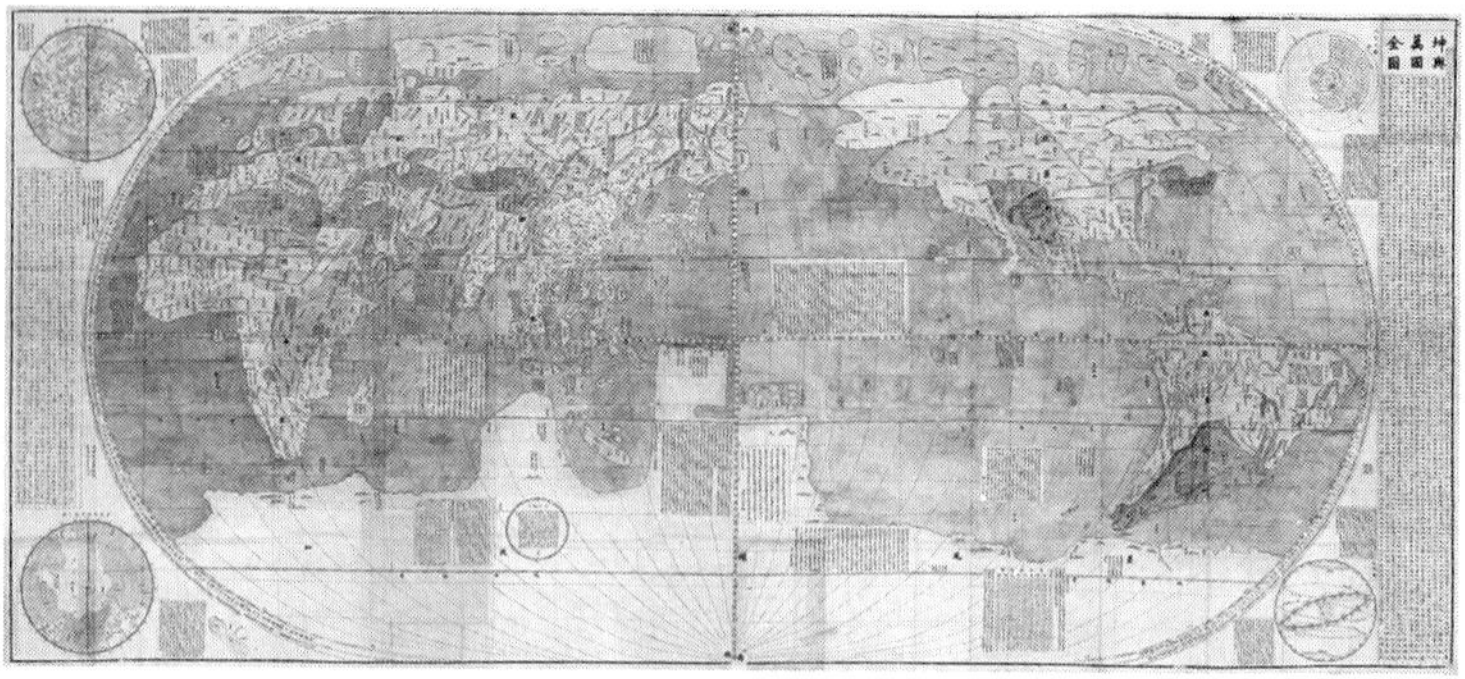

すが、16世紀の大航海時代後に、「新大陸」を含まない従来のＴＯ図の延長の世界地図から新たな様式の世界地図が描かれるときに、この概念が地図上に入りこんだのです。

これが最終的にヨーロッパの世界地図から消えるのは、18世紀後半のジェームズ・クックの航海以降でした。クックはイギリス王立科学協会の指示で、３次にわたって南太平洋へ派遣されます。うち第１回と第２回の航海では未知の南方大陸に関する調査がミッションに含まれていました。第１回航海では、クックはオーストラリアの東岸にヨーロッパ人として初めて到達しましたが、これが未知の南方大陸として想定されていたものではないという報告を行っています。第２回の航海ではオーストラリアのさらに南に未知の南方大陸を探索することが命じられていましたが、ここでもクックはその存在を否定する報告をしています。クックの航海を象徴的な画期として、世界地図への書きこみは古典からの推定によってではなく、実証的・経験的な知識に基づくものへと転換していきました。

なお、未知の南方大陸が書きこまれた世界地図は、坤輿万国全図をベースとするものが、近世の日本にも入ってきています。これに先行するものとして仏教的な三界図をベースとした世界地図があり、また近世も後期に入ると蘭学者がクック以降の世界地図をベースとしたものを取り入れて、近世の日本では複数の異なる様式の世界地図が並存していました。それらの間には当然矛盾もあるわけですが、空間的想像力は必ずしも一貫したものではなく、しばしば異質な要素が混淆したヘテロジェニックなものであることにも注意しておくべきでしょう。

啓蒙主義の時代でも「三層構造」は変わらず

さてヨーロッパに目を戻しましょう。キリスト教的普遍史をベースとし、古典古代や中世のテクストに縛られた空間認識も、こうして18世紀末から19世紀にかけて少しずつ解体していきます。その端緒を開いたのは17世紀の啓蒙主義でした。

17世紀はいわゆる「科学革命」の世紀です。人間観も、神の似姿ではなく、自然の体系の一員であると認識されるようになります。あるいは時間の観念も、神が起点と終末を決めるのではなく、無限の延長を持つと考えられるようになりました。いわゆる絶対時間（ニュートン時間）が浸透し始めたわけです。

百科事典『博物誌』で知られるフランスの博物学者ビュフォンは、その一環として1778年に有名な『自然の諸時期』を著しています。同書は一般に「Natural History から History of Nature へ」と要約されます。自然を神がつくられたものとしてカタログ的に描く（Natural History）のではなく、自然がいかにして形づくられ、今日に至ったかを考察する（History of Nature）ということです。それだけ自然に対する見方が変わったわけです。

歴史観としては、啓蒙主義から進歩史観が導かれてきます。新旧論争（古典古代と近代ではどちらが優れた文化を有するかという論争）を経て、古典を尊ぶ退歩主義から進歩主義へと歴史観が変わります。しかし、そこでキリスト教的普遍史から完全に切断されたわけではありません。啓蒙主義の歴史観には、「神」を「理性」に置き換えて世俗化された普遍史にすぎない側面もありました。

そのため、古典古代から普遍史に引き継がれた空間認識の三層構造も、啓蒙主義的な世界史の空間的想像力では変奏されながら維持されました。啓蒙主義から導かれた進歩史観は、啓蒙を経て近代に到達したヨーロッパ人から見た空間的他者――つまりヨーロッパの外部の人々――を、時間軸に投影して理解する枠組みを生み出しました。つまりヨーロッパ人から見てヨーロッパの外にいる人々は、単に「異なっている」同時代人ではなく、進歩の物差しにおいて「遅れている」人々であり、その意味で同時代人というより、むしろ過去を生きている人々と捉えられるようになったのです。結果、空間的想像力の三層構造は、いわば時間化されることになりました。

すなわちまず、古典古代であれば「自由な人間」、普遍史であれば「キリスト教徒」であったものが、啓蒙主義では「進歩を実現したヨーロッパ人」に置き換わりました。その外側には、古典古代であれば隷属を特徴とする人間が住む「アジア・アフリカ」、普遍史であれば「異教徒」の住む国々があることになっていましたが、それが啓蒙主義的な世界史の空間的想像力では「進歩が止まっているアジアの諸文明」となりました。さらにその外側には、中世まで「怪物」がいるとされていましたが、「野蛮人」や「未開人」という概念とともに、良くも悪くも、人間としてまだ歴史を歩み始めていない人々というイメージが、そこに投影されることになりました。

アジアを「停滞した地域」と見なした19世紀ロマン主義

三層構造の認識は、19世紀に入っても基本的に受け継がれました。ただ一方で、啓蒙主義に対する反発から、17~18世紀にはなかった世界認識も生まれます。端的にいえばそれがロマン主義、あるいはロマン主義によって正統化される国民国家（ネイション＝ステート）です。

啓蒙主義は、理性や客観性、普遍性、あるいは機械論の立場で議論を展開します。それに対してロマン主義は、感情や主観、個性、有機体論的な議論を立てます。啓蒙主義が考える歴史の進歩は抽象的なもので、そこに歴史の主体の考え方はあまりありませんが、しいていえば、その主体は人類――しばしば暗黙にヨーロッパ人でしかありませんでしたが――の全体であったといってよいでしょう。これに対してロマン主義の立場からは、歴史の進歩には意志を持つ人間的主体が必要であることを強調し、そうした意志の力によってひとつの有機体のように発展する人間集団としての民族を歴史の単位と考える立場を打ち出しました。これが歴史的民族（historic nation）という概念です。ある人間集団が歴史を持つということは、とりもなおさず、その人間集団はネイションとしてひとつの主体でなければありえないと考えられたわけです。

歴史を発展させる原動力として、中世では神が、啓蒙主義では理性が、それぞれ形而上学的に前提とされてきました。それに対してロマン主義は、歴史を進歩させる主体はあくまでも人間、それも個人ではなく民族（nation）という形の人間集団であるという立場をとります。言い換えるなら、歴史の進歩の根拠は歴史の中にしかないという考え方でもあるわけです。

この考え方が、歴史のある種の科学化とも結びつきます。啓蒙主義とロマン主義を比較すると、前者のほうが科学的、後者のほうが非科学的なイメージがありますが、歴史に関してはしばしば逆の結びつきが強くなります。啓蒙主義は歴史を法則に還元しようとする意味で形而上学的で、少なくとも実証史学的な意味では科学的とはいいがたい側面を持っています。それに対してロマン主義は、歴史、すなわち過去の事実のみに根拠を置くという点で、むしろ実証的な歴史主義に親和性が強いのです。

しかし空間的想像力の観点からすれば、ロマン主義的な世界史の歴史記述においても、三層構造自体は変わりませんでした。むしろロマン主義的な歴史主義が掛け合わされることで、アジアを停滞した地域とみなすオリエンタリズムと発展段階説が結びついてモデル化されることになり

図表3－6　19世紀パラダイム

	現在	過去
近代社会	政治学／経済学／社会学	歴史学
高度文明	東洋学	
未開社会	人類学	

ました。

すなわち、それによれば、ヨーロッパの歴史は先史時代、古典古代、中世、近代と段階的に発展してきました。それに対してアジア・アフリカは、先史時代から古代の専制君主の時代までは経験しましたが、そこから停滞が始まったと解釈されます。そしてさらにその外側の世界については、先史時代のまま停滞していると解釈されました。空間的な他者が時間軸に投影されているのは啓蒙主義の場合と同様ですが、その時間軸が、古代、中世、近代といった段階で区切られた不連続なものになっていることが特徴です。

このように古典古代につくられた三層構造は、中世、近世、啓蒙主義、そして19世紀と時代を経るごとに変奏されながらも、基本的には維持されていました。これが、ヨーロッパから見た世界史の前提にある空間認識なのです。

ちなみに、「世界システム論」を提唱したアメリカの社会学者イマニュエル・ウォーラーステインが、著書『新しい学――21世紀の脱＝社会科学』で批判の対象とした「19世紀パラダイム」は、まさにこの三層構造を歴史学のみならず、あらゆる近代の社会科学の認識論的前提と捉えるものです。

この19世紀パラダイムは、世界を3つの地域に分けて捉えます。「近代社会」「高度文明」「未開社会」です。

近代社会は、その名の通り、近代化を遂げた社会です。近代化は社会に機能分化をもたらすため、分化した社会のサブシステムごとに異なる研究対象と研究手法、つまり異なるディシプリン（専門化された「学」）が求められます。これが、国家を対象とする政治学、市場を対象とする経済学、市民社会を対象とする社会学へと制度化されます。他方、近代社会は、まさに近代化の過程で過去からの変容を経験しています。したがって、近代社会の過去を知る（あるいは近代化の過程を知る）ためには、別のディシプリンが必要になります。これが歴史学です。

他方、高度文明は、歴史の歩みが近代化に至らずに途中で止まってしまった社会とみなされています。いわばこの社会では過去が現在に冷凍保存されているわけです。したがって19世紀パラダイムにおいて、高度文明を理解するために現在と過去を分ける必要は認められません。彼らの「現在」は、とりもなおさず彼らの過去の反復だからです。

同じことは未開社会についてもいえます。未開社会はそもそも歴史の歩みを持たないとみなされています。したがってやはり彼らの「現在」は、とりもなおさずいわば冷凍保存された彼らの過去であり、未開社会を理解するために現在と過去を分ける必要は認められません。

ただ一方で高度文明は、高度な建築物の遺跡にくわえ、統治の記録、そして神話や経典などの体系化された文献を遺しています。そしてそうした文献こそが、彼らがそこで歩みを止めてしまった歴史の到達点を示しています。したがって高度文明を理解することは、この文献を解読することが主たる方法となります。こうして例えばサンスクリット語や漢文の知識をもとに文献学的な方法で対象にアプローチする東洋学が制度化されました。

他方、未開社会はしばしば無文字社会であり、文献資料がありません。したがってその理解への道は、研究者が対象の社会に入って、その社会を観察するよりほかありません。ここに、参与観察を主たる方法とする人類学が制度化されたわけです。

19世紀パラダイムは、ヨーロッパにおける世界史の空間的想像力が社会科学の諸ディシプリンのかたちで制度化されたものにほかなりません。逆にいえば、この枠組みの外に置かれた知のあり方は、学問として周縁化されることになりました。ウォーラーステインは、例えば地理学がそのような学問の例であると述べています。地理学というこの地球上の空間的多様性に向き合う学問が知の制度において周縁化されたことと、歴史学における空間的想像力がヨーロッパ人の作った近代を基準として一次元化されてしまったことのあいだには、直接的な関係があるといってよいでしょう。

ヨーロッパ中心的な空間的想像力の遺産

他者を解釈する際の自文化中心主義は、ほとんどどの文化にも多かれ少なかれ存在します。ここまで見てきたように、ヨーロッパ人がヨーロッパを中心に、（定義はどうあれ）ヨーロッパを（真の）人類とみなすような枠組みの中で他者と世界を見てきたことも、ある意味ではそのひとつの例にすぎません。しかしながら他方、このヨーロッパ中心主義的な空間的想像力は、古典的な自然主義からキリスト教的普遍主義、そして啓蒙主義、ロマン主義へと、それを定式化する概念枠組みを変えつつも、深層の構造において驚くほどの一貫性を持っていることも、やはり本章に見てきたとおりです。

そして、近代の社会科学が少なくとも表面的には科学的な普遍性を標榜しているのとは裏腹に、その背後にある歴史観は、現在においてもなお、その近代の社会科学が生まれたヨーロッパにおいて再生産されてきた空間的想像力の構造から脱しきったわけではありません。

たとえば、カレン・ワイゲンとマーティン・ルイスは、『The Myth of Continents（大陸という神話）』で、私たちの世界史の空間的想像力のかなり深層に近いところに組み込まれた「大陸」や「西」（the West）などといった概念について、そのバイアスを鋭く指摘しています。

まず「大陸」について。一般に世界史を大陸ごとに分けて見ることはよくあります。アジア、ヨーロッパ、アフリカ、北アメリカ、南アメリカ、オセアニアといった具合です。また大陸という概念には、科学的あるいは客観的な響きが伴っています。

しかし実際のところ、大陸に自然科学的な定義はありません。どれくらいの大きさがあれば大陸なのか、大陸の輪郭はなにを規準に引かれるのかといった規定は存在しません。例えばヨーロッパはしばしば「大陸」と呼ばれますが、どこまでがその範囲なのか、そもそもなぜユーラシア大陸の中でヨーロッパだけが切り出された大陸なのか、陸地の形状のみからすると客観的根拠はありません。むしろヨーロッパはユーラシア大陸の大きなひとつの半島とみなすほうが自然だという見方もありうるはずです。

実は「大陸」という言葉の原点は、古代の三層構造を表現した前述の「TO図」にあります。ヨーロッパが伝統的に「大陸」と観念されるのもそこに由来しています。つまり「大陸」の概念自体が、ヨーロッパ的な三層構造の空間認識を引きずった表現なのです。

あるいは「西」（そしてそれと対となる「東」）という表現もよく見られます。英語の文献の場合、「the West」が何を意味するかは文脈によります。例えば、「the West」の範囲を示した①から⑦まで7枚の世界地図があります（図表3－7）。このうち①で見ると、ネーデルランド周辺だけです。②ではイギリスあたりまで含み、③では北欧や南欧も入っていますが東欧は含まれません。これらの「the West」が意味するのは、ほぼ「西欧」と考えられます（もっともその際の「西欧」の範囲もこのように発話者の位置――この場合はいつの時点での「西欧」かという

図表３－７　「the West」の範囲を示した世界地図

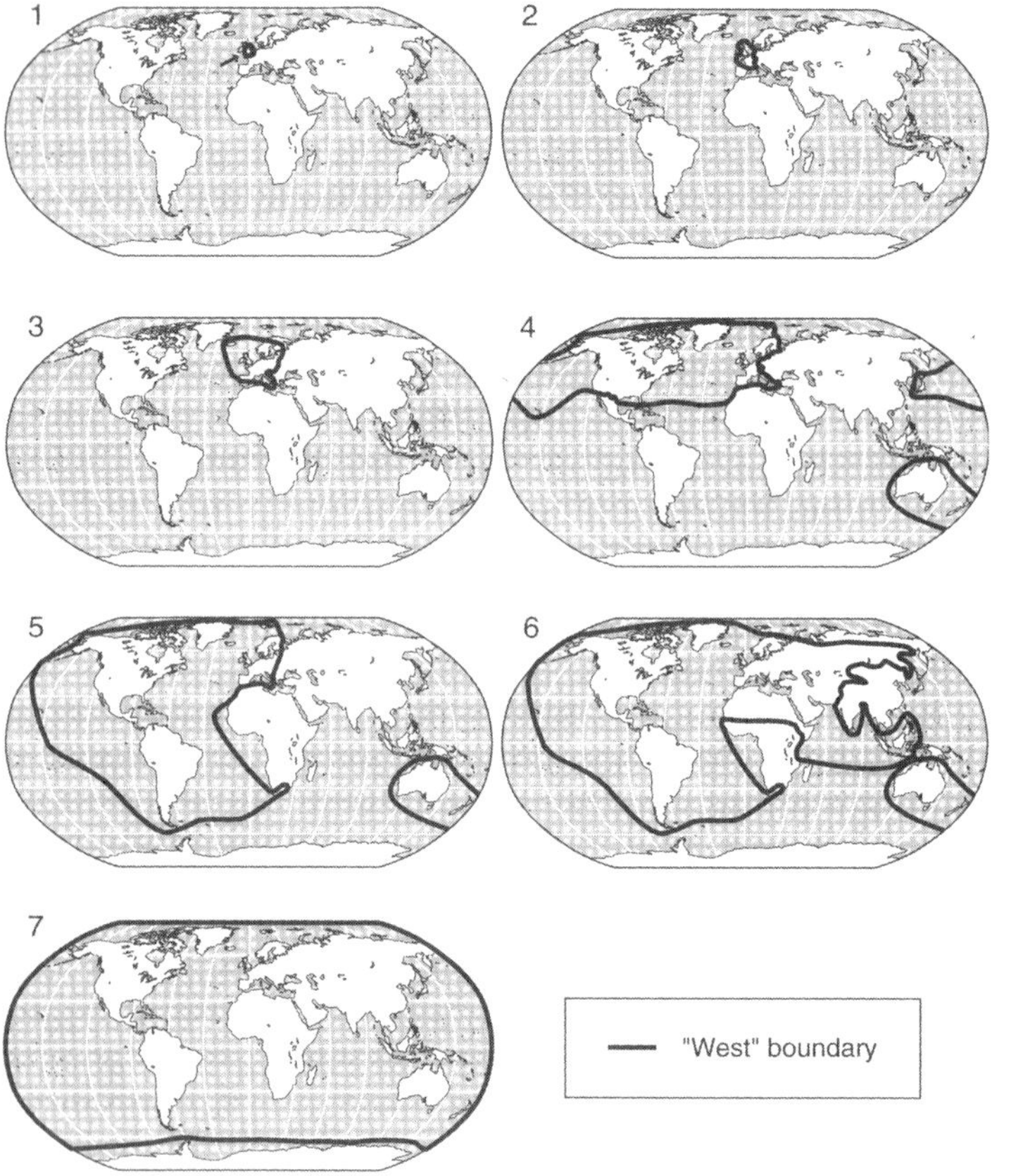

時間的な立ち位置――によって変わるわけですが）。

しかし④では、日本やオーストラリア、アメリカまで含まれます。これは、冷戦期によく用いられた「西側先進諸国」という意味での「西」です。また⑤では、日本やアフリカが含まれません。日本語の「西洋」のニュアンスにもっとも近いと考えられます。あるいは⑦のように、冷戦の終結とグローバル化の進展により、世界のほぼ全域が「the West」になったとする捉え方もあるでしょう。

「西」の中身は単に多様なわけではありません。このことは対となる「東」という言葉の使われ方を考えればもっとはっきりします。

「東（the East）」は、東洋のことを指すこともありますが、冷戦期にはソ連ブロックのことを指す言葉でもありました。またヨーロッパ史の文脈では、西欧と東欧もしばしば対比的に捉えられます。一見、文脈次第で雑多に用いられているようなのですが、ひとつ共通しているのは、「西」から見て「東」は劣った社会あるいは遅れた社会としてイメージされているということです。したがって、少なくとも「西」側から貼られた「東」というラベルをいったん認めたうえでその関係性を逆転させようという意志のないところでは、「東」側の社会が自らを「東」と自称することはありません。つまり裏側からもう少し踏み込んでいえば、近代化において先行しており、近代を自分たちの価値として占有しようとする欲望が、排除すべき他者を投影する空間的概念が「東」だということです。

冷戦は、より優れた近代化の様式を争うイデオロギー闘争であり、米ソ両ブロックが自分たちこそより進んだ社会であることを喧伝してやみませんでした。その中で西側ブロックが、共産主義ブロックを――地理的な意味とはほとんど関係なく――「東」側世界と呼んだことはその典型です。またヨーロッパの文脈でも、「東欧」には近代化の後進地域というイメージが伴います。EUの拡大が進んだ今日でも、「東欧」の中に、しばしば自分たちを「中欧（Mitteleuropa）」と呼称することを好む傾向があるのも、そうした背景で理解できるでしょう。

もっと微妙な例を挙げれば、特にアメリカの大学などで「ドイツ・スラブ語学科」のように、同じ学科でドイツ研究とロシア研究が行われていることがよくあります。これは、アメリカのエスタブリッシュメントを構成するいわゆるＷＡＳＰ的な文脈の中では、ドイツもロシアも歴史的に「東」側に属すると捉えられてきたという歴史的経緯を示唆するものです。

図式的にいえば、この「西」・「東」の対比は、さかのぼれば古典古代における自由と隷属の対比、または普遍史以降のキリスト教徒と異教徒の対比の延長線上にあり、空間的想像力の表現が、近代化の枠組みで再編集されたときに生じたバリエーションであったといえるでしょう。

したがって文脈によって他者化の対象が変われば、同じ「東」という概念が、あるときはアジアを意味し、またあるときはドイツを指し、さらにまた別のときにはロシアであったり、共産主義ブロックであったりすることになるわけです。問題が複雑になるのは、文脈こそ異なれど、表面上は同じ「東」という言葉で、これらの国や地域を呼んでいるうちに、「東」とされた社会どうしに表象的な連続性が構築されてしまうということです。例えば「ロシアはアジア的である」とか、「共産圏の国では（専制君主的な）独裁者が権力を握りやすい」とかいった具合です。これが、空間的想像力のバイアスをさらに強めることになります。

アメリカの世界戦略から生まれた「東南アジア」の概念

現代における空間的想像力のバイアスについて、もうひとつ付け加えておくべきなのは、覇権（ヘゲモニー）からの視線の問題です。

例えば今日の私たちの世界認識を分節化する概念の中には、「近東」、「中東」、「極東」といった地域概念も含まれます。しかしこれらの地域概念に客観性はありません。

これらの地域概念は、イギリスの植民政策の中で作られた地理概念です。すでに触れたとおり、イギリスは19世紀における覇権国家であり、世界中に植民地を展開していました。イギリスにとって、インドはヨーロッパの東側に位置する最初の大きな植民地でした。その後のイギリスの植民地戦略は、それを起点に、インドよりも遠くにある「東」＝極東、インドとヨーロッパの中間にある「東」＝中東、それよりも近くにある「東」＝近東という区分を前提に進められました。したがって、もともと「近東」といえば地中海沿岸の非ヨーロッパ地域を指しており、「中東」はむしろイランやアフガニスタンを指す呼称でした。19世紀の大半を通じてイギリス帝国とロシ

図表3－8　中央アジア

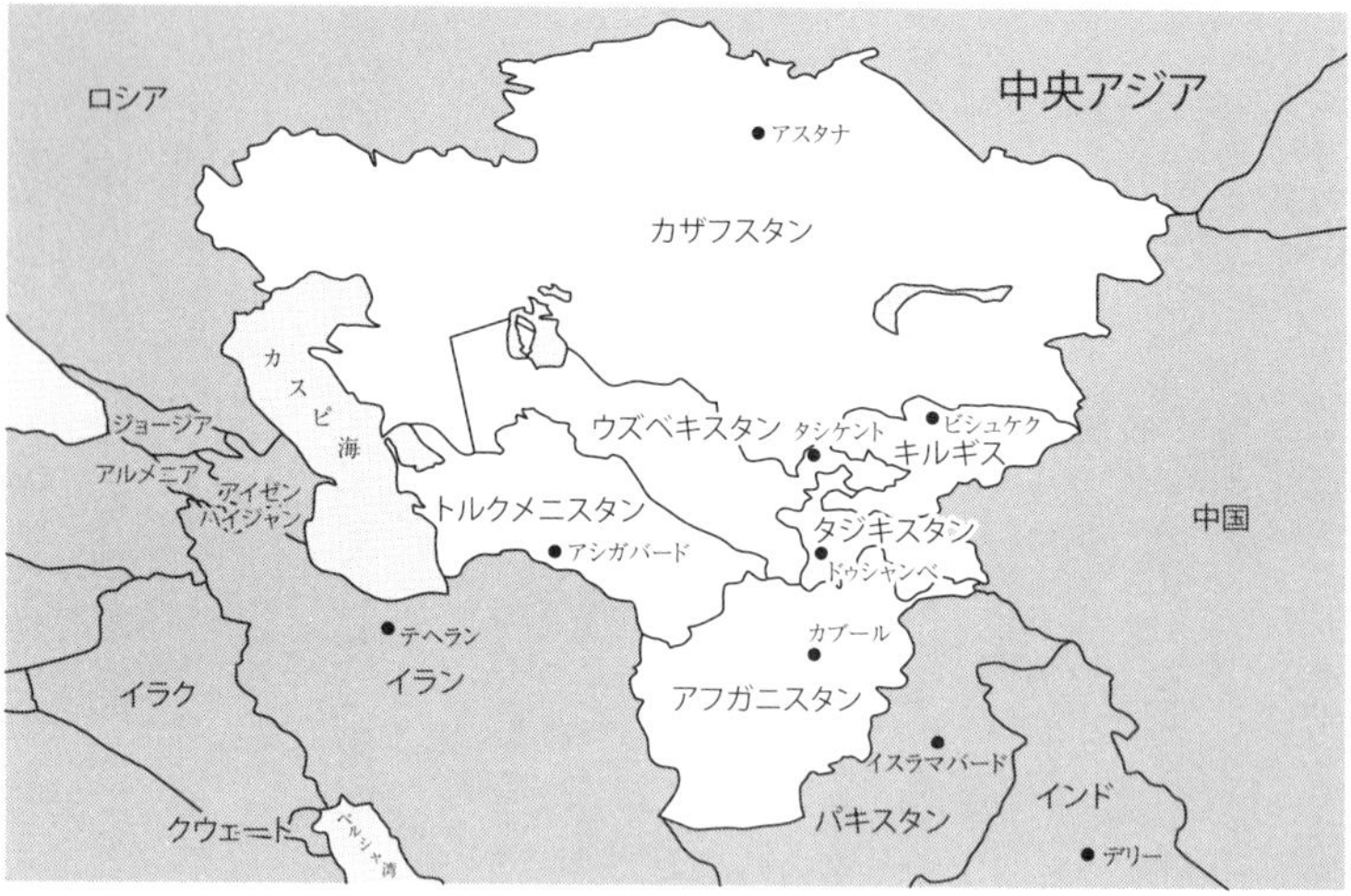

ア帝国は中央アジアをめぐって大規模な外交的・戦略的抗争（いわゆる「グレート・ゲーム」）を展開しており、この対露関係を背景として、覇権国イギリスの関心は、シリアやサウジアラビアではなく、イランやアフガニスタンから北方へ向いていたのです（図表3－8）。石油に戦略的価値が生まれるのはまだ少し先の時代でした。

しかし今では、中東と近東の地理的重心は接近しており、両者の区別はかなりあいまいです。これはひとつには第1次世界大戦後にオスマン帝国が解体して、近東の地域的一体性が下がったことがありますが、より本質的には、両次の世界大戦後、世界の覇権がイギリスからアメリカに移ったことにあります。いまや石油への関心（およびイスラエルとの関係）からこの地域に関心を持つアメリカにとって、中東と近東の区別はあまり意味がなく、むしろ中東と近東にまたがる地域をひとまとまりに見る視線が向けられるようになったのです。

このようにグローバルな戦略的関心を持つ覇権国が世界に向ける視線は、私たちの空間的想像力に影響を与えます。そもそも今日の意味での「地域」（region）という概念自体が、アメリカの覇権の関心を文脈とするものだといっても過言ではありません。アメリカは、第二次世界大戦中には戦地の住民からの協力を得るため、また戦後には占領地統治の観点から、戦略的に「地域（region）」を設定し、その地域の社会を知るエキスパートの育成に努めました。それまでアメリカには、中南米の専門家はある程度いましたが、モンロー主義の影響などもあり、それ以外の地域に詳しい専門家はほとんどいませんでした。そこで、そういう人材を組織的に生み出す必要に迫られたのです。いわゆる「地域研究（area studies）」の起源はここにあります。

冷戦期、このアメリカ的「地域研究」は、近代化論を前提としたうえで方法論としては学際的に研究を進めるというかたちで制度化が進みました。再び図式的にいえば、これは前述した19世紀パラダイムにおける「東洋学」の再定義といってもよいでしょう。

いずれにせよ、こんにち私たちがしばしば無批判に用いている地域概念のうち、少なくともいくつかは、覇権国としてのアメリカの世界戦略にまでしかその根拠をさかのぼることができません。そのおそらく最も顕著な例が「東南アジア」の概念です。インドシナ半島からフィリピンやインドネシアまでを括るこの地域概念には、20世紀以前にさかのぼる歴史的実態に根拠がありません。アメリカの地域研究によってはじめて生まれたものです。

逆に、それまでの歴史の実態から見ればはるかに濃い輪郭を持っていたはずの「中央アジア」という地域は、アメリカの戦略上では視線の後景に退き、冷戦期にはほとんど使われなくなりました。

さらにいえば、「ラテンアメリカ」も、第2次大戦後にアメリカが戦略的に生み出した概念です。先にひいた『The Myth of Continents』では、南米について、ブラジルの北東部はアフリカとの関係が深いため、「ラテンアメリカ」から切り離すほうが歴史的実態に即していると指摘されています。ところが、覇権国としてのアメリカの空間的想像力の中で、いわゆる「ラテンアメリカ」をひと括りにする地域概念のほうが一般的によく流通しています。地域研究という知的な制度が、私たちの空間的想像力に与える影響の深さがわかるでしょう。

「地域」という概念の再考

もちろん、あらゆる立場の主体から見て完全に公正な空間の表象や、それを可能にする空間的想像力の方法などといったものは考えることができません。またおよそあらゆるものに空間的次元が存在する以上、あらゆる点で公平な地理の分節概念を立てることも本質的に不可能です。その意味で、どのような見方も、ある特定の視点からの見方でしかありません。

とはいえ、できるだけフェアに歴史を反映した地域区分の概念を工夫することは、一般的なコミュニケーションの実際的要請からも、そしてもちろん歴史を書くうえでも必要です。そのために、本章を閉じるにあたって、２つのことを指摘しておこうと思います。

ひとつは、空間的想像力の基礎となるさまざまなレベルの地域の概念について、それがどのような視点から括られたものなのか、どのような文脈でかたち作られたものなのかに注意を払うということです。それは単に所与の地域概念が誰の立場から見た世界像に埋め込まれているのかということだけではありません。私たちは、例えばヨーロッパとラテンアメリカとを、あるいは北アフリカと東南アジアとを、いずれも「地域」と呼びます。しかし「ヨーロッパが地域である」というときの「地域」と「ラテンアメリカが地域である」というときの「地域」は、同じ意味でしょうか。北アフリカをひとつのまとまりと考えるときに、それをひとつの空間として括る根拠と、東南アジアをひとつのまとまりと考えるときに、それをひとつの空間として括る根拠は、同じ水準で語ることができるものでしょうか。要するに、私たちが歴史を見る際に持つべき空間的想像力は、１枚の二次元的な地図上の色分けで示すことができるほどフラットなものでよいとは限らないことに注意を払う必要があるということです。

もうひとつは移動や交通に関心を向けるということです。本章では、ヨーロッパ人の世界史記述を軸に空間的想像力の変遷を見てきましたが、その変遷の大きな動因は、ヨーロッパ人にとっての移動と交通の空間の拡大（あるいは縮小）にあったといってよいでしょう。地図には、集められた地理情報を高い上空から一望のもとに俯瞰させる機能と、陸上にせよ海上にせよ、地表上の具体的な地点に立って自分の居場所と向かう方角を知る機能があります。前者をアトラス（世界図）、後者をチャート（針路図）と呼ぶとすると、本章はアトラスの変遷を軸にして記述を進めてきたことになりますが、アトラスの変遷の裏面にはチャートの実践があるということです。しかし、当然のことですが、世界史において、あるいは人類の歴史において、移動や交通はヨーロッパ人だけの営みではありません。コロンブスの航海の後、新大陸を書き込んだ現存する最も古い世界地図はオスマン帝国の海軍提督であるピーリー・レイースの手になるものです。彼はまた軍人として航海案内書『キターブ・バフリエ（海洋の書）』を著しています。つまりチャートの書き手であり実践者でもあったのです。

突き詰めて考えれば、なんらかの空間をまとめて「地域」と括る発想と、なにを「移動」や「交通」と捉えるかという発想は表裏一体です。私たちは、まず地理的な分節があり、その境界を越えることを移動と捉えがちですが、ヒトやモノの移動が先にあってその移動の流れが作る渦が空間的なまとまりを構成するというほうが歴史の実相に近いというべきでしょう。移動や交通を、「地域」を括る境界線を越えたときにのみ検出する発想は、私たちが歴史や世界を見る際の空間的想像力を狭くすることになります。グローバル化が進んだ今日、移動や交通のほうから、常に新しく生成され続けるものとして「地域」を捉える見方を持つことは、ますます重要です。そしてそれは現在を考えるだけではなく、歴史を考えるうえでも必要な視点なのです。

[参考文献]

Brotton, Jerry, *Trading Territories: Mapping the Early Modern World*, Cornell University Press, 1998

Burrow, John, *A History of Histories: Epics, Chronicles, Romances, and Inquiries from Herodotus and Thucydides to the Twentieth Century*, Penguin Books, 2009

Iggers, G., Georg Q. Edward Wang, and Supriya Mukherjee, *A Global History of Modern Historiography*, Routledge, 2016

Kolluoglu-Kirli, Biray, "From Orientalism to Area Studies", *The New Centennial Review* (3-2), 2003, pp. 93-111

Lewis, Martin W. and Kären Wigen, *The Myth of Continents: A Critique of Metageography*, University of California Press, 1997

Thrower, Norman J. W., *Maps and Civilization: Cartography in Culture and Society* (3rd edition), University of Chicago Press, 2008

ウォーラーステイン、イマニュエル『新しい学――21世紀の脱＝社会科学』藤原書店、２００１年

応地利明『「世界地図」の誕生』日本経済新聞出版社、２００７年

岡崎勝世『聖書 vs. 世界史』講談社現代新書、１９９６年

グリーンブラット、スティーブン『驚異と占有――新世界の驚き』荒木正純訳、みすず書房、１９９４年

白石隆『海の帝国』中公新書、２０００年

多木浩二『ヨーロッパ人の描いた世界――コロンブスからクックまで』岩波書店、1991年
多木浩二『船がゆく――キャプテン・クック支配の航跡』新書館、1998年
レペニース、ヴォルフ『自然誌の終焉』山村直資訳、法政大学出版局、1992年
若林幹夫『地図の想像力』講談社選書メチエ、1995年

第4章 アジア史から見る世界史

［本章のポイント］

本章から第6章までの3章で、世界史の空間的想像力を近代的歴史記述から開くためのアプローチをマッピングします。本章は世界史の展開する空間が、固有の配置を持った地理的な空間であることに注目するアプローチについて述べます。社会のシステムの動態が自然のシステムに埋め込まれていることに注目する生態史観のアプローチです。特に本章では地理的条件が異なる社会のあいだの交通関係を規定するという着眼から、環境や技術といった要因との掛け合わせによって、世界史の動態を説明することで、西欧近代を基準とする歴史記述を解除するパースペクティブを提起しています。

注目すべきは多様な生態環境

前章に見たように、これまでの「世界史」は、World Historyとして書かれたものも、近年になってGlobal Historyとして書かれたものでさえ、ほとんどヨーロッパの目線で、あるいはヨーロッパを参照軸として語られてきました。その意味で西洋中心主義的な枠組みを抜け出してはいません。ヨーロッパ以外の地域は、単なる非ヨーロッパ、それを例えば「アジア」とひとくくりにして論じてきたわけです。しかし世界史を作ったのは、もちろんヨーロッパ人だけではありません。アジアにはアジアの歴史があります。

そもそも「アジア」や「ユーラシア」といった地域概念や呼称も、結局はヨーロッパ目線の所産でしかありません。しかし代替案がないため、今日まで変わらずにそう呼ばれていますし、ここでもそう呼ぶしかないのです。

そのアジア史ですが、まず基本概念として注目すべきは、生態環境です。範囲が広大なので、当然ながら一様な地勢・気候ではなく、多様な環境が存在しています。内陸には乾燥地があり、北上すれば寒冷地があり、それぞれ全く違います。そして気候が違えば、自然の生態も人々の暮らし方も違ってきます。それは人生観、世界観、組織の作り方などすべてに影響を及ぼしているはずです。

ところが近代ヨーロッパでできた今日の「世界史」像や社会科学の方法論は、これらを前提にしない立場から出発する傾向があります。逆にいえば、生態環境を主軸に据えて歴史を捉えることで、西洋中心主義的な世界史観から脱却できる可能性があるということです。

地理的・文化的観点からアジアを4地域に分類

アジアの生態環境はつきつめれば、乾燥世界と湿潤世界に二分できます。前者は遊牧世界であり、後者は農耕世界とも言い換えられます。乾燥草原を移動しながら生きる人々と、湿潤な気候下で農耕、とりわけ米作をしながら定住する人々がいたわけです。

これを地理的・文化的に見ると、アジアは大きく4つの世界に分類できます。民族学・比較文明学者の梅棹忠夫は、アジアを4分割した概念図を提示しており（梅棹、1974）、これに手を入れたものをまず掲げます（図表4－1）。それを実際の地図と重ね合わせたのが、図表4－2です。

それぞれの地域をⅠ、Ⅱ、Ⅲ、Ⅳと分けていますが、これは大雑把にいえば東アジア、南アジア、北アジア、西アジアを指します。Ⅲの北の地域にはもともとほとんど人が住んでいないので、実質的にはⅠ、Ⅱ、Ⅳの3つで考えます。

ヒマラヤ山脈やアルタイ山脈のあたりは、自然の障壁として、人間の住む世界をある程度分断

図表4－1　梅棹文明地図（梅棹 1974、岡本 2018）

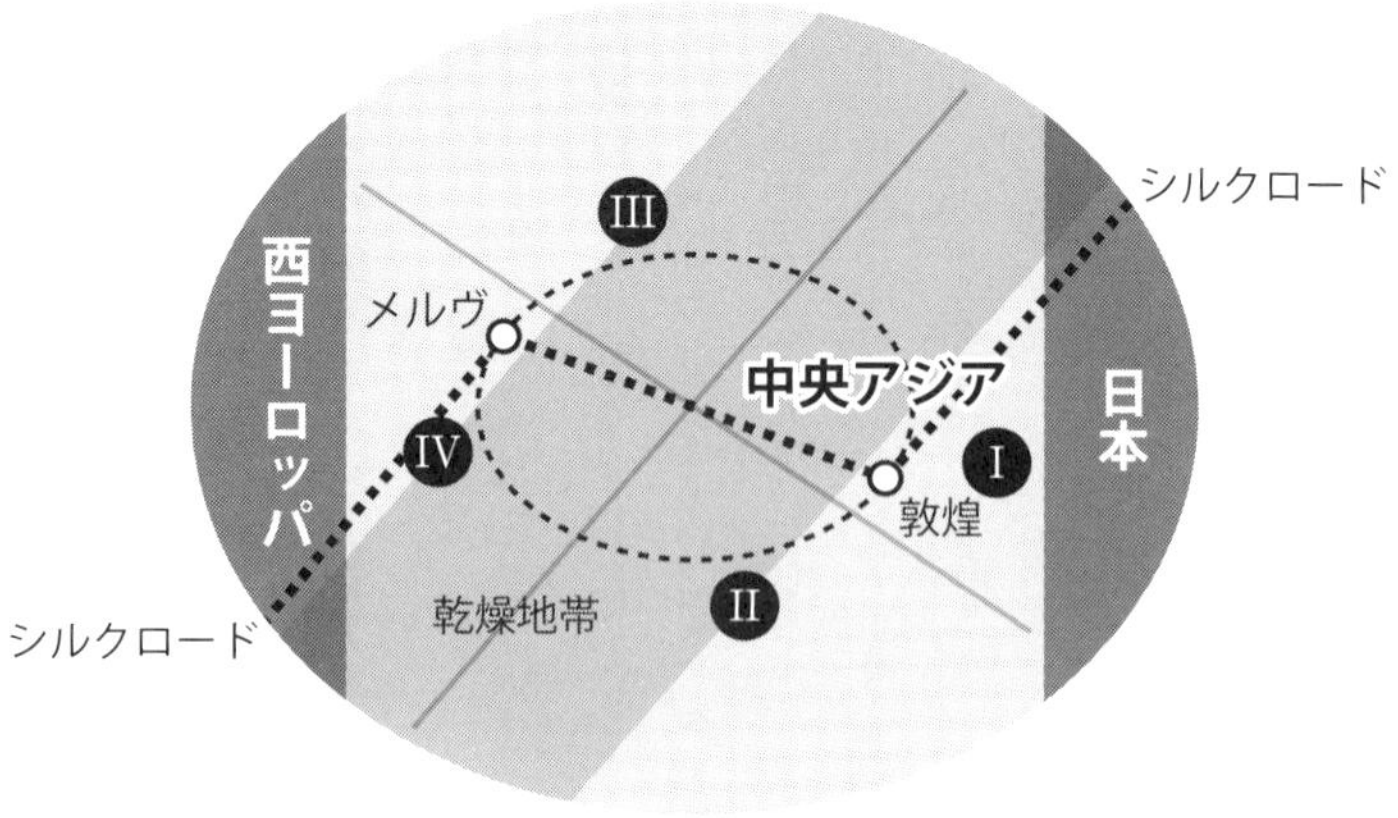

図表4－2　「シルクロード」図

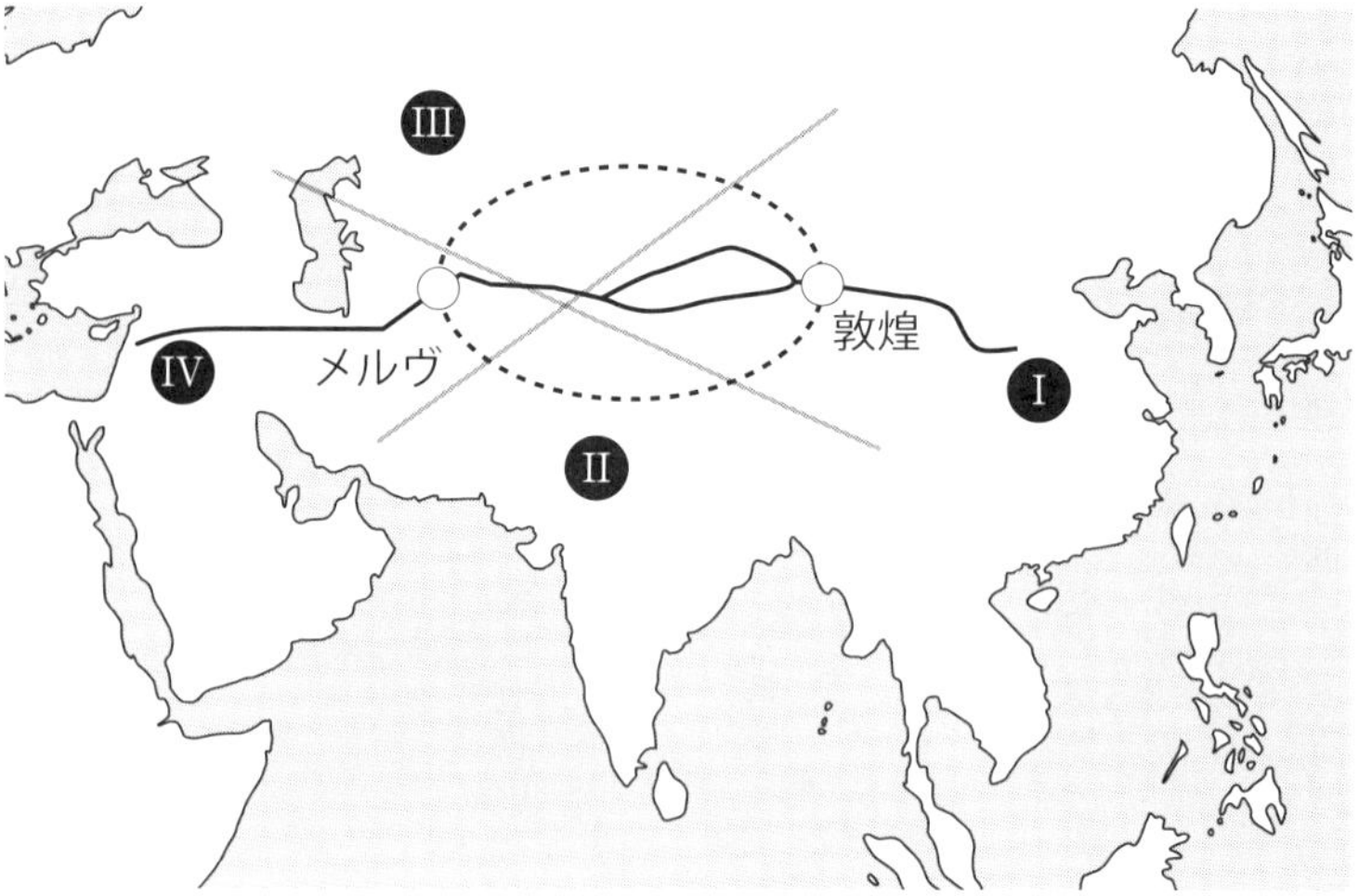

図表4－3　「歴史的地域と文字の排列法」（宮崎 1998）

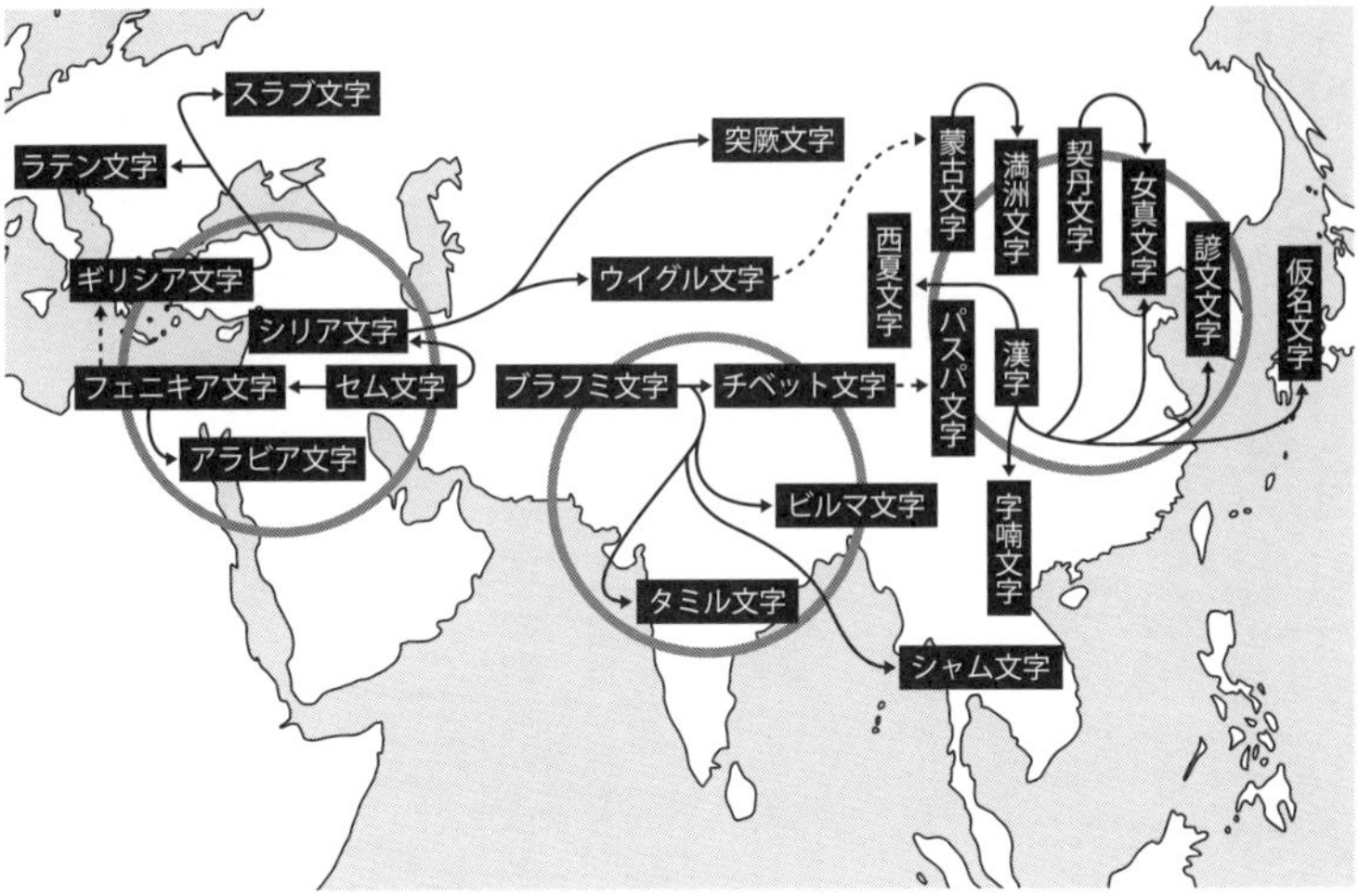

してきました。それによって文化や伝統もそれぞれに分かれて発展してきたわけです。それを顕著に表しているのが文字の違いで、分類すると図表4－3のようになります。

一般的によく知られる古代文明も、おそらくその基盤は文字文化でした。東洋史学者の宮崎市定によれば、アジアには右から書く文字、左から書く文字、上から書く文字の3種類があります（宮崎、1998）。それを図表4－1にプロットすると、ちょうど3つの「地域」＝世界の分け方と重なるのです。古代の諸文明が文字の排列の違いにそれぞれ対応して成立し、「歴史」を共有する舞台となる「地域」＝世界をなしたこともわかるわけです。

各地域はシルクロードに沿って交流していた

では、これら3つの世界はお互い全く隔絶されていたのかというと、そうではありません。むしろ密接につながっていました。これが、アジア史のきわめて重要なポイントです。

1980年代の日本では、「シルクロード」がブームになり、そのおかげで日本の東洋史学が盛んな時期でもありました。その観点から見たシルクロードは、いわゆる「東西交渉史」で、梅棹にしても、宮崎にしても、ヨーロッパと中国をつなぐ通路という捉え方をされていました。

最近はその見方が一変し、シルクロード上にあった各拠点こそ文明の中心であるという「中央ユーラシア史観」が台頭しています。ただこれも、まだ全世界・全時代を通じた定説となっているわけではありません。

この両極端の見方を整理する試案として、シルクロードの位置にヒントを求める方法があります。中国史学者の妹尾達彦は、ユーラシアにおける「遊牧地域」と「農耕地域」のエリアを分けた地図を提示しています（図表4－4）。生態環境と世界史上の大移動との関連を明らかにしたものです。これを前出の図表4－2と重ねてみると、基本的にシルクロードは「遊牧地域」と「農耕地域」のちょうど境界地域を通っていることがわかります。

ただし、東の敦煌（甘粛）から西のメルヴ（ホラサーン）に至る中央アジアのシルクロードは、

図表4－4　遊牧地域と農耕地域（妹尾 2007、2018）

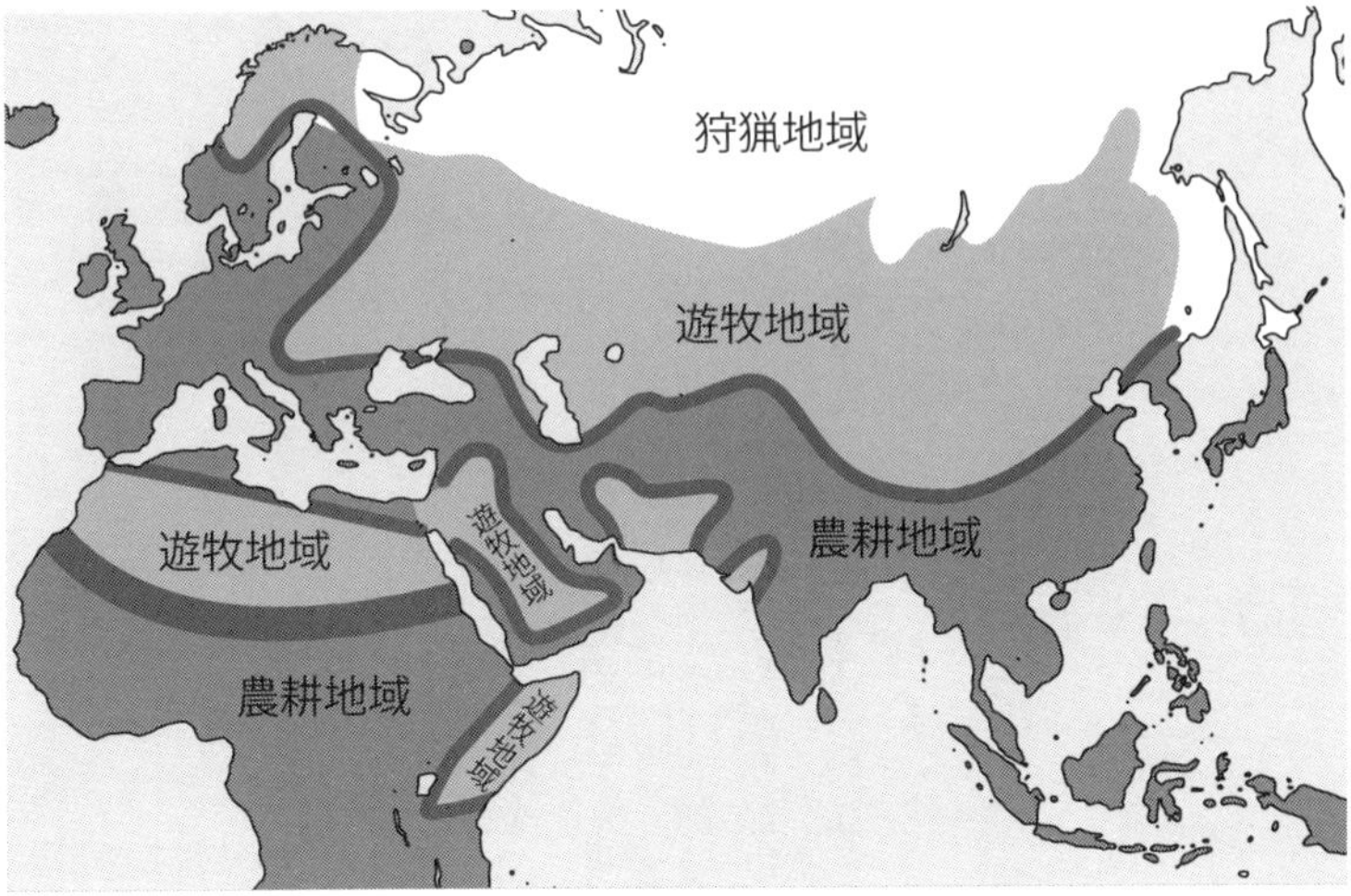

乾燥地帯を縦断しています。これがオアシス地帯であり、また前述したⅠ、Ⅱ、Ⅲ、Ⅳという4つの世界が絡み合う地域でもあり、その帰趨がアジア史にとってきわめて重要な意味を持っていると考えられます。

古代文明はアジアを分ける各世界それぞれの端・境界で発達しました。東の黄河文明、西のオリエント文明、南のインダス文明いずれもそうで、遊牧民と農耕民の近接する場所です。これらは前述のとおり、それぞれ文字を有していました。

文明それ自体は、富を蓄積できた農耕定住民の手に成ったものでしょう。しかしそこで必要な条件は、移動交通の活発な遊牧民の存在と活動が傍らにあることです。農耕民は彼らと接触、交流せざるをえませんから、変化する局面に応じて、集団や組織を結成運営するために、どうしても意思疎通や記録保存の手段が必要となります。

生業が遊牧のみ、または農耕のみで、互いに没交渉ならば、各々その集団内部で、同じ生活パターンをくりかえしていればよく、口伝・習慣で事足りますから、文字記録は不要です。太古の遊牧民は文字を持ちませんし、文字のない農耕文明も少なくはありません。文字が発明されたのは、境界だったからなのです。

それぞれ生態環境が異なる以上、産物も異なります。特に北の遊牧地域と南の農耕地域とでは、それが顕著だったはずです。各々の産物を交換することでお互いに利益を得られることから、交易が始まりました。つまり、南北の交易が東西に連なって展開するかたちだったと考えられます。それこそが、シルクロードだったわけです。

そこで誕生したマーケットが、やがて都市国家（オアシス都市国家）になります。それがさらに発展・拡大することで、古代帝国の誕生につながったわけです。その典型的な形態が、西ではアケメネス朝ペルシア、南ではマウリア朝、東では秦と漢の統一王朝、さらに西ではローマ帝国でした。つまり、乾燥や農耕といった生態環境が社会や文明の形成に大きな役割を果たしたと考えられるわけです。

寒冷化で統治システムや社会構造が変化

そこで非常に重要な意味を持つのが、3世紀から始まった気候変動、つまり寒冷化です。温暖な地域が多少寒くなった程度なら、まだ耐えられるでしょう。しかし寒冷地がさらに寒冷化すれば、生命が危ぶまれます。

もちろん、冷害や不作という意味では農耕地域へのダメージも甚大です。しかし、さらに厳しい環境に置かれたのが北方の内陸地に拠点を置く遊牧民です。そこで彼らは、生存を賭けて南下を始めます。もともと機動力があり、軍事力も優れていたので、要するに武装難民化したわけです。

ただし、彼らは文字で記録をあまり残していないため、どのくらい武装化していたのか、どこまで農耕地域を荒らし回ったのか、定かではありません。もしかすると、この見方には農耕民の目線によるバイアスがかかっているかもしれません。

いずれにしても、遊牧民を迎える側の都市国家や古代帝国が著しく混乱したことは、想像に難くないでしょう。これを契機として、従来の統治システムが機能しなくなり、新しい統治体系や社会構造が模索されるようになったのです。

特に西ローマと中国の中原地域では、商業本位から農業本位にシフトする現象が見られました。

急速に増える移民とその流動性に対応しつつ、生産力の減退をくいとめる方法を目指したわけです。土地の生産力をできるかぎり引き出すため、労働力を土地に縛りつけて最大限に活用する農奴制や均田制などが導入されたのも、この頃からです。

オリエントはイスラームによって、東アジアは唐によって再統一

地球が寒冷化しても、もともと温暖な地域は恵まれていました。その象徴的な存在がオリエント世界、同時代の具体的な政権でいえばササン朝と東ローマです。

両帝国とも、ほかの世界が寒冷化であえいでいた6世紀に拡大し、優越的な立場を確立しています。東ローマは西方に、ササン朝は東方に勢力を伸ばし、オリエントを東西に分けて支配していたわけです。

ただし、両者の間でも熾烈な抗争が繰り返されてきました。その最大の争点は、中間に位置するシリアをどちらが支配下に置くか、ということです。

ところが、この辺境地からはほぼ同時期にイスラームが勃興します。結局、シリアはイスラームに合流し、イスラームはササン朝を滅ぼすとともに東ローマの大半を奪い、東西に分かれていたオリエントを再統一していくことになります。これによって生まれたウマイヤ朝がシリアを本拠にしたことが、こうした一連の変化を雄弁に物語っています（図表4－5、4－6）。つまり、

図表４－５　ササン朝と東ローマ（岡本 2018）

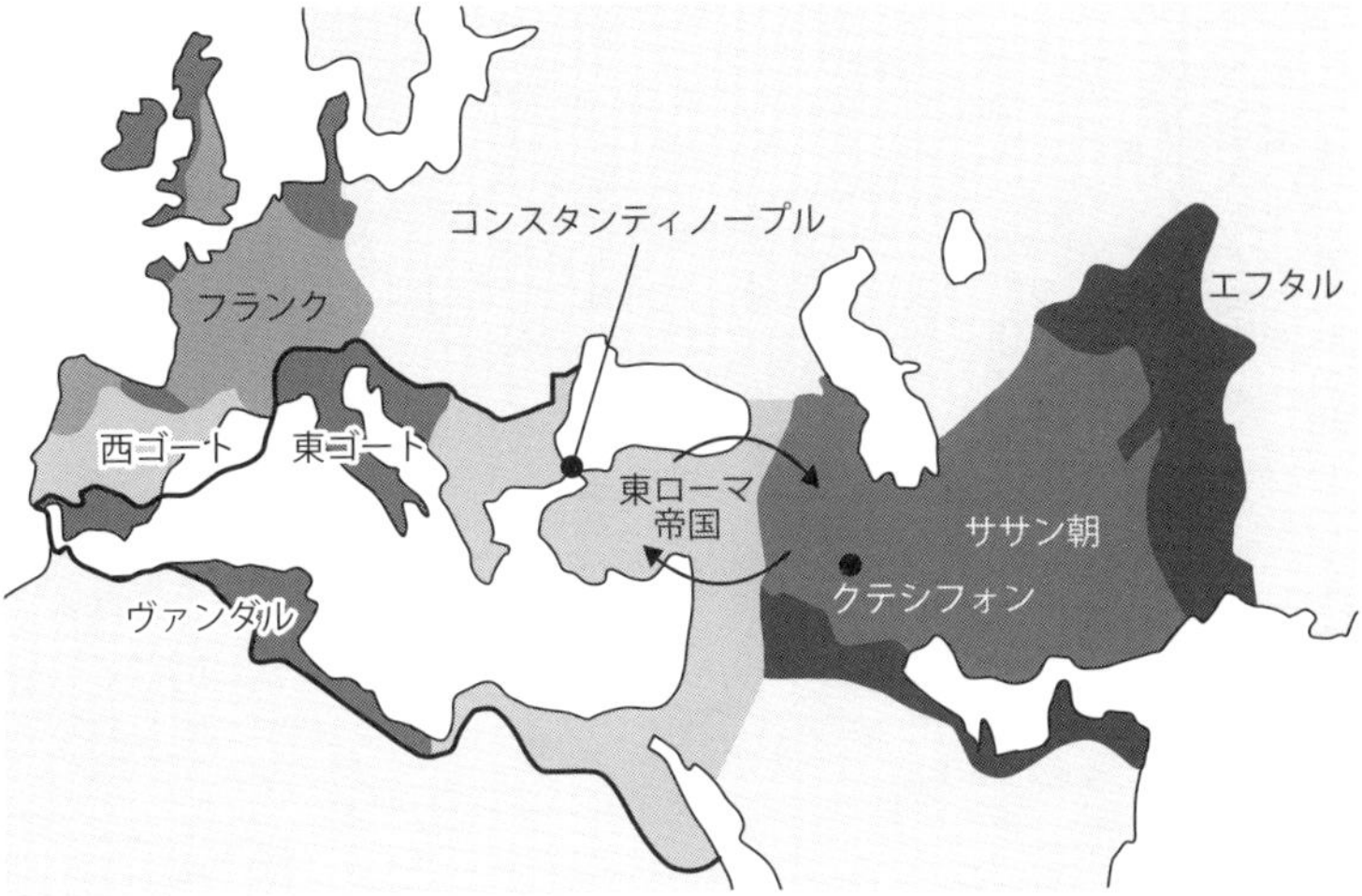

図表４－６　イスラームの興起とオリエントの再統一（岡本 2018）

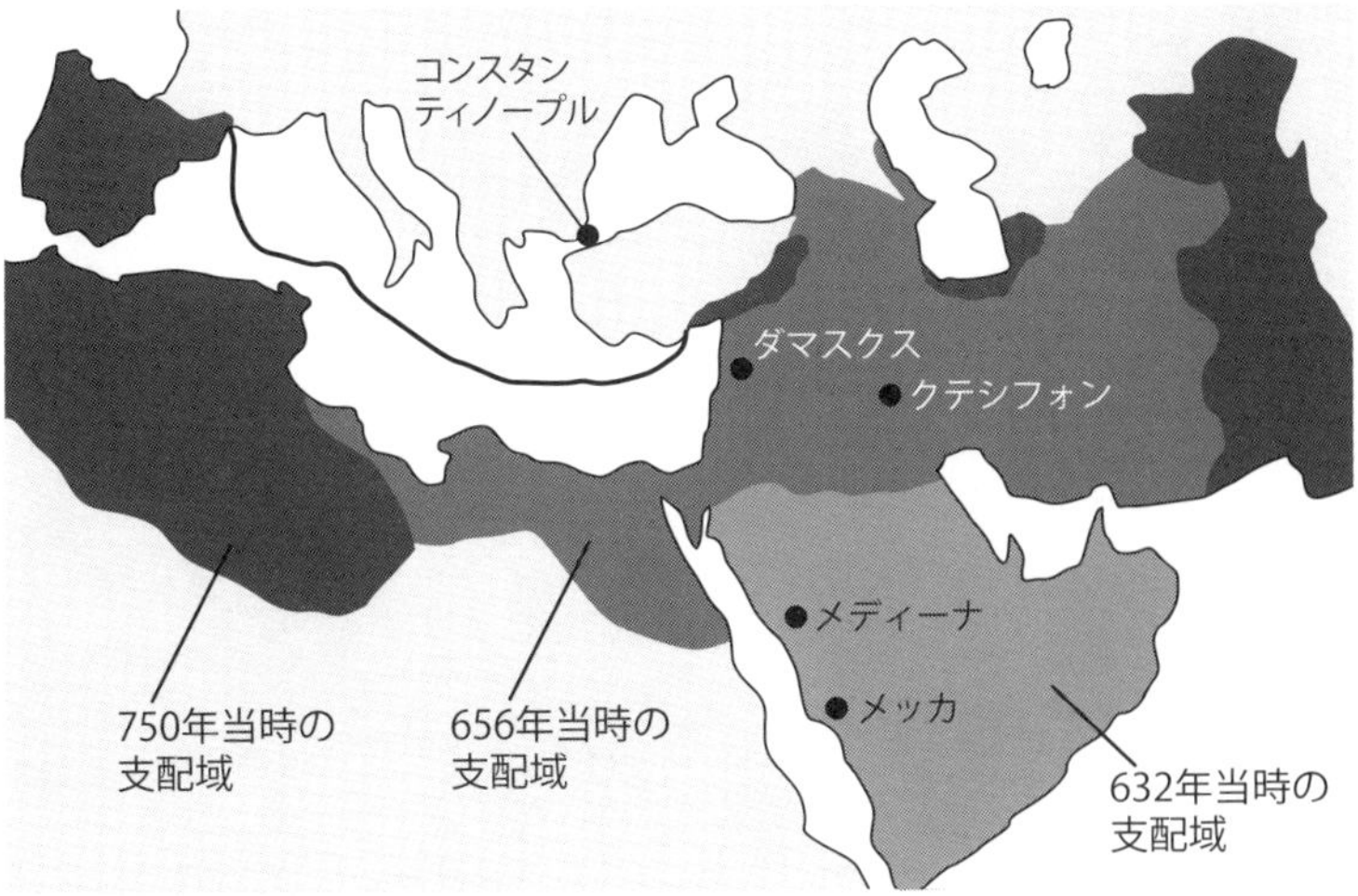

ギリシア以前の伝統も含め、西アジア、オリエント、地中海の各地域が、イスラームを中軸として政治社会体系の再編を遂げていくわけです。

同じく6～8世紀頃、東アジアの中原地域でも、新しい時代が進行してきています。やはり遊牧民の南下により、新しい統治体系や社会構造の再構築を迫られ、それなりに成功していたのです。それは、遊牧民的要素と定住民的要素との、新たな関係を構築するものでした。

その典型が、中国の南北朝時代における北朝の試みです。北朝は遊牧民出自の鮮卑拓跋部が南下して建てた政権ですが、いわゆる律令制を敷いて中原を統治し、長江流域の江南を支配していた南朝を併呑しました。これによって誕生した統一王朝が隋であり、その後には、約300年にわたって唐の時代が続きます。

しかも唐は当時、軍事力に卓越していた突厥《テュルク》、つまりトルコ系の遊牧民と、中央アジアに盤踞《ばんきょ》し、経済力を武器に西方からシルクロードに沿って進出してきたペルシア系のソグド商人とを含めた大同団結に成功し、東アジアは再統一されました。

唐の事実上の創建者は太宗・李世民です。彼はテュルクの遊牧国家を支配下に収める際、彼らから「遊牧民の王の中の王」を意味する「天《テングリ》・可汗《カガン》」という称号を贈られます。つまり唐は、北方の遊牧世界と中国の農耕世界をつなぐことに成功したわけです。

広大な版図を獲得した唐ですが、その北方地域のほとんどは遊牧民の居住地でした。また、その中を貫通するシルクロードでは、ソグド商人がその経済活動を牛耳っていました。唐の広域支配は、遊牧と農耕を統合するとともに、軍事と商業が提携する重層的な構造になっていたのです。

では、彼らを精神的に結びつけていたものは何かといえば、それが当時流行し始めていた仏教です。玄奘《げんじょう》がインドに赴いて修行し、経典を持ち帰ったことは有名で、この旅が後に、『西遊記』の物語になるわけですが、その旅程ルートである東方のシルクロードを中心に仏教が浸透していたのです。

日本史にとって唐といえば、「遣唐使」が有名でしょう。当時の日本は唐の文物や制度、律令などを学びました。しかし、それはほんの一面に過ぎません。首都の長安はきわめて国際色豊かなところです。特に経済面ではペルシア系のソグド人財閥がほぼ実権を握っていました。めったにないものの例として、「窮波斯（貧乏なペルシア人）」という話があるくらいで、そのあたりを活写したのが、歴史学者の石田幹之助です（石田、１９６７）。

このソグド人たちは商人だけではなく、遊牧民化もしており、ペルシアとトルコの融合も起こっています。玄宗皇帝・楊貴妃と並んで有名な安禄山という将軍は、その一例ですが、安史の乱という大乱を起こして時代を動かしました。

温暖化でトルコ化・イスラーム化した中央アジア

その後、９～10世紀になると、アジアは一大転換期を迎えます。気候局面が温暖化に転じたた

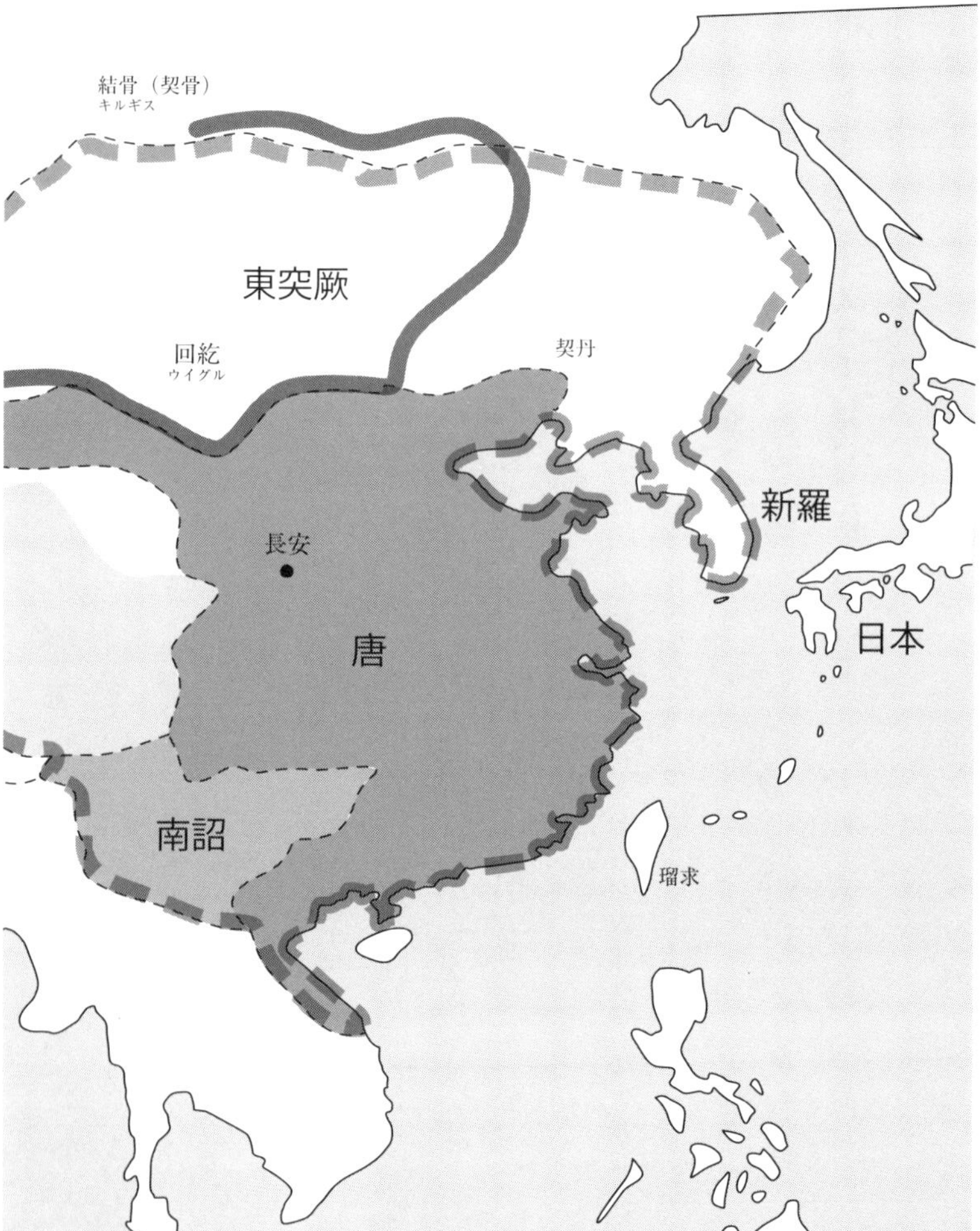
結骨《キルギス》（契骨）
東突厥
回紇《ウイグル》
契丹
長安
唐
新羅
日本
南詔
瑠求

図表4－7　突厥（テュルク）と唐

めです。その恩恵をもっとも受けたのが、寒冷地にある草原地域に暮らす遊牧民でした。焦点はやはり中央アジアです。

図表4－7を見ますと、図表4－1、4－2の中央アジア・オアシス都市国家地帯を指す破線内部の範囲が、唐の中に全部、含まれています。そこは宗教でいえば、ほぼ仏教世界で、住民はペルシア系のソグド人ということになります。

ところが、現在のモンゴルのあたりを拠点に、全盛をほこっていたトルコ系遊牧民のウイグルが西方へ移動を開始し、中央アジアまで押し寄せます。これによって、それまでペルシア系のソグド人が中心だった中央アジアは、ウイグル人が中心になり、しかも生活様式を次第に遊牧から定住に変化させます。つまりはトルコ化するわけです。

以上は東からの変動ですが、西方からも中央アジアに変化がもたらされました。イラン系のイスラーム王朝であるサーマーン朝は、隣接するトルコ系の遊牧国家のカラハン朝と交渉、または対立していく中で、彼らをムスリムに変えていきます。今日の中央アジアはほぼムスリムで占められていますが、その原点はここにあるわけです。

前述のウイグルをはじめ、アジアの東側では仏教が信奉されていました。しかし中央アジアは、全体はトルコ化し、西からイスラーム化していきます。中央アジア東半のウイグル人は仏教をなお信奉していましたが、これも時代がくだりますと、ムスリムになっていきました。

トルコ系遊牧民は以後、西方への進出を続けます。地図にあるカラハン朝あたりから勃興をはじめ、南下していきます。こうして、パレスチナやアナトリアあたりまで進出したのがセルジューク朝です。

パレスチナには聖地エルサレムが含まれるため、時のローマ教皇は自ら遠征軍の組織をよびかけ、その奪還に成功します。これが第1次十字軍ですが、それも中央アジアのトルコ化・イスラーム化が一つのきっかけとなって起こった出来事なのです。

いずれにせよ、西アジアではトルコ系の遊牧国家が波状攻撃的に各所に進出し、支配していったわけですが、気候が温暖化に転じて、遊牧民が活発に活動し、また強大化したことが、その原動力としてあげられるでしょう。

多国共存体制だった東アジア

一方、温暖化は東方の唐にも、大きな変化をもたらしました。図表4－7を見ると一目瞭然ですが、それまでの唐は、遊牧民も農耕民も内包していました。しかし唐が衰退滅亡し、宋という王朝が成立する10世紀以降、両者は完全に南北に分かれ、境界では領地の奪い合いが起こるようになります。

一般的に、中国といえば大国であり、中華思想（華夷思想）にもとづく唯我独尊的な存在であり、国際関係というものが存在しなかったかのように語られることがあります。しかし当時の東

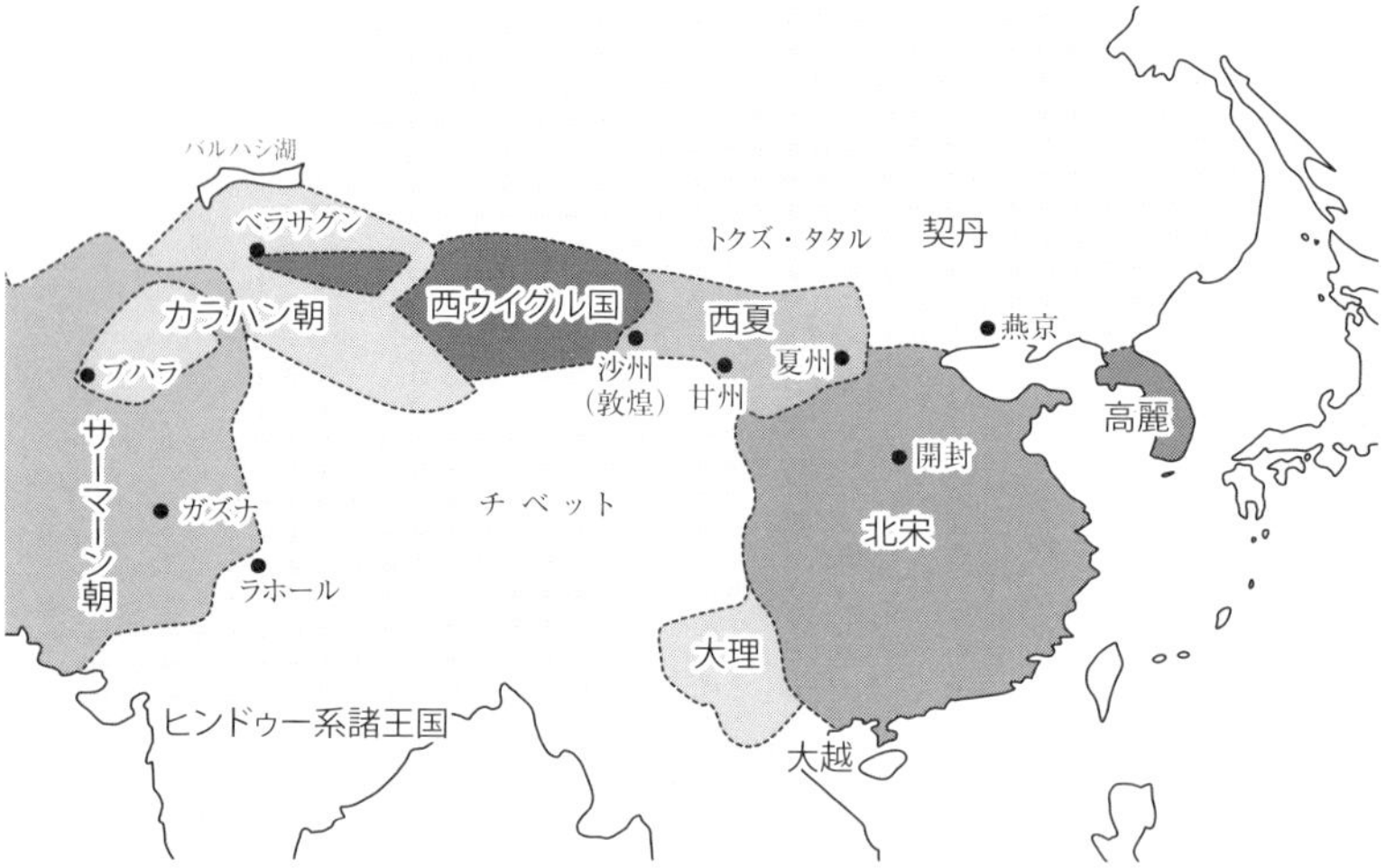

アジアは、小国が対等に分立しているような状態でした。たしかに「国際関係」とはいいませんが、多国共存体制、英語でいうならChina among equalsとでも呼ぶべき情勢だったわけです。専門的には、「澶淵の盟」に由来して「澶淵体制」または「澶淵システム」と呼ばれています。「澶淵の盟」とは1004年、宋と契丹《キタン》が結んだ講和条約のことで、両国がほぼ対等な国交を結ぶ規定を定めたものです。

別にこれは東アジアに限ったことではありません。東西を見わたしてみますと、イスラームの西アジアも、各国がそれぞれの特徴ある地域のブロックに分かれて併存していますから、温暖化に転じたユーラシアは、全体としてそうした情勢だったと見てもよいのです（図表4－8）。

図表4－8　東西アジアの多国共存（10世紀末から11世紀）

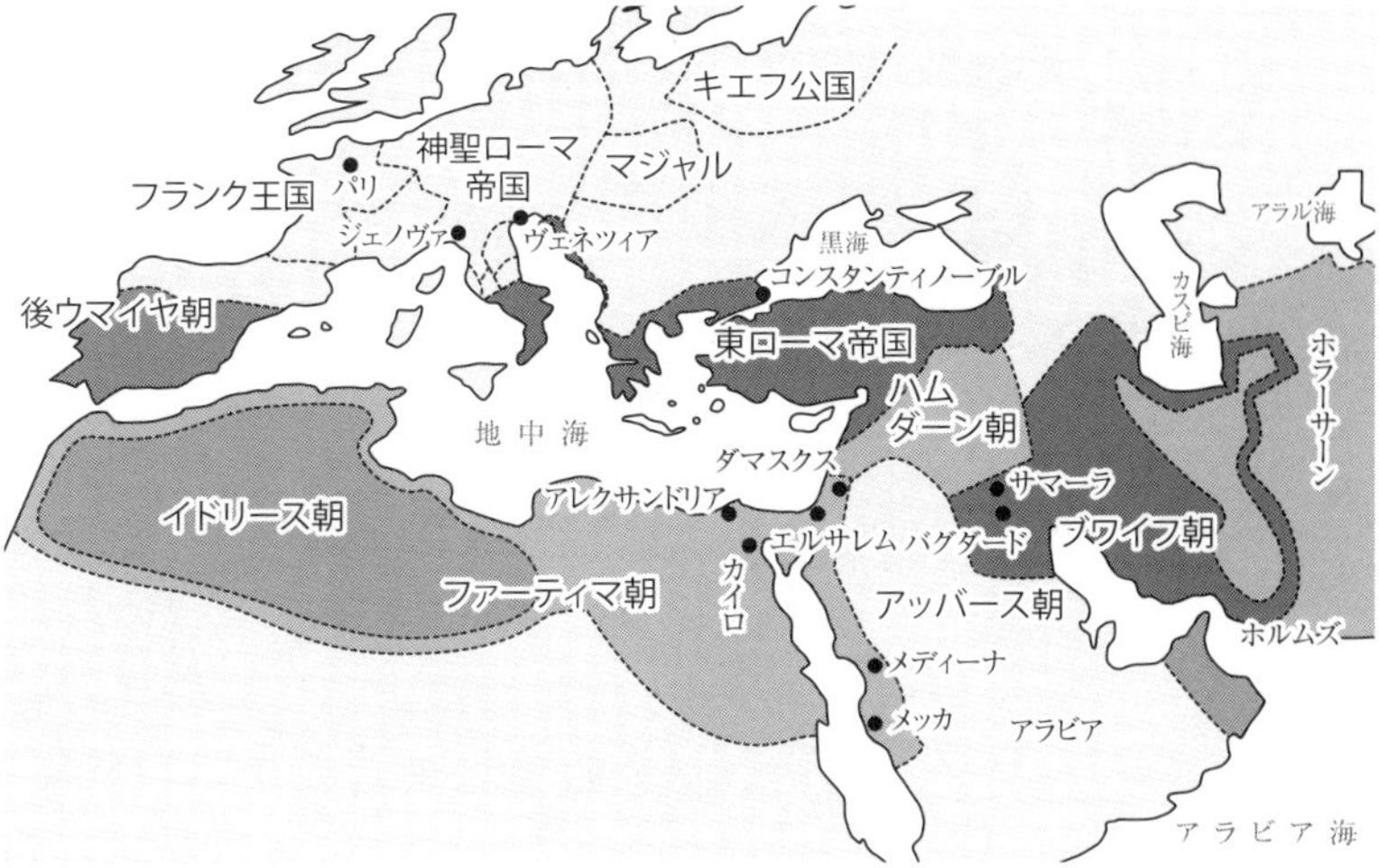

ただこの時期、東アジアで非常に顕著だったのは、たいへんな技術革新やエネルギー革命、それを通じた経済開発、経済発展が起きていたことです。中国の王朝名でいえば、唐と宋の間あたりの時期で、これを学界では「唐宋変革」といっています。

まず農業生産が飛躍的に増大したため、農耕地域の人口が増大しました。特に大規模開発が進んだのは、長江デルタの米作地帯です。

また、石炭が東アジアで普及し始めたのもこの時期でした。それによって金属器の生産量が飛躍的に増大し、銅銭が大量生産され、東アジアは一気に貨幣経済へ移行します。

それと同時に、大量生産されたのが鉄です。鉄の増産で農機具がたくさん作れるようになったことが、農業生産の飛躍的増大につな

図表４－９　1300年前後のモンゴル帝国（本田1991）

がっています。またそれとともに、より鋭利な武器の生産力も高まりました。これによって、農耕民も遊牧民も以前よりいっそう力を持つようになったわけです。

農機具と武器、つまり経済力と軍事力が拮抗し合って、パワーバランスを保ち、多国共存体制になっていたわけですが、いつも均衡が維持できるとは限りません。現実には例えば、草原世界の内部抗争、遊牧民勢力の隆替などによって、バランスが崩れます。その結果として成立したのが、モンゴル帝国でした。いわば東アジア、ユーラシアが温暖化の果てに行き着いた現象ともいえるでしょう。

集大成としてのモンゴル帝国

図表４－９は１３００年前後のモンゴル帝

図表4－10①　モンゴル帝国の建設（本田 1991）

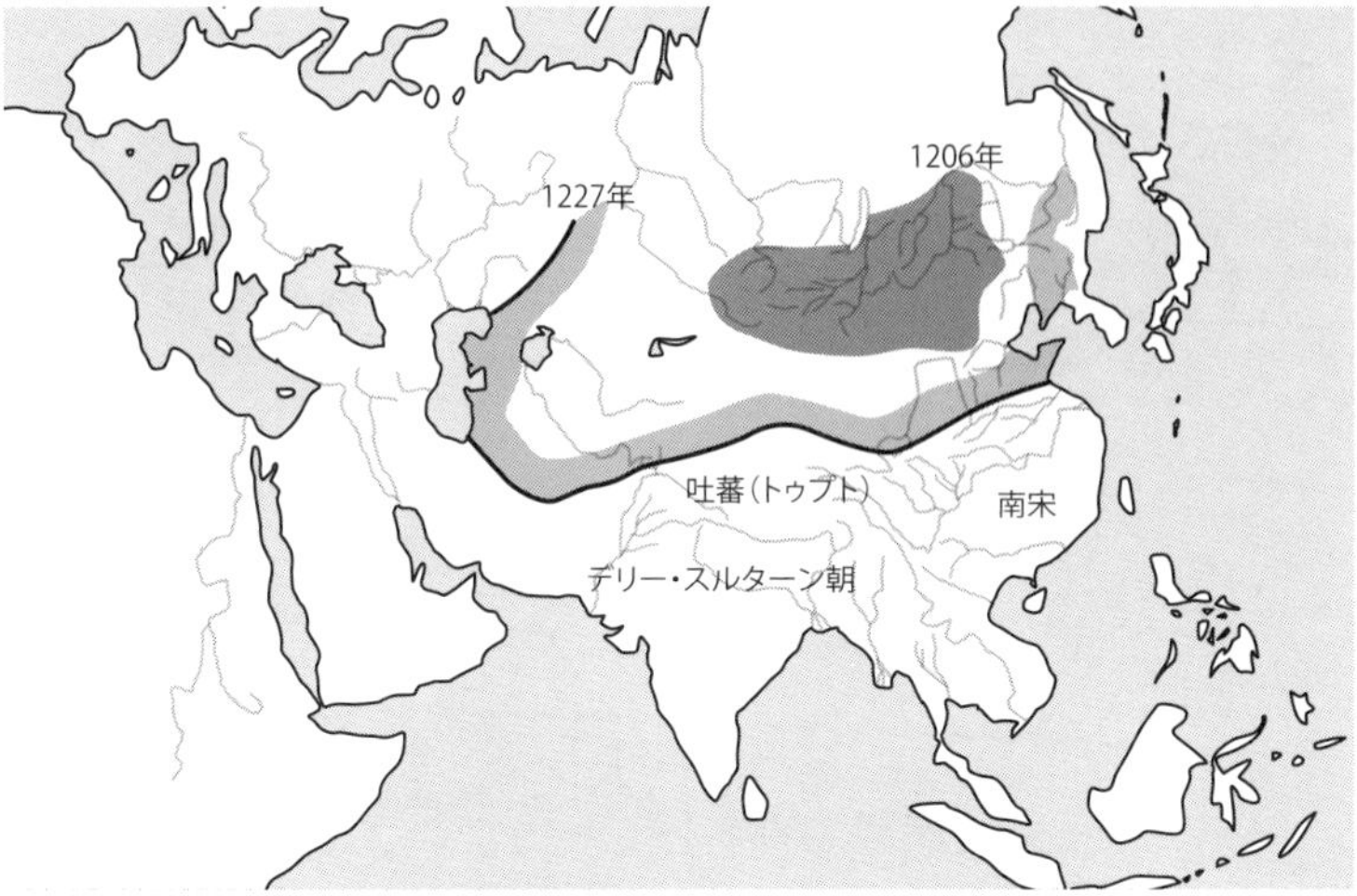

図表4－10②　1241年当時のモンゴル帝国

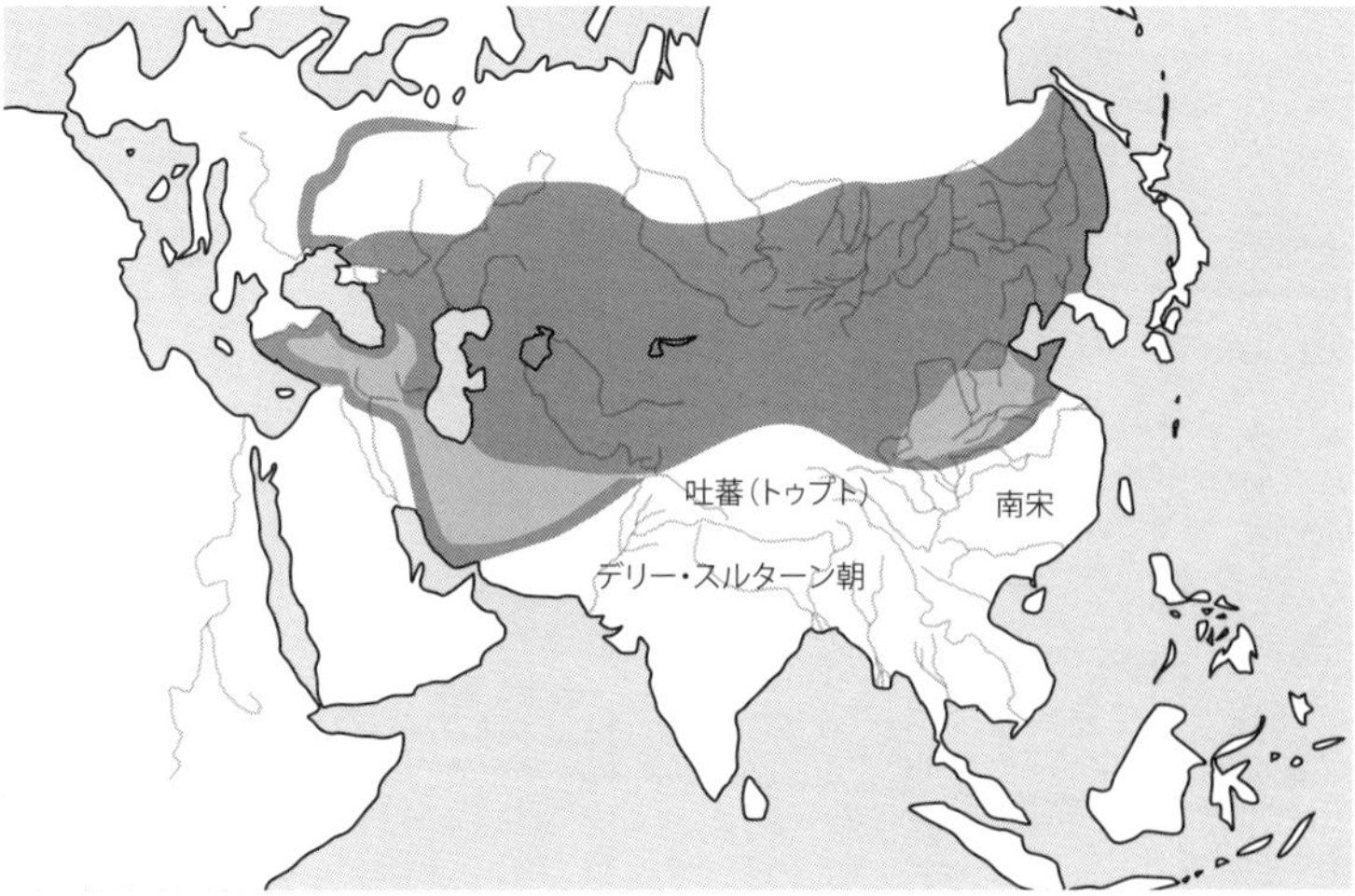

図表4－10③　モンケの時代のモンゴル帝国

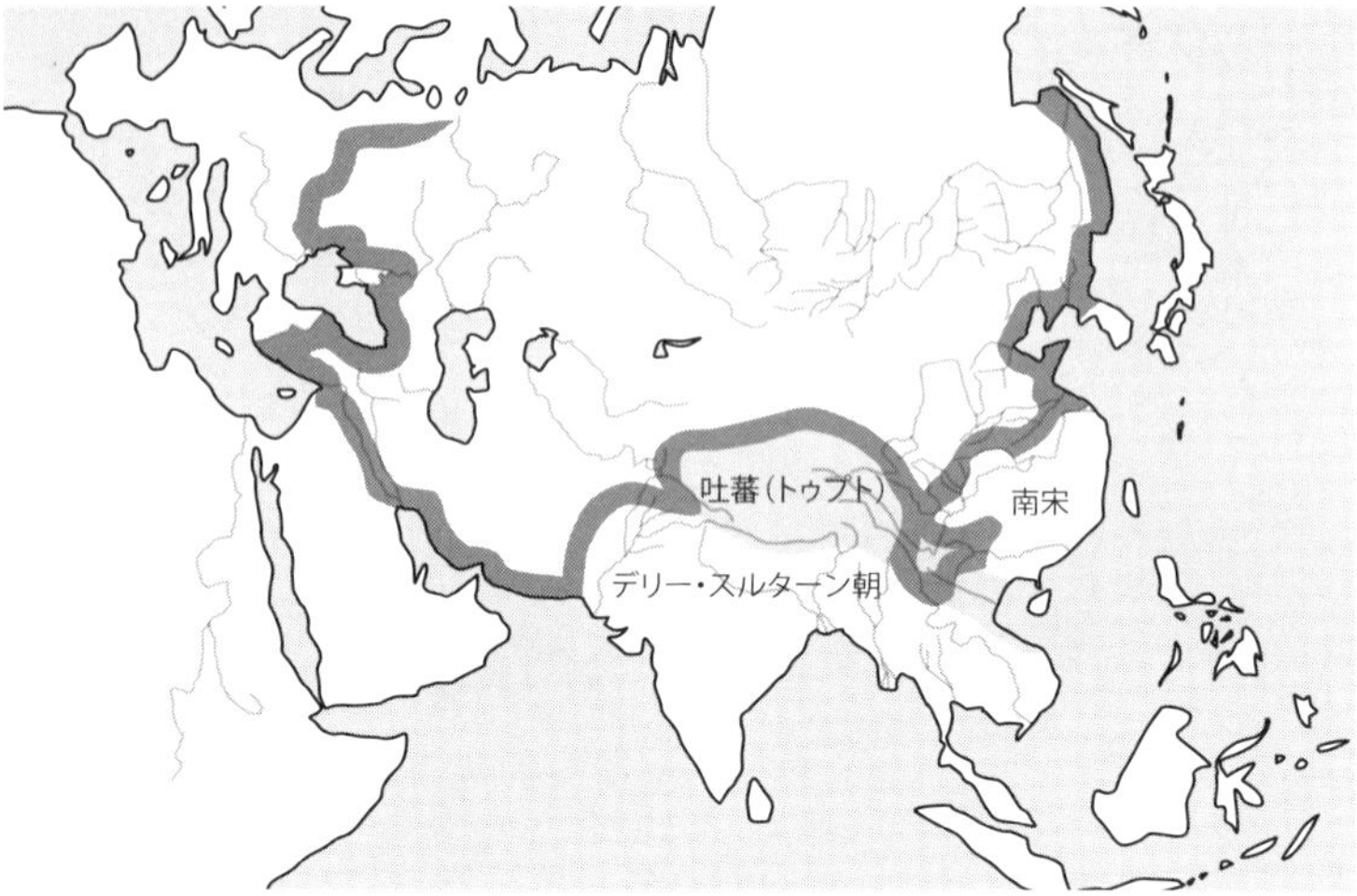

国です。それぞれの「ウルス（国）」の勢力分布を見ると、前掲のシルクロード図とちょうど重なります。この事実が重要で、はじめにシルクロードの概念図を出したのも、モンゴル帝国の構成と関わっているからです。

ご覧のとおり、Ⅱのインドははずれていますが、中央には帝国中央から離反したカイドゥ王国があり、Ⅳ（西アジア）にはフラグ・ウルス、Ⅲ（北アジア）にはジュチ・ウルス、Ⅰ（東アジア）には大元ウルスがあります。このうちもっとも不安定だったのが、中央アジアのカイドゥ王国で、地理的地政学的に重要な拠点として、争奪戦が繰り広げられたためと考えられます。

このようなモンゴル帝国成立の要因には、やはり強大な軍事力がありました。その軍門にトルコ系遊牧民が次々と屈した結果、ユーラシアを制覇した巨大帝国として膨れ上がったわけです。実際に戦闘を繰り広げただけではなく、強大な軍事力を背景にした誇大な威嚇で屈服させたとも考えられています。

図表4－10によって、モンゴル帝国の建設過程を一瞥しておきましょう。まずチンギス・ハンが建国した当初（1206年）と、そのチンギスが亡くなった頃（1227年）です。後者の時代、草原地域の世界の統一とともに、シルクロードのある境界地帯も制覇しました。

つまりモンゴル帝国はその初期に、遊牧民の軍事力に加え、シルクロード上のウイグル人やイラン・ムスリム系商人たちも支配下に置くことになります。彼らはソグド人がトルコ化、イスラーム化した人々で、かつてのソグド商人と同様に、ユーラシアの経済・財界を牛耳っていました。モンゴル帝国はこのように軍事力と商業・金融の経済力の提携を背景にして、後期以降は境界地帯から農耕地域へ波状的に進出していくわけです。

図表4－10③でもわかるように、第4代皇帝モンケの時代になると、ユーラシア征服もほとんど最終局面です。帝国の版図に入っていないのは、ほぼ南宋の部分だけになります。これを接収したのが1260年に即位した弟のクビライで、彼が大元ウルスを形成したわけです。

実はモンゴル帝国の誕生と繁栄という現象自体が、当時の温暖化に転じたアジア史の集大成であるともいえます。ここまでの所説、つまり遊牧国家が活気づいて拡大し、シルクロードの商業資本を組み入れることで、農業をはじめ経済も活性化し、軍事を拡充することで全体の統合を成し遂げたわけです。

言い換えるなら、それぞれの言語や生活習慣を持つ多様な種族・集団が、それぞれ軍事、経済、農業などを分業していたのが、アジア史の特徴であって、その全体がこの時期、政治的・社会的にモンゴル帝国として、ひとつにまとまったということです。長いアジア史において、こうして異なる背景を持つ人々が一体化するのは、むしろ稀有なケースでした。

また、モンゴル帝国はこの頃から海への展開も開始します。日本への「元寇」もその一環ですが、特にインド洋上の海路を使った使節往来や民間交易も行われていました（図表4－11）。ムスリムがこの海路で以前から交易しており、中国にも来ているのですが、モンゴル帝国はその組織化を試みていたということです。

寒冷化とともに、幹線はシルクロードから海上へ

モンゴル帝国の建設と繁栄の前提に温暖化があるなら、その前提が崩れることは、帝国の解体・消滅を意味します。

14世紀以降、地球は寒冷化に向かいます。これはヨーロッパの歴史学において「14世紀の危機」と呼ばれている現象ですが、むしろモンゴルのほうが影響は大きく、ユーラシアの統合はおろか、それぞれのウルス内部の統治さえ、維持できなくなるのです。

ただし、寒冷化で痛めつけられた同じアジアでも、比較的温暖な中央アジア地域にはまだ勢い

があり、そこを中心にティムール朝が興起します（図表4－12）。ティムール朝はモンゴル帝国の統治システムをほとんどそのまま援用していました。遊牧民と商業民が分業しながらタイアップしていたわけです。

ところがこの政権も短命で、15世紀に北方の遊牧民によって滅ぼされました。これにより、多くの種族・集団の分業体制によって中央アジアを包含する巨大な統合の時代は、完全に終焉を迎えます。人類の歴史上でも、これが最後でした。16世紀以降になると中央アジア西半の西トルキスタン、つまりアムダリヤとシルダリアの間を中心とする一帯は、小国が割拠し、隆替するような形勢になります。

遊牧民と商業民の分業とタイアップで巨大な統合を果たす、というのが、モンゴル帝国・ティムール朝の遺制であるなら、この時期は、オスマン帝国、イランのサファヴィー朝、インドのムガール朝などがそうした遺制をひきついだ政権に相当します（図表4－13）。

いずれも遊牧起源の人々を中心に勃興しますが、複数の集団を支配する上で多数派を占めるには至っていません。例えばオスマン帝国は、トルコ系の君主を中心に統治を布き、ギリシア人もアラブ人も包括していました。サファヴィー朝もトルコ系遊牧民が中心ですが、大多数はイラン人でした。また「ムガール」はもともと「モンゴル」の訛りであることからもわかるように、創始者であるバーブルはティムールの子孫です。つまりムガール朝はチャガタイ＝トルコ、つまりペルシア＝トルコ系のムスリムであり、その人々がヒンドゥーの人々を支配するかたちになって

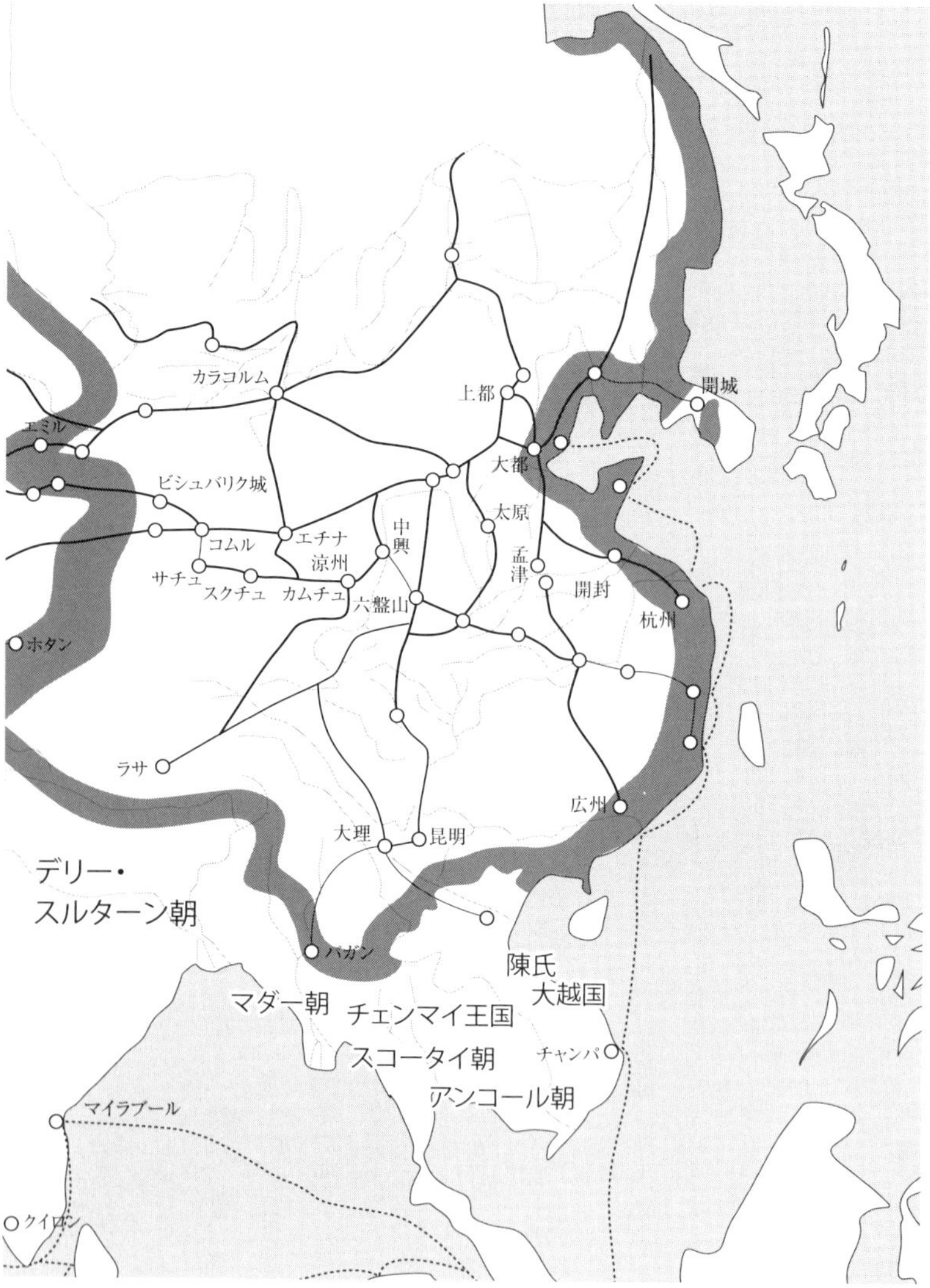
カラコルム
上都
開城
エミル
大都
ビシュバリク城
太原
中興
コムル
エチナ
孟津
涼州
サチュ
スクチュ
カムチュ
六盤山
開封
杭州
ホタン
ラサ
広州
大理
昆明
デリー・
スルターン朝
パガン
陳氏
大越国
マダー朝
チェンマイ王国
スコータイ朝
チャンパ
アンコール朝
マイラプール
クイロン

図表4－11　モンゴル帝国時代の東西アジア（本田 1991）

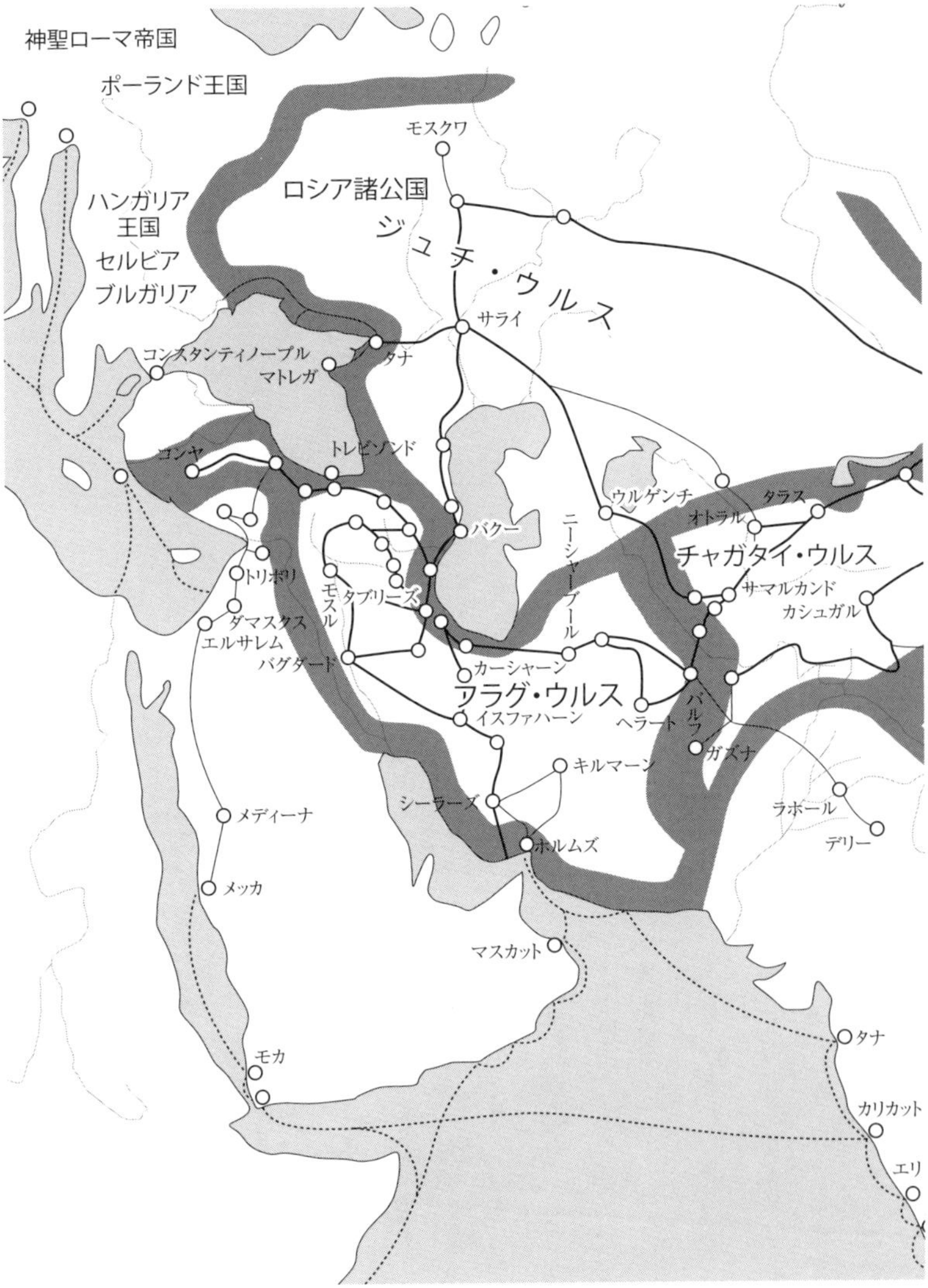

図表4－12　ティムール朝

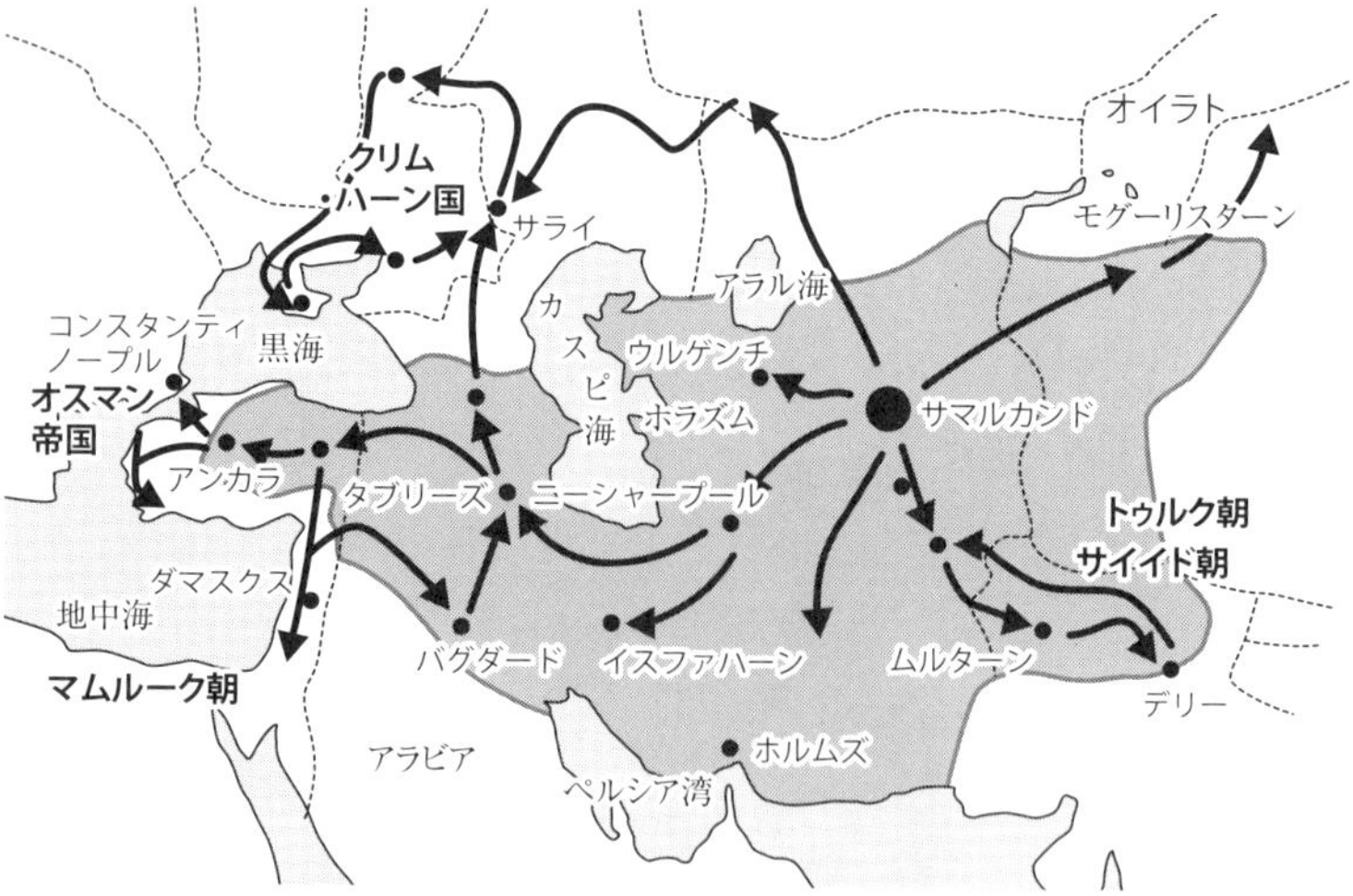

いました。

以上がかつてのモンゴル帝国の遺制であることは、おそらく間違いありません。しかし大きく違うのは、それまでユーラシア史を牛耳ってきたシルクロード上の境界地域との関係が、この時期からきわめて希薄になっていることです。例えばインドは、シルクロードの幹線を通っていません。しかし地勢的に、西方の西アジア・中央アジアから常に影響を受け続け、イスラーム王朝ができていました。その最後にムガール朝の征服があり、そこからインドが世界史の中で浮上してくるわけです。

言い換えるなら、シルクロードの幹線を占めていた中央アジアが地盤沈下し始めたということでもあります。それから今日まで、ずっと同じ状況が続いています。だからこそ

図表4－13　1700年頃のオスマン帝国・サファヴィー朝・ムガール朝（森本 2009）

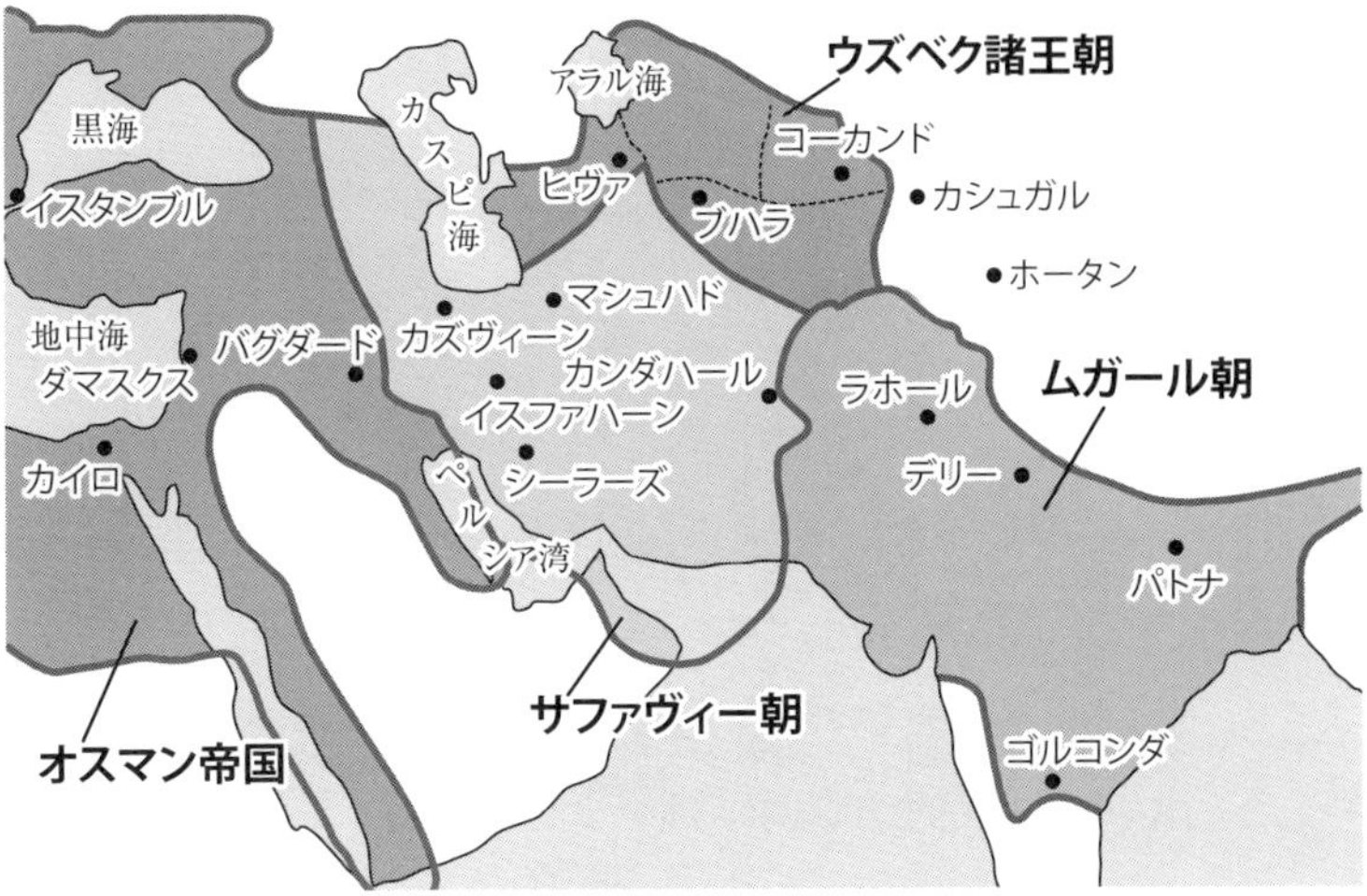

世界史においても、この地域の重要性は認識されにくいわけです。

もっとも最近は、「中央ユーラシア史観」が台頭し、その復権を果たそうとしています。しかしそれは、15世紀以前にはあてはまっても、16世紀以降はどうでしょうか。もはや中央アジアの「シルクロード」に、ヘゲモニーはありません。オスマン帝国にしろ、サファヴィー朝にしろ、ムガール朝にしろ、海のほうにベクトルが向いています。出自や組織は遊牧世界でも、興隆のエネルギーを得ていたのは海からでした。こうした動きが顕著になるのが、16世紀から18世紀のいわゆる「大航海時代」です。

大航海時代の到来で明朝は崩壊へ

大航海時代は、特に東アジアに大きな変化をもたらしました。日本列島もその動きに大きく関わっています。

それ以前の15世紀は、東アジアも寒冷化の最中にありましたが、そこを支配していたのは明朝という、なかなか特徴のある政権でした。

明朝が標榜していたスローガンは、「唐に還れ」。全盛期の永楽帝は、唐の始祖である太宗を自認していたともいわれています。中国にはもともと尚古思想、過去に黄金時代・モデルを求める復古癖がありますが、明朝はそれを唐に求めたわけです。

では唐はどういう王朝だったかといえば、前述のとおり、北朝の末裔でした。寒冷化を受けて社会を再編する必要に迫られ、人を強制的に働かせるために、均田制をはじめとする律令制を導入しました。同じく寒冷化を受け、唐をモデルにした明朝も、その路線を踏襲します。

ちなみに日本史でも、古代の租税制度として「租庸調」が登場します。米や布などを差し出す制度を整えたわけですが、これは本来の律令制とは違います。唐の律令制は、本来はとにかく人に土地を割りつけ、縛りつけて働かせるというものでした。その後、暮らしにゆとりが生まれたことで、モノで払うことが認められました。日本は律令制末期の唐を真似て、その部分を受け継いだわけです。

一方、明朝が採用したのは唐の律令制で、寒冷化で農業生産力が落ちたため、いっそう人々が働くよう仕向けたのです。生産回復のために農業を重視すると同時に、商業を否定して物々交換の経済を推し進め、さらに他国との交易、交通を禁じました。この際、いわゆる中華思想を前提として、明朝をリスペクトしない相手とは関係を断つという方針を打ち出すのです。その徹底のため、交通をほぼ遮断し、北辺に壁を建設したり、海に規制線を張ったりもしています。万里の長城・海禁がそれです。

同時代のティムール朝はモンゴル帝国のシステム・遺制をそのまま受け継ぎました。明朝はそれに対し、アンチモンゴル帝国の体制を築くわけです。

しかし16世紀に入ると、もはや人々に対する強制労働も、物々交換の現物主義も、時代遅れになります。すでにこの時期、明朝でも他の地域でも、貨幣経済や消費経済が発達していました。特にモンゴル帝国はその最先端で、硬貨どころか紙幣まで普及していたのです。寒冷化の不況で、一時的にそれが退潮しただけです。

そんな時代遅れの動きに拍車をかけたのが、大航海時代の到来でした。海洋貿易による商業ブームが沸き起こり、明朝の体制を破綻に追い込むのです。

これには、日本も少なからず関係しています。当時の日本は戦国時代で、列島の各地で大開発が行われ、金銀が大量に採掘されていました。図表４－14で示すように、それらの多くは中国に

図表4－14　1600年前後の銀の移動（岡本2011）

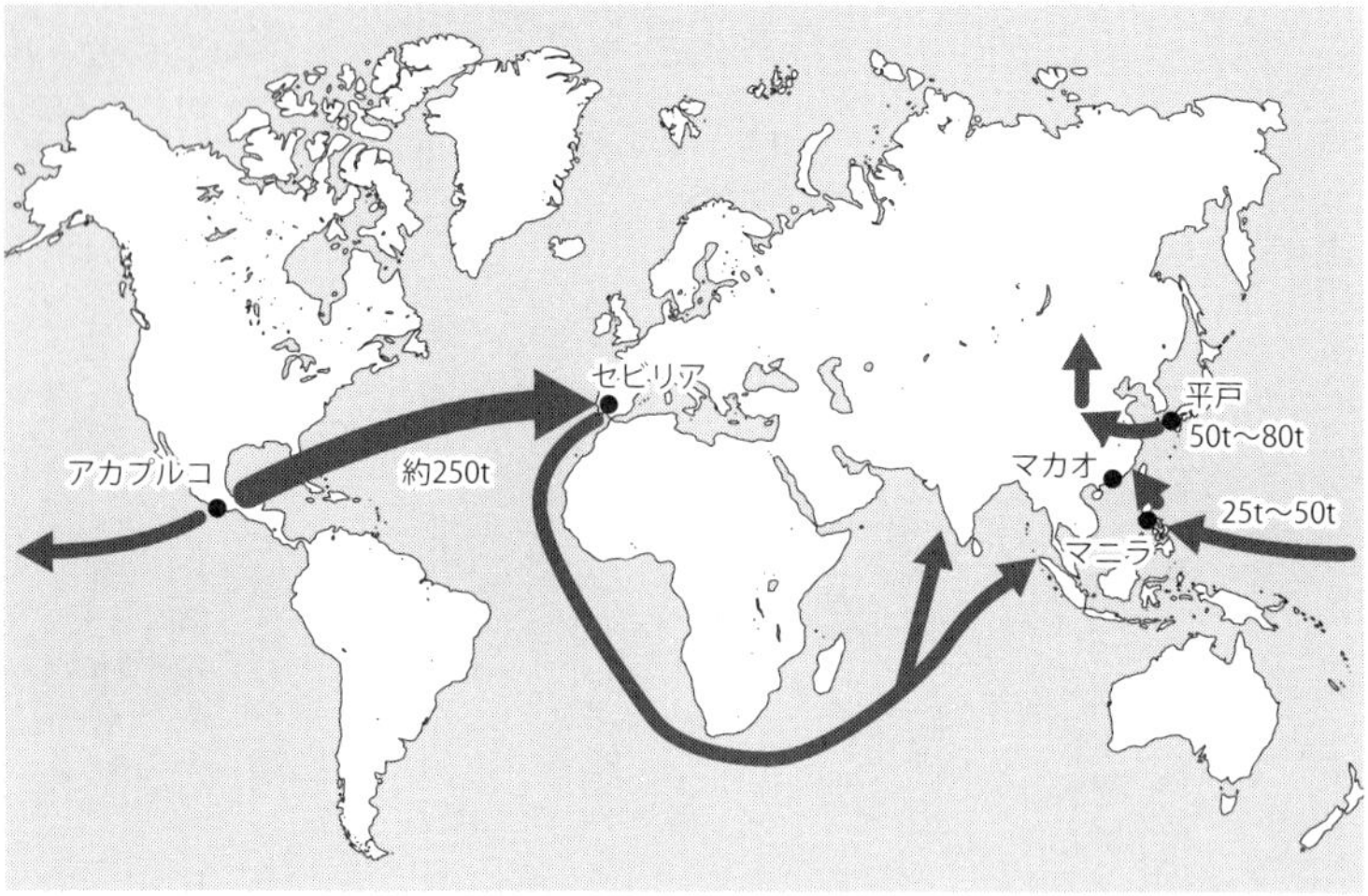

吸い上げられ、代わりに中国から必要な物資を調達する。つまり貿易の関係が成り立っていたのです。

しかし前述のとおり、明朝は貿易を認めていません。そこで政策と社会の動きとの間に大きな摩擦が生じ、治安の悪化を招くことになるのです。当時、明朝には「北虜南倭」という言葉がありました。「北のモンゴルと南の日本人」という意味ですが、いずれも明朝にとって対外的脅威ということです。

もっとも、その元凶は明朝の制度と政策にあります。貿易を禁止、規制しているから、貿易業者は密貿易業者や武装勢力にならざるを得ないわけです。それなら、明朝とは違う体制をつくれば平和になるということでもあります。それを体現したのが、17世紀初頭に建国した清朝でした。

図表4－15　明末遼東地方（杉山 2015）

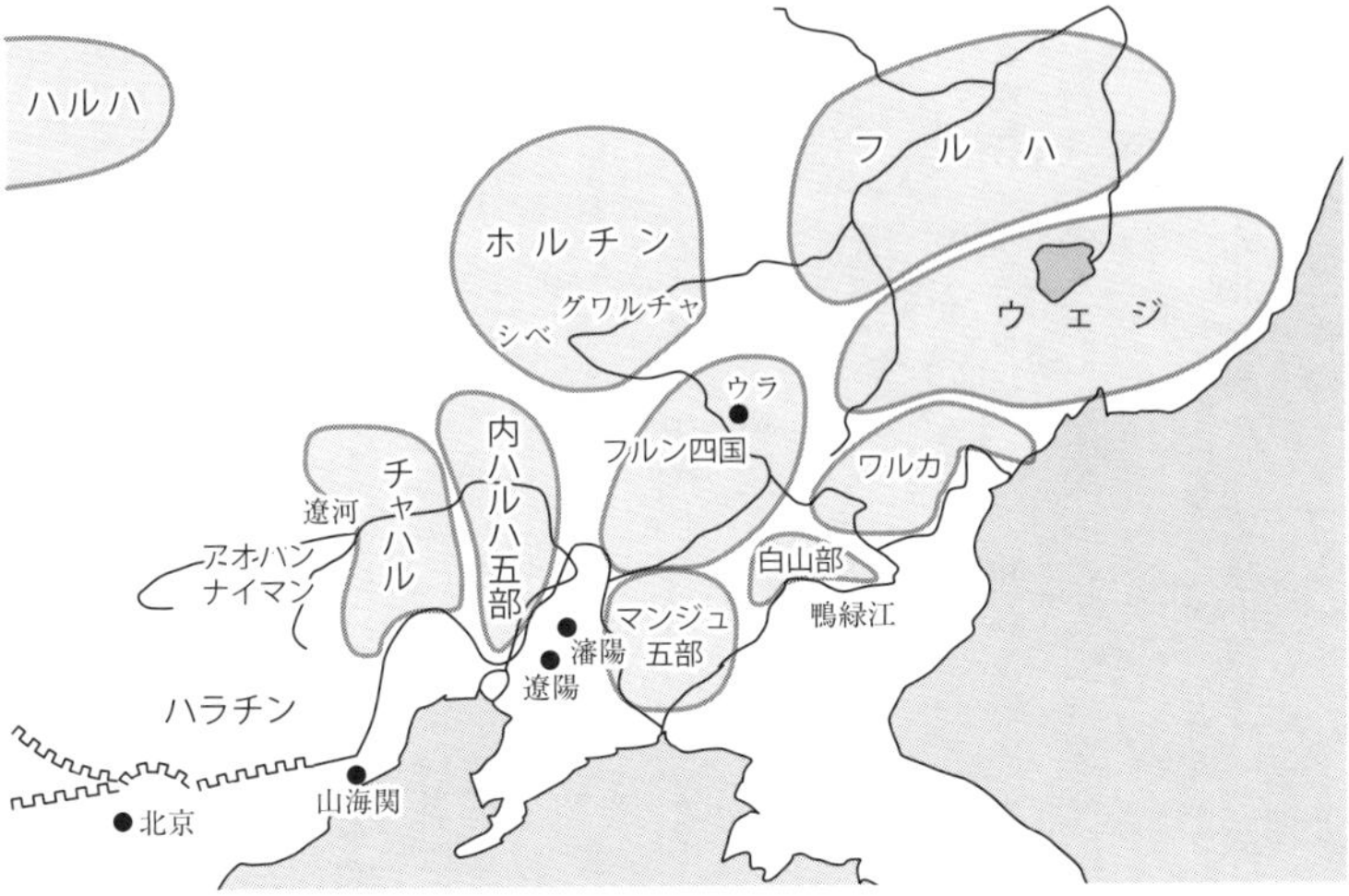

大航海時代の落とし子としての清朝

清朝はもともと「北虜」、つまり北の遊牧民の一種たる女真《ジュシェン》が遼東地方に建設した政権です。彼らはのちに自らマンジュと名乗ります。「満洲」という名称もそこに由来します（図表4－15）。このあたりは森林地帯で、彼らも獣の毛皮や朝鮮人参などを外部に売って生計を立てていました。つまりもともと商売が盛んだったのですが、さらに商業ブームにも乗ろうとしていました。彼らにとって、商業を禁じる明朝は当然ながら敵対関係になります。

その清朝が北京に入って、滅んだ明朝に代わり中国全土に君臨しました。これを明清交代などといいますが、単に交代しただけではなくて、まずその体制を転換して、商業や交通などをオープンにしました。これで、明朝時代の「北虜南倭」という摩擦を取り除いたのです。これにより、清朝はさまざまな人々の往来・居住を許容するようになり、多元的なものが共存できる体制として成り立ちます。

そのためか、清朝は中央ユーラシア国家であり、つまりモンゴルの再来と見なされることもあります。ただし、モンゴルと清朝では根本的な違いもあります。前者がシルクロードの覇権によって成り立った国であるのに対し、後者は大航海時代の落とし子であるという根本的な違いがあります。

言い換えるなら、モンゴルの台頭まで、世界史・アジア史の過程には、日本もヨーロッパもほぼ参画することなく、無関係でした。しかし16世紀以降、大航海時代から清朝の成立にいたっては、日本とヨーロッパの働きが欠かせなかったのです。以後、日本とヨーロッパは世界史に不可分なプレーヤーになっていきます。ここからがアジア史にとって違う段階に入った時代、いわば「近代」と考えていいでしょう。

その転換の大きな要因が、海にあったわけです。特に東アジアの経済は、海の影響を多大に受けました。そのために漢語圏の人口は爆発的に急増し、18世紀だけで1億人から4億人に達します。

一方、清朝の北にあたる草原世界では、モンゴルとチベット仏教が一体化します。このような農耕の漢語圏と遊牧のモンゴル・チベット圏という二元的世界を1つにまとめたのが清朝だった

図表4－16　清朝の概念図

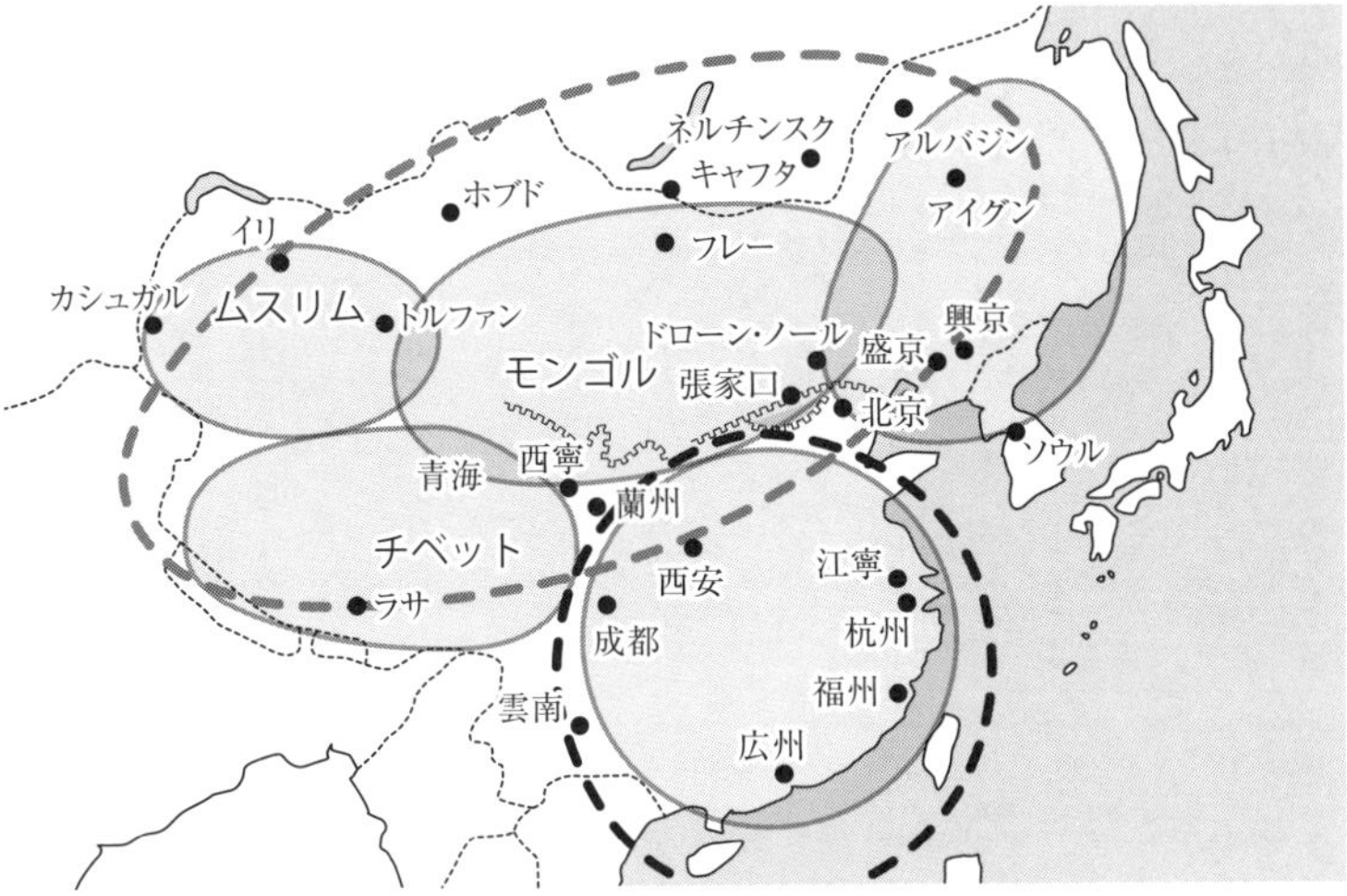

のです（図表4－16）。もっともその両者のバランスは、漢人の人口増加と勢力増大によって崩れてゆくのが、以後の歴史になります。そのプロセスは中華人民共和国の今もなお、続いているといってもよいでしょう。

地中海はオリエントからヨーロッパへ

大航海時代、つまりようやくアジア史ではない「世界史」＝「ヨーロッパ史」の動きを概観できる時代にまでたどりつきました。ここから以降は、海とヨーロッパがアジアおよび世界の歴史を動かすにいたるプロセスを見なくてはなりません。その前提としてヨーロッパの形成を跡づける必要がありますが、そこでまず着眼すべきは、地中海です。

「オリエントはピレネーから始まる」とい

う言葉があります。そもそも「オリエント」とは古代ローマから見た「東方」を指す言葉ですが、「ピレネーから始まる」とすれば、そこには地中海も含まれていたことになります。ですから前述のように、ユスティニアヌス帝前後の東ローマも、ここではオリエントに入れているわけです。のちイスラームが実際、地中海も制覇しています。「キリスト教徒に板1枚も浮かべさせない」と豪語したとされる時代もありました。

しかし、いつの間にか地中海はヨーロッパの一部と見なされるようになりました。地中海を「我らの海（Mare nostrum）」と称したローマの後継者が、ヨーロッパであるという見方が一般的になったからです。

その転機となったのが、14世紀以降のイタリア・ルネサンスです。それなら、そのルネサンスの胚胎から振り返らなくてはなりません。その導火線として注目したいのは、シチリアです。

かつてシチリア王国はアラブ・イスラームの支配下に入り、首都パレルモはたいへんな繁栄を築きます（図表4－17）。12世紀初頭、そのシチリア王国をノルマンが征服し、ノルマン・シチリア王国が成立します。それでキリスト教圏に入るのですが、イスラームの築いた繁栄はそのままでした。そのシチリア王国の流れを受け継いで神聖ローマ帝国の皇帝になったのが、大帝フリードリヒ2世（図表4－18）です。

このフリードリヒ大帝は、だいたいイタリア・ルネサンス史の一番初めに出てくる人物で、最初の近代人だという評価もあります。彼はシチリアを中心に、イタリアを統一しようと画策しま

図表4－17　シチリア王国（高山 1999）

図表4－18　大帝フリードリヒ２世

すが、失敗に終わります。しかし、実施した数々の事業は少しずつ北イタリアに浸透し、各地で都市国家と商業資本を中心としたイタリア・ルネサンスが起こるわけです。

実は、こうしたイタリア・ルネサンスの特徴は、前述したシルクロードの文明とよく似ています。一般にルネサンスはアラブ・イスラームや東ローマの文物を受け継いだとよくいわれますが、システム的にそうなる必然があったと考えられます。

地中海をオリエントと見なすのは、もともとローマがギリシアの分派であり、ギリシアがシルクロードの最西端に位置するシリアの分派であるという見方に基づいています。草原のシルクロードは、馬を使えば速く往来できます。地中海はもちろん、船を使うことで効率的な航行が可能です。その観点で見れば、シルクロードと地中海上は点と点を結んで、ほぼ同じ役割を果たしていたといえるでしょう。両者はシリアを中継点にして、1本のハイウェイでつながっていたわけです。シルクロードの西の果ての延長線上にシチリアがあって、さらにイタリアがあると考えることも可能です。

十字軍が行われたのは、ノルマン・シチリア王国成立の前後の時期です。その十字軍は全体を通じて、結局のところヨーロッパが地中海から一方的に攻め込んでいくだけの経過でした。イスラームのほうは陸地の迎撃だけで、海軍での反撃はしていません。これは西アジアが造船やその材料をなす木材資源が頭打ちになってきたためらしく、森林の豊かだったヨーロッパの優越が顕著になってきました。こうして、まずは地中海がイタリアの海になりました。

そこに由来するイタリア・ルネサンスの成果には、例えば地球球体説の提唱や航海技術の向上があります。その知識、技術を前提として、コロンブスがオリエントの一部だったスペインの援助を得て、西回りの航海に出て、アメリカ大陸を「発見」します。こうして15世紀末から大航海時代が始まったわけです。

この大航海時代は、地中海の位置づけを決定的に変えました。世界史上のハイウェイとしての意味を失って、ローカル線と化したのです。地中海がヨーロッパに組み込まれるとともに、イタリアが凋落していったのも、そのためです。

15世紀末といえば、ちょうど中央アジアではティムール朝が滅び、シルクロードが地盤沈下していくのと同じ時期です。東西で同時に大きな変化が生じたわけですが、これはおそらく偶然ではありません。交通の幹線と世界史の舞台が海洋に変わったということです。東アジアも西アジアもインドも、海によって規制される時代に突入したのです。

環大西洋革命がアジアにもたらした2つの影響

これが、「世界史」＝「ヨーロッパ史」の始まりでした。いわゆる「新大陸」のアメリカを手に入れた以降のヨーロッパは、いわゆる「環大西洋革命」を経て、ひたすら近代化・強大化のプロセスを辿ることになります。

これは、アジアに2つの大きな影響を及ぼしました。ひとつは貿易です。一連の革命前まで、ヨーロッパは一方的なアジア物産の購買者、消費者でした。インドからは綿織物、中国からは生糸や茶といった具合です。ヨーロッパは比較的寒冷地のため、これらの製品を生産できなかったのです。

その購買の費用を捻出したのが、大西洋の三角貿易です（図表4-19）。アフリカから黒人奴隷を北米大陸や西インド諸島に運び、そこで収穫した綿花や砂糖などをヨーロッパに運んで、ヨーロッパから鉄砲や綿布などをアフリカに持ち込むというパターンでした。特にイギリスは、この貿易によって財を蓄えました。さらに大航海時代の後、気候変動と相まって訪れた一大不況、いわゆる「17世紀の危機」に対処する中で軍事革命を達成し、銃火器の採用とそれに応じた武装の革新、軍隊組織の変革を通じて、いわゆる「財政軍事国家」を形成しました。そうした軍隊の維持運営には、厖大な費用がかかりますが、それをまかなうため財政が巨大化した国家を形成したのです。それが民間の経済発展をもうながし、くわえて科学革命による技術革新を踏まえたことで、産業革命が成就したわけです。

この変化を象徴するのが、銀の流れです。対アジア貿易では、前述のとおり多くの商品を輸入するばかりで、対価の銀は流出する一方でした。しかし18世紀後半以降、イギリスから商品の輸出が急増するにつれて、銀の流出も抑えられ、ついには流れが逆転していったのです（図表4-20）。これが、ヨーロッパ経済史の大きな節目でした。

図表4－19　大西洋三角貿易（川北 1996）

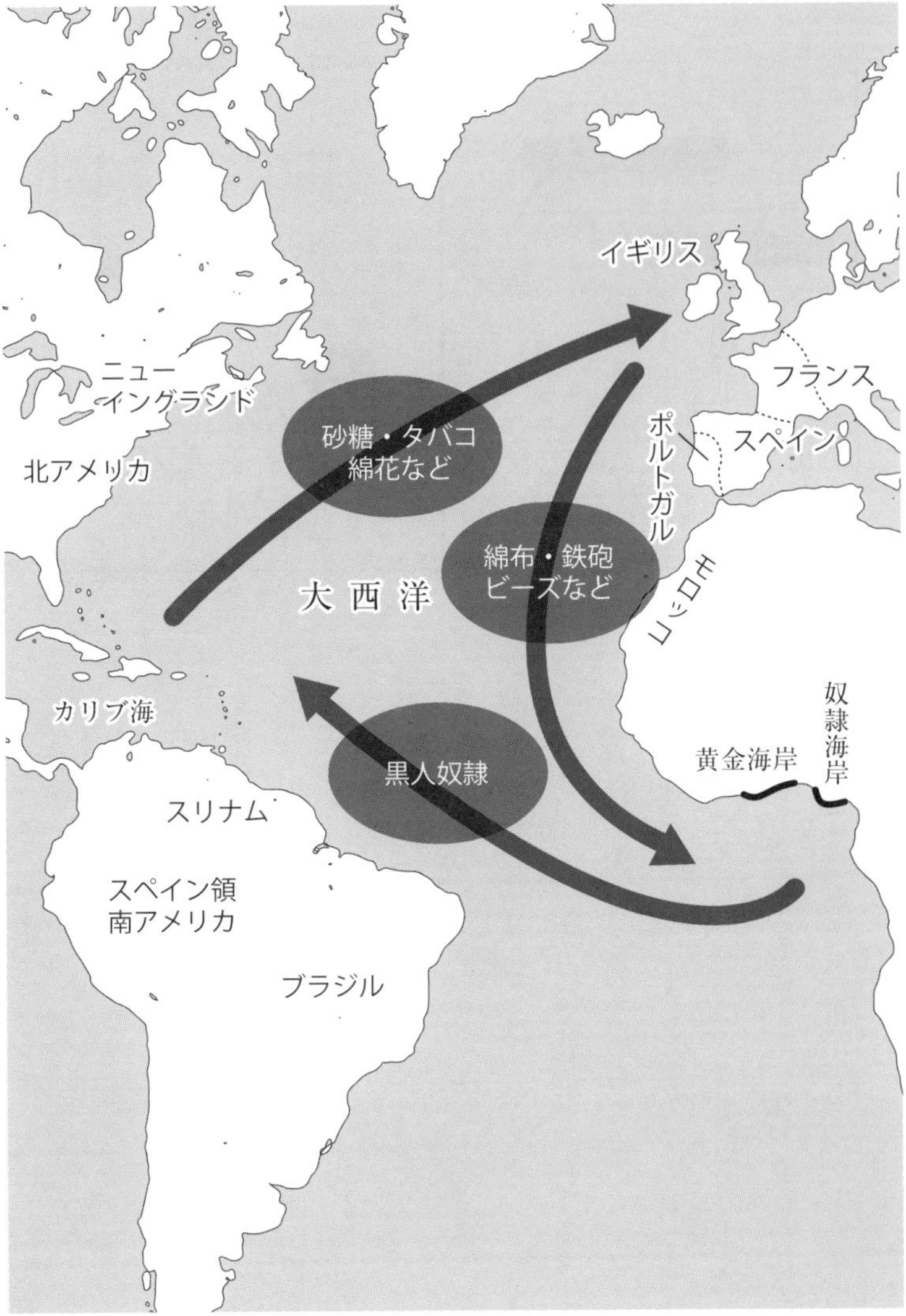

図表4－20　対アジア貿易（松井 1991）

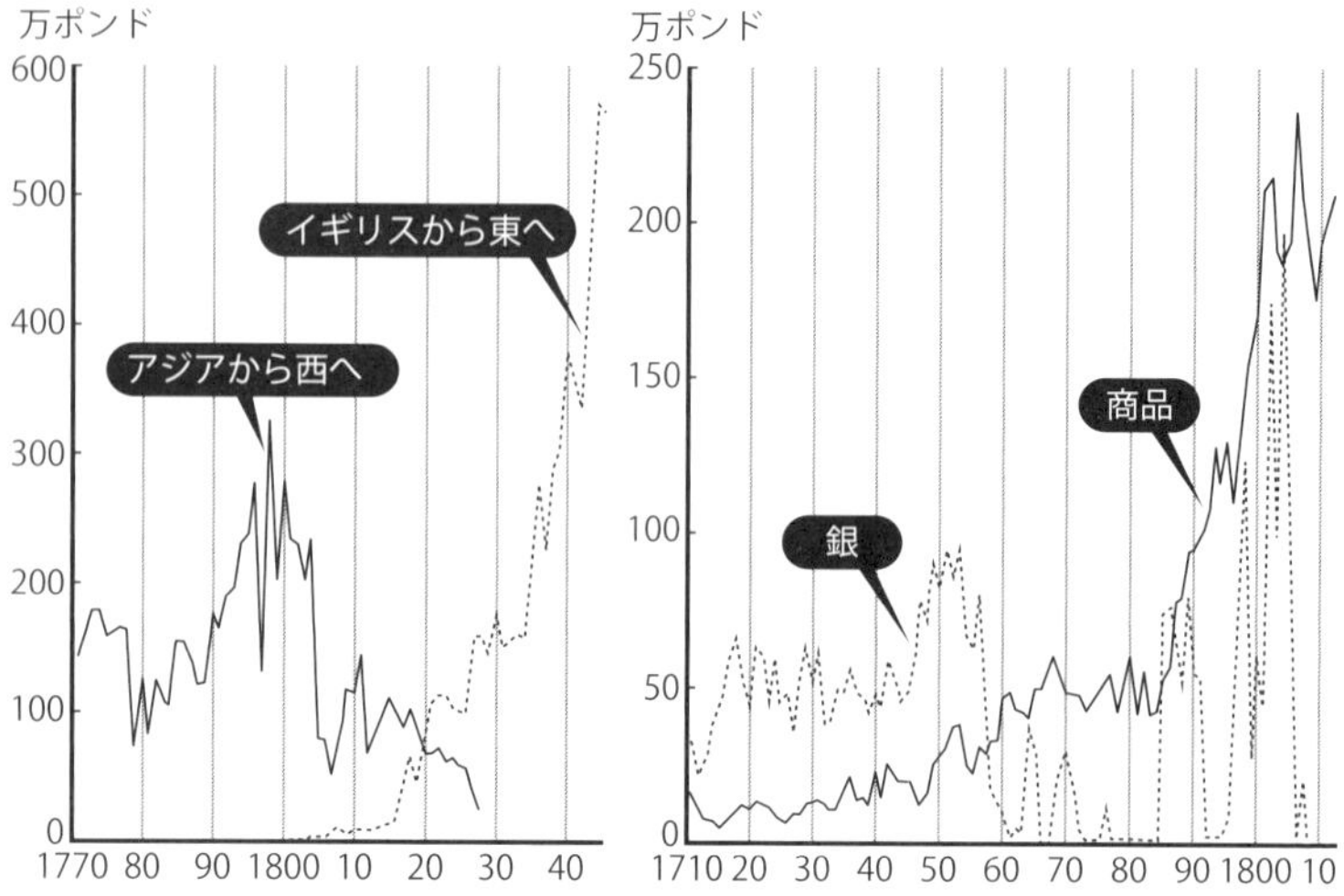

　そしてもうひとつ、アジアに及ぼした影響という点で注目すべきは、まさにそのイギリスの台頭です。

　前述のとおり、アジア史の大きな特徴のひとつは、軍事、商業・生産、政治といった各セクターをそれぞれ異なる種族・集団が担うシステムをとっていたことです。つまり、互いに異なる言語・習俗・技能でまとまった遊牧民、商業民、農耕民が、互いに分業しつつ、提携していたのが、アジアだったといえます。

　それに対し、イギリスをはじめとするヨーロッパは、治める官も治められる民もすべて一体で運営されていました。アジア史と西洋史の本当に大きな隔絶は、ここにあります。

　ヨーロッパはいわば上下一体、君民一体です。その発露として、被治者が治者と会する議会制や被告が原告と対する裁判制度が育まれたわけで、国家体制でいえば民主主義、国民国家になります。

経済的な体制は資本主義にゆきつきますが、もっと具体的な事業・組織でいえば、国債や中央銀行、株式会社などがそれにあたります。いずれも資金を出す側と受ける側が一体化して、利潤・配当を生み出し、さらに投資と経営の拡大をうながすシステムです。こうした一体化の紐帯《ちゅうたい》になるのが、「法の支配（rule of law）」でした。

その淵源は、中世からの領主制・封建制にあります。特にイギリスでは、君も民もすべて法で縛る「法の支配」というシステムが、早くにその中からでき上がっていました。

「法の支配」の起源

イギリスはなぜそうなったのでしょうか。イギリスというまとまった国は、11世紀後半のノルマン征服《コンクェスト》から始まっています。フランスのノルマンディ伯ウィリアムがイングランドを征服してその王に即位した事件です。以後、英仏百年戦争まで、イギリスは海峡を跨いで、フランスにも領地を持つ王国でした。

その王国の経営は、イングランドの諸侯からとりたてた税収でまかなっていました。そうなると、英仏の土地を治めるために、現地の有力諸侯を確実に掌握しないといけないので、ウィリアム以降の君主は海峡を往復し、何度も現地へ出向いて統治に当たりました。

これにはもちろんかなりの無理があって、結局イングランドはフランスの領地を失ってしまい、現在の規模のイギリスになりました。ジョン失地王はその過程で、挙兵と課税に反対したイングランド諸侯の支持をとりつけるため、認めざるをえなかったのが「大憲章《マグナ・カルタ》」です。

こうしてイングランドの王権は、すべての自由民から意見を徴し、しかるべき法の手続きをふまなくては、政策の決定と権力の行使ができなくなりました。こうして、君も民も縛る法が出現し、上が下を治め、下が上を制する議会制が胚胎したのです。「法の支配」あるいは上下一体のシステムは、ここからはじまりました。

それはもともとイギリス内、あるいは封建制の王権を共有したヨーロッパ内だけで通用するごくローカルなルール・制度だったはずなのですが、イギリス・ヨーロッパが世界を制覇したことで、いつの間にかグローバル・スタンダードになり、今日に至っています。

「大分岐」論は正しいか

逆にいえば、ヨーロッパ流のルール・制度が世界を席巻したことにより、アジア史が築いてきた多くのものが理解されにくくなったと考えられるのです。「世界史」といえば西洋史観が中心になり、アジアがヨーロッパにとって「ネガティブ形態」としてしか捉えられなくなった大きな要因は、ここにあるといえるでしょう。

アメリカの歴史学者ケネス・ポメランツは、古くは東西ともに等しく経済発展していた世界が、18世紀末を境に袂を分かち、ヨーロッパだけが発展し続けたとする説を提唱し、これを世界史上の「大分岐」と称しました（ポメランツ、2015）。

しかし、こうした考え方は正しいでしょうか。ここまで述べてきたとおり、そもそもアジアとヨーロッパとでは生態環境が全く違うため、発展の経緯も全く違うのです。実際、例えばイギリスなどで典型的に見られる封建制のような制度、あるいは君民一体のようなシステムを、アジア史は持っていません。「分岐」というなら、遅くともそこから分かれていたと考えるのが順当でしょう。

そもそもヨーロッパとは何か、いつできたか、という命題は、一般的に封建制とローマ・カトリック教会の一体化との関連でよく論及されることですが、「法の支配」がそこに関わってきます。キリスト教の「神の前の平等」を「法の前の平等」に置き換えたものが、「法の支配」概念の根幹をなすわけです。見方を変えれば、全員が「平等」で均質化・一体化したため、その範囲の拡大、サイズに限界があったということでもあります。そこに、多元的な異なる集団が分業、提携してまとまる体制をとるアジアとの違いを見いだすことも可能でしょう。

つまりヨーロッパとアジアの大きな違いは、封建制とキリスト教、すなわち「中世」を有したヨーロッパが、均質一体化構造で排他的で狭小な国家《ネイション》を形成したのに対し、アジアは多元分業提携構造で開放的な広域の帝国という方向をとった、ということです。ヨーロッパの視点に立てば、

「中世」を有さなかったアジアは進歩がない、停滞的だと見えるかもしれません。しかしそれは、単に生態環境や、それにともなう人間の生活の仕方や組織のあり方が違うだけの話で、優劣はないのです。

現代史を見る視点

むしろアジアでは、その生態環境から非常に多元的・複合的な制度を導入し、多様な複数の集団が共存できる体制を作り上げてきました。それに対し、ヨーロッパにしても日本にしても、ずっと単一的な一体化構造のままです。アジアで普通に見られる多元的・複合的なものが、欠如しているともいえるわけです。

ところが、その欠如している構造を自明の前提として、現代のスタンダードな世界史や社会科学が組み立てられている。そこに無自覚なことが、私たちの歴史を見る目を、ひいては近代社会のかたちをイメージする想像力を損なっているのではないでしょうか。「大分岐」という新しい概念も、どうやらその例に漏れないようです。

そうだとすると、現在いよいよ顕在化している新興国の台頭についても、別の説明が可能かもしれません。いわゆる新興国は、中国にせよインドにせよ、かつてアジア史を構成してきた国家です。そして現代の新興国はいうまでもなく、従前の多元的・複合的な体制のままではありません。資本主義・帝国主義の近代史を経て、20世紀が終わるまでに、ヨーロッパ「中世」起源の上下一体システムを移植してきたもので、いずれも国民国家の外貌を備えているのです。

新興国が歴史上経てきたそうした移植は、もとより円滑に進んでいるわけではありません。民族問題、格差問題、果てはテロ問題に至るまで、多くの軋轢を生み出しています。それはアジアの新興国自身のみならず、ヨーロッパ、アメリカ、ひいては世界全体に大きな影響を及ぼしているのです。

これを単に地球規模の一体化、均質化、いわゆる「グローバリゼーション」という概念だけで、割り切ることはできません。アジア史の歴史的な蓄積と合わせ考えることが可能であり、また必要ではないでしょうか。そうでなくては、現代の諸問題の前提を見逃すことにもなりかねません。

もっとも、本章は空間的な範囲としては、ほとんどヨーロッパとアジアについてだけしか、語れませんでした。いわゆる「新大陸」のアメリカや海洋・島嶼世界に立ち入って論じていないのですが、現代にいたる世界史を見るには、そこを抜きにすることはできません。これについては、後続の章で十分に展開していただけるでしょう。

［参考文献］

アブー＝ルゴド、Ｊ・Ｌ『ヨーロッパ覇権以前』佐藤次高・斯波義信・高山博・三浦徹訳、岩波書店、２００１年
飯塚浩二『東洋史と西洋史とのあいだ』岩波書店、１９６３年
石田幹之助『増訂　長安の春』榎一雄解説、平凡社・東洋文庫、１９６７年
石母田正『中世的世界の形成』岩波文庫、１９８５年
梅棹忠夫『文明の生態史観』中公文庫、１９７４年
岡田英弘『世界史の誕生――モンゴルの発展と伝統』ちくま文庫、１９９９年
岡本隆司『中国「反日」の源流』講談社選書メチエ、２０１１年
岡本隆司『近代中国史』ちくま新書、２０１３年
岡本隆司『世界史序説――アジア史から一望する』ちくま新書、２０１８年
カー、Ｅ・Ｈ『歴史とは何か』清水幾太郎訳、岩波新書、１９６２年
川勝平太『日本文明と近代西洋――「鎖国」再考』ＮＨＫブックス、１９９１年
川北稔『砂糖の世界史』岩波ジュニア新書、１９９６年
岸本美緒『東アジアの「近世」』山川出版社・世界史リブレット、１９９８年
君塚直隆『物語　イギリスの歴史（上）――古代ブリテン島からエリザベス1世まで』中公新書、２０１５年
木村尚三郎『歴史の発見――新しい世界史像の提唱』中公新書、１９６８年
クロスリー、パミラ・カイル『グローバル・ヒストリーとは何か』佐藤彰一訳、岩波書店、２０１２年

小杉泰『イスラームとは何か――その宗教・社会・文化』講談社現代新書、1994年
桜井邦朋『太陽黒点が語る文明史――「小氷河期」と近代の成立』中公新書、1987年
ジョーンズ、E・L『ヨーロッパの奇跡――環境・経済・地政の比較史』安元稔・脇村孝平訳、名古屋大学出版会、2000年
杉山清彦『大清帝国の形成と八旗制』名古屋大学出版会、2015年
杉山正明『モンゴル帝国の興亡』講談社現代新書、1996年
杉山正明『遊牧民から見た世界史――民族も国境もこえて』日本経済新聞社、1997年
妹尾達彦「都市と環境の歴史学――黄土高原にて」『史学雑誌』第116編第9号、2007年
妹尾達彦『グローバル・ヒストリー』中央大学出版部、2018年
高山博『中世シチリア王国』講談社現代新書、1999年
玉木俊明『近代ヨーロッパの誕生――オランダからイギリスへ』講談社選書メチエ、2009年
長谷川貴彦『産業革命』山川出版社・世界史リブレット、2012年
原洋之介『アジア型経済システム――グローバリズムに抗して』中公新書、2000年
林佳世子『オスマン帝国の時代』山川出版社・世界史リブレット、1997年
ピアスン、M・N『ポルトガルとインド――中世グジャラートの商人と支配者』生田滋訳、岩波現代選書、1984年
ヒックス、J・R『経済史の理論』新保博・渡辺文夫訳、講談社学術文庫、1995年
藤沢道郎『物語 イタリアの歴史――解体から統一まで』中公新書、1991年
ブラーシュ、P・ヴィダル・ド・ラ『人文地理学原理』飯塚浩二訳、岩波文庫、1940年

フランク、A・G『リオリエント――アジア時代のグローバル・エコノミー』山下範久訳、藤原書店、2000年
ブリュア、ジョン『財政＝軍事国家の衝撃――戦争・カネ・イギリス国家1688－1783』大久保桂子訳、名古屋大学出版会、2003年
ポメランツ、ケネス『大分岐――中国、ヨーロッパ、そして近代世界経済の形成』川北稔監訳、名古屋大学出版会、2015年
本田實信『モンゴル時代史研究』東京大学出版会、1991年
マイネッケ、フリードリヒ『歴史主義の成立』菊盛英夫・麻生建訳、筑摩叢書、1968年
増田四郎『ヨーロッパとは何か』岩波新書、1967年
松井透『世界市場の形成』岩波書店、1991年
松田壽男『アジアの歴史――東西交渉からみた前近代の世界像』岩波書店・同時代ライブラリー、1992年
間野英二『中央アジアの歴史――草原とオアシスの世界』新書東洋史8、講談社現代新書、1977年
水本邦彦『徳川の国家デザイン』全集日本の歴史第10巻、小学館、2008年
宮崎市定『アジア史論』中公クラシックス、2002年
宮崎市定『中国史』岩波文庫、2015年
宮崎市定『東西交渉史論』礪波護編、中公文庫、1998年
森本一夫編著『ペルシア語が結んだ世界――もうひとつのユーラシア史』北海道大学出版会、2009年
森安孝夫『シルクロードと唐帝国』興亡の世界史05、講談社、2007年

第5章

日本は「東南アジア」をどう捉えてきたか

［本章のポイント］

本章は、世界史の空間的想像力の基礎単位である「地域」の概念が、決して自然なものではなく、いかに政治的、社会的、文化的に構築されてきたかに注目するアプローチについて述べます。およそあらゆる「地域」が、さまざまな利害やイデオロギーによって、言い換えれば意図と言語の介在によってつくられたものであること、同じ地域概念が時間の経過や状況の変化とともにその中身をしばしば変えることが指摘されます。第4章が説く生態史観と本章が説く構築主義は、空間を複数性に開く際に、自然にそなわる多様性を参照するのか、社会が生み出す多様性を参照するのかという点で対になるアプローチです。

ヨーロッパの地理区分

本章では、最初にヨーロッパの話をします。大西洋に面したイギリスがヨーロッパの西側、つまり西ヨーロッパであることについて異論はないでしょう。ヨーロッパ大陸の西端にあるフランスについても同様だと思います。では、ドイツはどうでしょうか？　オーストリアは？

世界を西（資本主義）と東（共産主義）に分けた冷戦期に、ドイツは文字通り東西に分断されていました。ベルリンの壁を境界に「西ヨーロッパ」と「東ヨーロッパ」があったといえます。1949年に分裂した東西ドイツはソ連崩壊後の90年に統一します。そして、ドイツ連邦共和国とその西南北に位置するヨーロッパ諸国は、93年にヨーロッパ連合（以下、EU）を設立します。93年以降は、EUに加盟していない国々がヨーロッパの「東側」となりました。ドイツの東側に位置したポーランド、チェコ、ハンガリーといった旧共産圏の国々は、2004年にEUに迎え入れられます。その後もEUは加盟国を増やし、エストニアやラトビアなどロシアに接する国々も加盟しています。

そして今日、例えば、ドイツの隣国ポーランドは「東ヨーロッパ」といえるでしょうか？ポーランドを訪問したとき、ポーランドの人に「ポーランドは東ではない、中央ヨーロッパだ。『東』というのはロシアのことだ」といわれました。日本に戻って、その話をヨーロッパに詳しい友人にしてみると「じゃあ、ドイツはどうなるの？　中央ヨーロッパだとドイツも入るよね」と指摘されました。ちなみに、かつてドイツではポーランド学のことを「東についての学問」、ポーランドではドイツ学のことを「西についての学問」とそれぞれの言語で呼んでいたそうです。

この話は、ヨーロッパの中の東西、あるいは南北という地理区分が時代とともに変化しうることを示しています。また、かつてはヨーロッパの列強帝国だったロシアや東ローマ帝国の本拠地があったトルコははたしてヨーロッパであったのかと考えると、「ヨーロッパ」という概念は伸び縮みするともいえます。本章では、このような地域概念の変化を、「アジア」を事例に論じたいと思います。

世界地図は分割できるか

第3章でも紹介されていますが、カレン・ワイゲンとマーティン・W・ルイスは『The Myth of Continents（大陸という神話）』で、当たり前のように使われている「大陸」という概念や、国や地域を分類する「東」と「西」あるいは「南」と「北」という線引きの恣意性を検証しています。

例えば、世界に大陸はいくつあるでしょうか。数え方はいくつもあります。北米、南米、南極、アフリカ、ヨーロッパ、アジア、オーストラリアの7つ。ヨーロッパとアジアをユーラシアとする、あるいは南北アメリカをひとつにまとめると6つ。ユーラシア大陸とアメリカ大陸をひとまとまりとすると5つ。アフリカとユーラシアを一体として4大陸とする数え方もあります。

「西」と「東」の分割や範囲も時代や地域によってバラバラです。歴史的に見て、地図というものは西ヨーロッパの人々が中心となって描いてきました。その地図を描く、つまり世界を認識する人々の視座により「西」が拡大したり縮小したりしています。「東」というのは、おおむね「西ではない地域」を指してきましたから、「東」の範囲も変わります。

例えば、ローマ帝国が分割されて、ラテン・キリスト教の地域を「西」、コンスタンチノープルを中心とする正教の地域を「東」という時代もありました。ヨーロッパを中心とするキリスト教の地域を「西」、アジアを含むそれ以外を「東」とする認識もあります。この区分は「西洋」と「東洋」として明治以降の日本に受容され、近代アジアにも広がっていきます。第2次世界大戦が終わり、冷戦、つまりアメリカが主導する資本主義（自由主義）陣営とソ連が主導する社会主義（共産主義）陣営の対立によって世界が分割されると、「東」は共産圏を意味するようになります。この枠組みでは、これまで「東」とされていた日本や、地理的には南半球に位置するオーストラリアが「西」に加わることとなります。冷戦が終結し、ソ連が崩壊して共産圏がなくなった現在、「東」「西」の二項対立は、再び「西洋（欧米）」対「東洋（アジア）」という区分に戻っているといえるでしょう。

イデオロギーで生まれる地理概念もあれば、経済発展の段階で区切られる地図もあります。東西冷戦の時代でもあった1960年代から、先進資本国と発展途上国の経済格差とその是正をめぐって「南北問題」（英語では南北分断 North-South divide といわれる）という言葉が提唱されるようになります。先進諸国が北アメリカや西ヨーロッパなどの北側、発展途上国が南アメリカやアフリカなどの南側に多かったために、その格差や不平等が「南北」問題とされたわけですが、こちらでも南に位置するオーストラリアは「北」に区分されています。現在は、先進国の中にも貧困層があり、発展途上国にも中産階級や富裕層が存在するといったようにひとつの国の中での格差が生じています。現在の南北問題を世界地図で示すとすれば「南」と「北」がモザイク状に広がったものとなるでしょう。

「第3世界」という概念も現代のわれわれにモザイク状の地図を差し出すことになるでしょう。発展途上国の総称となってしまった「第3世界」という言葉も、冷戦期の東西対立が生んだものです。フランス革命時の「第3身分」（第1身分・聖職者と第2身分・貴族に対する平民をさす）という言葉を参照して生まれた「第3世界」には、本来、西側諸国（資本主義陣営）である「第1世界」と東側諸国（社会主義陣営）である「第2世界」にも属さずに、第3の道を切り開いて世界平和を追求するという意味がありました。「第3世界」という言葉が生まれた時代は、1955年にインドネシアのバンドンでアジア・アフリカ会議が開催され、冷戦下におけるアメリカとソ連の覇権に対して非同盟を模索する動きが新興独立国の間で高まった時期でもあるのです。

バンドンでの会議を主導した中国、インド、エジプト、インドネシアといった国々の混乱と対立により、2回目の「アジア・アフリカ会議」は開催されることはなく、非同盟運動も形骸化しました。その過程で、「第3世界」という言葉は、本来の意味から、経済的に遅れている国や地域を指すものへと変化しました。その「第3世界」も、現在は「南北」問題と同じく、世界地図の中ではっきりと線引きできない時代となっています。先進国とされる日本でも、子どもの貧困など経済格差の再生産が社会問題となっており、国内に「南」や「第3世界」が点在しているといえます。「西」、「北」、「第1世界」の中心であったアメリカや西ヨーロッパは、そういったモザイク化がより顕在化しています。このような現代に有効な地域区分はあるでしょうか。いずれにせよ、それを創り出す主体が抱える時代的あるいは地理的なバイアスを反映していることは間違いなく、常に反発や例外が生まれることになるでしょう。

時代とともに変わる東南アジアの地理概念

東・西・南・北、あるいは第1世界や第3世界といった概念を反省的に見ると、「東南アジア」という概念にも、歴史的制約や視点の偏りが存在することは、想像に難くありません。そもそも「東南アジア」という呼称は、どこから来たのでしょうか。これについては、以前から多くの議論があります。

例えば白石隆が『海の帝国』で整理していますが、1919年時点の日本の地理の教科書にも、

「東南アジヤ」という表記があるそうです（白石、２０００）。またイギリスにとってSouth East Asiaといえば、連邦軍を駐留させるゾーンを指す軍事用語でした。

あるいはアメリカでは、もともとこの地域をChina and its vicinities（中国とその周辺）と呼んでいました。ところがアメリカ国務省の文書によれば、１９４９～50年頃からSouth East Asiaという記述が見られるようになります。中華人民共和国の誕生により、アメリカにとってアジアの意味合いが変わったということです。

では、そもそも東南アジアとは、東アジアの南なのか、それとも南アジアの東なのか。一見すると言葉遊びのようですが、これは東南アジアを考えるうえで、きわめて重要な問いかけです。つまり、中国あるいは儒教文化圏の南に位置する地域なのか、あるいはインドの東隣りと考えればよいのか。もちろん、中国やインドだけでなく、東南アジアを植民地としたイギリスをはじめとするヨーロッパとの関係も地理認識の形成において重要になってくるでしょう。

ちなみに日本の外務省には、中国や韓国からオーストラリアやフィジーまでを担当する「アジア大洋州局」があります。その局の下に「南部アジア部」があり、さらにその下に「東南アジア」ではなくSouth East Asiaを直訳した「南東アジア第1課」と「南東アジア第2課」があります。つまり、インドをはじめとする南アジア諸国と東南アジアとは、セクションとしてはひとくくりになっているわけです。これが時代の認識に合っているか否かは、意見の分かれるところでしょう。

いずれにせよ、地理概念は時代とともに常に変わるものです。まさに現在においても、刻々と変化しつつあります。例えば、オーストラリアのターンブル首相（当時）は2018年1月の日豪首脳会談に際して、「インド太平洋地域」という言葉を声明の中で使っています。インド太平洋には当然、日本も含まれますが、従来の一般的な表現は「アジア太平洋（ASIA-PACIFIC）」でした。

オーストラリアはこれまで「アジア太平洋」という概念の定着に主導的な立場を果たしてきました。１９８９年にはオーストラリアの首相が提唱して「アジア太平洋経済協力（ＡＰＥＣ）」が生まれました。また、ブリスベンにあるクィーンズランド州立美術館は１９９２年から3年おきにASIA-PACIFIC TRIENNIALという現代美術の祭典を行っています。「アジア太平洋」という地理概念の主唱者であるオーストラリアが、「インド太平洋」という言葉を用いるようになったことは、注目すべき出来事です。

「インド太平洋」という表現は、特にアメリカのトランプ大統領が２０１７年11月にアジア各国を訪問して以降、急速に使用される頻度が増えています。この背景に、中国の封じ込めという地政学的意図があることを推定することは難しくないでしょう。

では今後、「インド太平洋」が一般に浸透するのか、それとも時間の経過とともに死語になるのか。トランプ政権としては、この用語を定着させたいようです。実際に、２０１８年5月には、アメリカ軍が、ハワイに司令部を置いて太平洋に展開する統合軍の名称を「太平洋軍」から「インド太平洋軍」へと変更しました。各国との首脳会談や国際会議で「インド太平洋」という言葉を用いている安倍晋三首相も同様にこの用語の浸透を図っていくだろうと思われます。

一方、韓国は追随せず、意図的に使用していないようです。文在寅政権は、日米が提唱した「自由で開かれたインド太平洋戦略」に対して、「適切な地域概念なのか、もう少し協議が必要だ」と慎重な姿勢を示しています。冷え切っている中国との関係を、これ以上悪化させたくないという配慮をしたとも報じられています（日本経済新聞、２０１７年11月10日）。

ゾウ、パンダ、コアラに象徴される日本のアジア外交

日本とアジア各国との関係は、時代とともに変遷してきました。

例えば、『かわいそうなぞう』という有名な童話があります。太平洋戦争中、東京・上野動物園の猛獣が殺処分の対象となり、３頭いたゾウもその犠牲になるという話です。これは実話をもとにした創作で、実際、終戦時の上野動物園からはほとんどの動物が消えていました。

そして戦後、動物園を復活させようという運動が沸き起こります。もちろんゾウも欲しいという話になるのですが、その期待に応えたのがタイとインドでした。戦後間もなく、両国から１頭ずつ譲り受けたのです。

このエピソードは、日本とアジアの関係を象徴しています。敗戦直後から、日本はタイとイン

ドとは親しい関係だったということです。両国は日本から比較的距離があり、旧日本軍による被害が少なかったため、反日感情も少なかったのでしょう。また日本側も、一般的な感情として両国を非常に近い国と認識していたわけです。

しかしその後、上野動物園にはほかの動物も各国から続々と到来します。ある意味でその最後となったのが、1972年の2頭のパンダでした。同年の日中国交正常化の象徴として、中国から贈られたのです。

当時、日本はたいへんなパンダブームに沸きました。それに合わせて、明治製菓は「ハローパンダ」というお菓子を売り出します。これは現在も、マレーシアやインドネシアではHELLO PANDAという商品名で売られていますが、日本の市場からは、すでに姿を消しています。1984年に登場したロッテの「コアラのマーチ」に駆逐されたためです。

実はこれも、きわめてシンボリックな現象といえるでしょう。同年、コアラがオーストラリアから日本に初めて贈られたのです。もともと両国間には長い国交関係がありましたが、オーストラリア政府はコアラの輸出を禁止していました。しかし1981年に政策を転換して解禁したのです。

この一連の経緯は、日本とアジア太平洋各国との関係を象徴的に物語っています。以前からタイやインドとは友好的で、その関係の中で「東南アジア」のイメージが形成されました。その後、1970年代には日中国交正常化によって中国が強く意識され、80年代に入るとオーストラリアというファクターが加わって、「アジア太平洋」の地理概念が醸成されていったわけです。

歌舞伎『マハーバーラタ戦記』が意味するもの

以上を踏まえて、日本の文化外交史の側面から、東南アジア概念の変遷を追ってみましょう。

２０１７年は、外交的に節目の年でした。まず韓国と中国が国交を回復して25年目に当たります。また日本と中国の国交回復からは45年目です。それを記念して、一部ではイベントも開催されました。松竹が3月に行った北京公演などは、その一例です。ただし、大々的に祝うような文化イベントは開催されていません。

一方、２０１７年はＡＳＥＡＮ（東南アジア諸国連合）設立から50周年であり、さらに日本とインドの友好年とも設定されました。これらについては、日中国交回復の45周年よりはるかに大きな文化イベントが組まれました。

日本はＡＳＥＡＮに加盟しているわけではありませんが、国内で東南アジアの現代美術を紹介する「サンシャワー展」が開催されました。東南アジアの大規模な美術展としては１９９７年以来20年ぶりで、ＡＳＥＡＮ10カ国のアーティストの作品が展示されました。外務省の外郭団体である国際交流基金が主催団体のひとつとなり、東京では六本木の国立新美術館と森美術館が会場となりました。官民の施設が共同で展覧会を行うことは珍しく、それだけ特別な展覧会だったといえるでしょう。

またインドについては、大規模な歌舞伎の公演が行われました。インドの古典『マハーバーラタ』を歌舞伎風現代劇に仕立てた演目で、「インド太平洋」のブームに乗るように広告宣伝も大々的に行われました。インド大使が銀座の歌舞伎座に観覧に訪れるといったことも行われています。

公演に先立ち、主演のほかに企画や振付なども担った尾上菊之助は、インドを訪問しています。『マハーバーラタ戦記』にゆかりの地を回ったり、日本大使館で歌舞伎の舞踊を披露したり、現地の舞踊とコラボレーションしたりと、さまざまなイベントが行われたのです。

なお松竹が作製した『マハーバーラタ戦記』のパンフレットによれば、松竹による歌舞伎のインド公演は1977年にも行われています。市村羽左衛門の主演で、「東南アジア公演」の名の下にタイ、インド、そしてビルマ（現ミャンマー）を回ったそうです。インドを含めたこの3つの国が、当時の東南アジアという地理概念に入っていたことを示しています。

戦後、「インド熱」と「ビルマ熱」が高まった理由

100年以上の歴史を持つ宝塚歌劇も、戦前から海外公演を頻繁に行っています。最初に行ったアジア興行は、1967年のフィリピン・マニラ公演です。ただこれは、日本航

空が東京・マニラ間の就航開始を記念して主催したもので、宝塚歌劇のオフィシャルな公演ではありません。

これを除けば、第1回の東南アジア公演は1973年です。国際交流基金の事業として行われたもので、ビルマとマレーシアとシンガポールの3ヶ国を回りました。

実は当時、宝塚歌劇自体も大きな転機を迎えていました。国内ではテレビや映画に押され、長らく人気が低迷していた時期にアジア公演に旅立ったのです。有名な『ベルサイユのばら』の初演が翌74年、『風と共に去りぬ』の初演が77年でした。これによって人気が急回復し、同年には3回目のヨーロッパ公演（ソビエト連邦の5都市とパリ）、78年には中南米公演（メキシコ、アルゼンチン、ブラジル）も実現させています。

さらに1983年には再び東南アジア公演を行い、やはりビルマ、マレーシア、シンガポール、それにタイを回りました。ちょうどベトナム戦争と関係のある地域をまたぐように、東南アジアの西と東を訪問したわけです。

ここから気づくことがあります。前述の1977年の歌舞伎公演でもいえることですが、1967年にASEANを結成した国々（インドネシア、シンガポール、タイ、フィリピン、マレーシア）を東南アジアの中心と考えると、公演先はそこからは若干ずれているということです。歌舞伎も、宝塚歌劇にいたっては2度の公演ともビルマを訪れています。今でこそミャンマーといえば、急成長が見込まれる国として脚光を浴びています。しかし、国名がビルマであった少し前までは、さほど注目されるイメージはありませんでした。ところが１９７０～80年代初頭は、少なくとも文化外交において、日本にとって重要だったわけです。

その理由として考えられるのは、１９５０年代、南アジアの中心と東に位置する旧イギリス領（インド、ビルマ、パキスタン、セイロン）に対し、日本企業の期待がきわめて大きかったということです。小林英夫によれば、これらの地域は、この時期に「東南アジア」の一部として日本の重要な経済相手国となりました（小林、２０００）。その日本のビルマ熱が地政学的な要因から残り、歌舞伎や宝塚歌劇をビルマに導いたといえるかもしれません。

今日の日本企業と深い関わりのあるインドネシア、マレーシア、フィリピンなどは、戦前には日本が占領していた地域でした。そのため日本軍による被害は甚大で、戦後しばらくは反日感情も強いうえに、戦時賠償の交渉も進んでいませんでした。当時の日本企業は、進出したくてもできなかったわけです。そこで、旧イギリス領との関係強化を図ったということです。

当時、日本はこの旧イギリス領を重要な地域と捉え、イギリスやオーストラリアなどが主導するイギリス連邦圏の開発レジーム「コロンボ計画」に１９５４年に加盟します。ちなみに、外務省の外郭団体であるＪＩＣＡ（国際協力機構）は、「日本の政府開発援助（ＯＤＡ）は、同年10月６日にコロンボ・プランに参加したことから始まりました」と述べ、政府はこの日を「国際協力の日」と定めています。またインドでは、51年から実施した第１次５カ年計画で急成長を遂げていました。旭硝子などの日本企業は、その成長に乗って参入を果たします。さらに、日本はこの頃から円借款などの援助を再開しますが、その大半がこの地域に向けられました。

こうした「インド熱」は、1960年代半ばまで続きます。一方、50年代後半からは東南アジア諸国への戦時賠償が始まり、それと同時に日本が最大の経済援助国であるインドネシアなどASEAN諸国への関心も高まっていったのです。

東南アジアへの関与を強めた1970年代

歌舞伎や宝塚歌劇にかぎらず、1970年代は日本と東南アジアの文化外交にとって画期的な時期でした。まず72年には、日本政府が文化外交団体として「国際交流基金」を設立します。当初の目的は、日米関係を主軸として文化外交を進めることにありました。

1960年代半ば、インドの成長の鈍化とともに「インド熱」が薄まり、同時にビルマ、パキスタン、セイロンへの期待もしだいに冷めていきます。一方でインドネシアやタイへの資本進出を進めるわけですが、それによって両国では反日感情が高まります。それが頂点に達したのが74年で、当時の田中角栄首相が両国を訪問した際、反日暴動に見舞われるのです。

そこで1977年、当時の福田赳夫首相は「福田ドクトリン」を発表し、ASEAN重視の姿勢を打ち出します。その一環として、福田首相が外相時代に設立に尽力した「国際交流基金」は東南アジアへの関与を強めていきました。

１９８０年代に入ると、経済界の関心は「改革開放」が始まった中国をはじめとする北東アジアの新興経済圏に移っていきます。これらの地域は90年代にさらに拡大しつつ発展を遂げ、「東アジアの奇跡」と呼ばれました。日本の経済界もその流れに乗るように、韓国や香港、台湾を足がかりに、そこからシンガポール、マレーシア、インドネシアと関与を強めていくことになります。

こうした流れを受けて、「国際交流基金」も変化します。１９９０年には、竹下登政権下で「福田ドクトリン」をさらに発展させるように「ＡＳＥＡＮ文化センター」が開設されました。同施設は95年に「アジアセンター」に改組されましたが、いずれにせよ東南アジア文化を幅広く紹介することが主な事業となりました。

その後、小泉純一郎政権による構造改革によって廃止されますが、安倍晋三政権の対中国政策の一環としての東南アジア重視・インド重視の姿勢により、２０１４年には改めて「アジアセンター」が設置されています。

ASEANの拡大・経済成長とともに

１９９０年代は、東南アジアの美術をはじめ音楽や映画などの文化が、日本で数多く紹介されました。その先駆けは、92年に開かれた東南アジアの「現代美術展」です。また97年にも、前述のとおり大規模な展覧会が開かれています。さらに99年には福岡に「福岡アジア美術館」がオープンしました。東南アジア文化の紹介は、この時代に制度化されたといえるでしょう。

当時の「東南アジア」の地域概念は、それぞれのパンフレットを見ればわかります。まず１９９２年時点では、ＡＳＥＡＮ６カ国（インドネシア、シンガポール、タイ、フィリピン、マレーシア、後に独立・加入したブルネイ）と明記されています。また97年のパンフレットでは、ここからブルネイが除かれて５カ国になっています（ブルネイは人口40万ほどの小国のため、美術作品の確保が難しいことが主な要因）。いずれにせよ、この５～６カ国が「東南アジア」の定義でした。資本主義国もしくは非共産圏という共通点があることは、特筆すべきでしょう。

つまり終戦直後から１９９０年代にかけての文化外交において、「東南アジア」の概念は少しずつ変化してきたわけです。その大きなターニングポイントとなったのが、ＡＳＥＡＮの台頭でしょう。67年の結成以来、加盟国を増やしつつ経済成長を遂げ、世界における政治的な存在感を獲得してきました。

「東南アジア」をめぐる統合と分断

現在、多くの人が東南アジア＝ＡＳＥＡＮ加盟国、つまり、インドネシア、シンガポール、タイ、フィリピン、マレーシア、ブルネイ、ベトナム、ミャンマー（ビルマ）、ラオス、カンボジア、の10カ国、と考えているはずです。前述したように、１９９０年代半ばまで、ＡＳＥＡＮは東南アジアの島嶼部の５カ国とタイによって構成されており、大陸部の４カ国は加盟していませんでした。さらに時代を遡れば、ヨーロッパの宗主国や近隣の大国の都合により、この地域には、いくつもの地域概念が存在しました。

古くは、ヨーロッパにとって、今の東南アジアはインドの先（南アジアの東端）に存在するものでした。イギリスもフランスも、「東インド会社」が東南アジアに進出し、オランダは後にインドネシアとして独立する植民地を「東インド」と呼んでいました。

また、ヨーロッパ諸国は「インドと中国の間にある地域」という位置づけを東南アジアにすることもありました。「インドシナ（Indo-China）」という名称はそのことを示しています。インドと中国の中間地域を指す名称も、宗主国であるイギリスとフランスの都合によって変容（分割）されます。ビルマは「（英領）インド」に組み込まれ、「インドシナ」という概念はベトナム、カンボジア、ラオスといったフランス領に限定されることになります。

一方、島嶼部も、「マレー列島」や「インドネシア」といったフィリピンを除外する概念や、（オランダ領）「東インド」や（イギリス領）「マレー」といった概念が宗主国の思惑に応じてつくられています。

戦後、東南アジアで独立と国民国家形成が進むと、旧宗主国による領土の線引きを乗り越えようとする試みが生まれます。例えば、１９４６年にアメリカから独立したフィリピンと57年にイギリスから独立したマラヤ連邦の間に生じた領土問題を解決するものとして、「大マラヤ連邦」がフィリピンのマカパガル大統領によって提唱されました。さらに、マラヤ、フィリピン、インドネシアによる「マフィリンド（Maphilindo）」という構想も1963年に出されています。

関係改善を目指す地理概念もあれば、関係悪化をもたらす地理概念もありました。マラヤ連邦のラーマン首相が出した「大マレーシア構想」は、インドネシア・スカルノ大統領の「大インドネシア構想」と対立するかたちとなり、スカルノは「マレーシア粉砕」を宣言して、1962年からは軍事衝突が断続的に起こるようになりました。65年に国連を脱退したスカルノは、「北京＝ジャカルタ枢軸」といわれるように中国へと接近します。

スカルノの動きは、「ジャカルタ＝ハノイ（ベトナム）＝プノンペン（カンボジア）＝北京＝平壌（北朝鮮）枢軸」（1965年8月17日のスカルノ大統領演説）へと広がろうとしていました。その矢先に、インドネシアでは9・30事件（65年9月）を契機として共産主義に親和的だったスカルノ体制が崩壊し、中国では（66年に激化する）文化大革命により外交政策が混乱します。そして、それにより、「北京＝ジャカルタ枢軸」は解体されます。67年には、インドネシアを含むアメリカに親和的な非共産主義諸国によってASEANが誕生しますが、もしこの時「北京＝ジャカルタ枢軸」が存続して拡大を続けていれば、インドネシア、ベトナム、カンボジアなどによって、共産主義に近い、今のASEANとは異なる東南アジア諸国連合が誕生したかもしれません。

ＡＳＥＡＮは着実に発展し加盟国を増やしていますが、今後は東南アジアを越える連合体になる可能性も見られます。インドネシアを隣国とするオーストラリアはＡＳＥＡＮへの政治経済的な関与に積極的で、２０１８年３月にはＡＳＥＡＮの首脳級会合をシドニーに誘致し、ＡＳＥＡＮとオーストラリアの特別首脳会議を開きました。現実味はともかく、オーストラリアではＡＳＥＡＮ加盟も議論されており、インドネシアのジョコ大統領が、「オーストラリアのＡＳＥＡＮ加盟はよい考えだ」と発言したことが報じられ、話題となりました。もちろん、オーストラリアの東南アジア関与に否定的な立場の人も少なくありません。いずれにせよ、ＡＳＥＡＮとオーストラリアの関係は、「東南アジア」や「オセアニア」といった地域概念を変える可能性を持っています。

「アジア」の中の新しい地域概念

一方、「東南アジア」と対になる概念として、「東北アジア」や「北東アジア」、さらにはネット上では「特定アジア」という表現も見られます。特定アジアとは、中国、韓国、北朝鮮を指すネット上のスラングですが、無視できる概念とはかぎりません。

前出の国際交流基金の「アジアセンター」は、安倍政権が東南アジアへの働きかけを強めるため、あらためて設置した機関です。日本語教育や日本文化の紹介のため、各国に日本人の教育ボランティアを送るという、いわば文化版の海外青年協力隊のような活動を担っています。対象地域は東南アジアですが、そこには台湾も含まれます。つまりは、アジアから「特定アジア」を排除した地域ともいえるわけです。こういう地理概念も、今後は意味を持ってくるかもしれません。ただし、国際交流基金には「日中交流センター」という部署も存在し、これまでの日中文化交流の資源を継承しながら若者の交流などを推進しています。また韓国については、日本のK－POPファンや韓国からの訪日観光客など、すでに民間レベルでの文化交流が盛んに行われています。

ちなみに、K－POPのKは、いうまでもなくコリアのK、「韓国的なもの」という意味ですが、日本やベトナムでの人気の盛り上がりをふまえれば、K－POPは朝鮮半島におさまるものではありません。また、秋葉原（東京）から始まって大阪、名古屋のみならず、ジャカルタ、台北、マニラ、バンコク、さらに上海、ムンバイ、ホーチミン（サイゴン）へと日本国内外で拠点を増やすAKB48グループは、より重層的です。K－POPやAKB48グループを地図で表現するとどうなるでしょうか？「K－POPアジア」あるいは「AKBアジア」という地理概念が生まれるかもしれません。

ファンによってAKB48のシングルの楽曲を歌うメンバーを選ぶ人気投票、いわゆる「総選挙」は、10回目となる2018年から「世界選抜」と銘打って、タイ、インドネシア、台湾からも候補者が集められました。この「総選挙」は、対象CDを購入すれば投票権があたえられるため、投票する人（有権者）の国籍は多様ですが、候補者（被選挙権）も日本を越えてアジアで拡大しているようです。その過程で、開票イベント当日がインドネシアにおけるイスラム教上の祭日（ラマダーン）と重なることから、JKT48のメンバー全員が立候補を見送るというような出来事も生じています。

日本や韓国のポピュラーカルチャーなどアジアの文化は、アジアで均一に広がるわけではありません。JKT48が総選挙への出馬を見送ったように、それぞれの地域の宗教や伝統との摩擦も生じています。また、ポピュラーカルチャーを受容する層にも、例えば都市に住む中産階級の若い女性だけといったような、居住地域、経済資源、ジェンダーなどの点で偏りがあるでしょう。K－POPアジア、あるいはAKBアジアが生まれるとしたら、それはアジアで同心円状に広がる地域ではなく、モザイク状に点在するものになると考えられます。

K－POPやAKBなどに見られるアジアのポピュラーカルチャーがアジアの中で生産・流通・消費される現象は、多くの人々の注目を集めています。社会学者の岩渕功一は「トランスナショナル・ジャパン」、アリエル・ヘリアントは「アジア化」という用語を用いて、アジアで広がる日本のドラマや韓国の音楽を説明しようとしています（岩渕、２０１６、Heryanto, 2014）。そこには、これまでの「西洋化」といわれるような欧米の文化がアジアに浸透してきた歴史とは異なるかたちでアジアに広がりつつあるポピュラーカルチャーの土着化や混交を理論化しようという意図が見られます。

地域概念を定義する際に、何を土台にして考えるか。国民国家を単位とするだけでなく、もっと重層的なネットワーク状の結びつきから考えていく必要があります。それを示すためにネットやポピュラーカルチャーといった「サブカルチャーのアジア」を例示してきましたが、アジアの中で「東南アジア」と対になるもっとも手堅い概念は、日中韓や台湾、香港を念頭においた「東北アジア」ないし「北東アジア」という地域区分でしょう。この2つの言葉は「東南アジア」ほど人口に膾炙《かいしゃ》していません。むしろ、この2つの地域概念とほぼ同じ意味で「東アジア」という言葉が用いられる場合は多々あります。しかし、「東アジア」という言葉には東南アジアが含まれるはずです。

では、「東アジア」は地理概念として範囲を定められるでしょうか？　1993年に世界銀行が発表したレポート『東アジアの奇跡――経済成長と政府の役割』は、65年から97年までに見られた東アジア（東南アジアを含む）の国々の急速な経済成長を分析したものです。「東アジアの奇跡」はアジアを地理概念ではなく、「経済成長」という成功モデルを共有する集合体としています。つまり、東アジアを世界資本主義システムの優等生、つまり高度経済成長を遂げた地域と定義すれば、いかようにも拡大しうるということです。近い将来、南アジアとされるインドなども「東アジア」となるかもしれません（あるいは、インドの経済発展から「南アジア」という経済地理概念が生まれ、東アジアの一部ないし全部が包摂されるかもしれません）。

「経済成長」を軸とする地域概念は、いまやBRICSといった地理的に隣接していない集合体を生み出しています。BRICSとは、2000年代以降著しい経済発展を遂げている4カ国

（ＢＲＩＣｓ：ブラジル、ロシア、インド、中国）ないし、南アフリカを含む５カ国の総称であり、２００１年に投資銀行ゴールドマン・サックスが出した投資家向けレポートで初めて使われたといわれています。ＢＲＩＣＳほど知られていませんが、金融機関や経済メディア、エコノミストやコンサルタントなどは、コロンビア、インドネシア、エジプト、トルコなどの新興国から複数の国を抽出していくつもの類義語を作っています。どれも経済の成長率や潜在力に注目しており、地理的にはバラバラのものをひとつに束ねています。歴史的に考えると、ヨーロッパの帝国主義は隣接する地域への拡大のみならず、世界に点在する領域のネットワークを構築しようとするものでした。

これからも経済原理によって近接していない地域が、ひとつの（地理）概念としてまとめられるのでしょうか。実は、それに反するような動きもあります。例えば中国の「一帯一路」構想です。これは、シルクロードをモチーフとしたユーラシアに広がる経済圏構想で、文字通りひとつの道のように近接したものが海と陸でつながった集合体です。そのほかに、太平洋という海を囲むかたちで経済の自由化を推し進めようとする「環太平洋パートナーシップ協定」（ＴＰＰ）も無視できない流れです。どちらも近接する地域への関与・拡大を志向するという意味で、これまでの試みに似ている一方、さまざまな歴史の試行錯誤から新たな地域概念を創り出しているように見えます。

これまで世界史で「大発見」や「大航海」といわれてきたように、モンゴル帝国やオスマン朝トルコの興隆や衰退に接してきたヨーロッパは、その海軍力を背景にアジア・アフリカ、さらにアメリカ大陸に進出します。ポルトガル、スペイン、それらに続いてオランダ、イギリスといった帝国は海を支配して領域を広げますが、必ずしも広範囲に及ぶ面（陸）を統治していたわけではありません。むしろ点（港湾や都市）の獲得を通じて線で支配していたといえます。その目的は交易、あるいは布教ですが、交易したのは主に一次産品です。ヨーロッパは植民地を一次産品の収奪先としており、19世紀や20世紀に入っても支配地域を工業化することに積極的ではありませんでした。

こういったヨーロッパ帝国の歩みを振り返ると、19世紀後半に本格化する帝国日本の膨張はヨーロッパと異なっているといえます。台湾、朝鮮、中国大陸や東南アジアなど、文化的あるいは民族的にも似ている近隣の諸地域を面で支配しようとしたからです。プラセンジット・デュアラは、1932年に日本が作り出した満州国を取り上げ、帝国日本の領土拡大における政治経済的特徴はほかにもあると論じています（Duara, 2006）。ひとつは、第1次世界大戦以降に台頭する民族自決という理念や運動を受け止めて支配地域を広げたということです。確かに、満州国は関東軍（日本陸軍）がつくった傀儡国家ですが、実質はともかく形式上は独立国家となっています。ロシア革命（1917年）や第1次世界大戦（1914～18年）を経て出されたレーニンの「平和についての布告」やウィルソンの「14カ条の平和原則」以降、新たに植民地を獲得することは公式的には難しくなりました。「満州国」という形態は当時の国際社会の状況と日本の権益を両立するように発明されたといえます。
2つ目の特徴は、満州国や植民地朝鮮でダムの建設や重化学工業の設置を行い、工業化を推し進めたことです。これはヨーロッパの帝国が、植民地をプランテーションと呼ばれるような大規模農園として経営したことと比べれば特徴的といえます。デュアラは満州国の世界史的な意味についての論をさらに先に進め、衛星国という政治支配と重化学工業化という経済政策に基づいた満州国という形態は、日本の敗戦によって破綻したものの、冷戦期におけるアメリカの極東（日本あるいは韓国への）政策やソ連の東欧政策を先取りしたものであると述べています。

一方、第2次世界大戦での敗戦と占領を経て独立した日本は、アメリカの冷戦戦略に組み込まれ、軽武装のまま工業化を推し進めます。そして、独立国が数多く誕生したアジアで、軍事的影響力を行使することなく、（特に東南アジアにおいて）賠償、開発援助、民間投資といった経済的手段を用いて地域での影響力を強めます。こういった動きは「新植民地主義」や「経済帝国主義」として批判を受けてきましたが、日本の近隣諸国は収奪され続ける「周辺」に留め置かれることなく経済成長を遂げました。その「経済成長」が共通項となって新たな地域概念を生み出していることは先に述べた通りです。

現在は、近接地域に広がりを持つもの、ネットワーク状のもの、経済成長率などある指標で束ねられるもの、など地域概念を生み出すものも多様になっています。そして、それらに対してさまざまな批判が出されています。戦後日本の（東南）アジアにおける経済進出や地域構想がしばしば「大東亜共栄圏の再来」と懸念されてきたように、歴史的要因は無視できません。また、中国が打ち出している「一帯一路」は、アメリカなどから、当該地域に課した巨額の債務を武器に、強権政治や監視社会を輸出する「偏狭主義の移植」という批判が出ています（日本経済新聞、2017年11月20日）。中国が経済力（あるいは軍事力）をテコにその国の政治体制に影響力を行使しようとするなら、これまでの日本やアメリカのように帝国主義という批判を受けるでしょう。

中国の膨張主義に対抗すべく、ネットワーク状の認識や装置を用いてもっともうまく地理を管理しているのは軍事の世界、特にインターネットを発明したといわれているアメリカ軍です。基地などの軍事施設を点に、海軍力や空軍力という線を世界中に張り巡らせることにより、アメリカを世界の超大国たらしめています。これらは「世界の警察」として機能してきた一方で、歴史を見れば、キューバ、ベトナム、イラン、アフガニスタンなど世界中で混乱をもたらしてきました。また、沖縄を見ればわかるように、軍事施設が位置する地域が受ける不利益は、無視できるものではありません。

一国単位の経済指標でくくられる地域の束にも、矛盾があります。アジアやＢＲＩＣＳの経済成長は数多くの中産階級を生み出し、あらたな地域概念を生み出しつつあります。一方で、それに取り残された都市の貧困層、あるいは衰退した地域もたくさんあります。この現象は、「ラストベルト」と呼ばれるアメリカの衰退工業地帯での有権者の投票行動がトランプ当選のひとつの要因となったように、先進国でも深刻な問題です。経済成長の影となった地域や階層にも共通性があるはずですが、それをネットワーク化して新しい地域概念を生み出すことは容易ではありません。そういった非対称的な状況が世界をおおっていることも、忘れてはいけません。

完全に自立的な地域概念は存在しない

選挙の用語に「ゲリマンダリング」あるいは「ゲリマンダー」という言葉があります。これは、選挙において特定の政党や候補者に有利なように（政権担当者または多数党が）選挙区を区割りすることをいいます。それによって選挙区のかたちが不自然にくびれたり、飛び地ができたりすることもあるようです。アメリカやマレーシアでよく見られるとされる「ゲリマンダリング」ですが、われわれが空間を認識する時、このように恣意的な見方をしていないでしょうか？　あるいは、当たり前だと思っている地域区分の背後に、何らかの意図はないでしょうか？

地域区分の背後に何らかの意図があるという意味で、完全に自立的な地域概念はないといえます。本章で示したように、第2次世界大戦前後に生まれた「東南アジア」などの地域概念は、イギリス、アメリカ、日本による設定であり、当初は他律的なものでした。欧米や日本に支配された東南アジアは、第2次世界大戦後に相次いで独立国家となり、冷戦や経済成長を背景にして、非共産圏の5カ国が「東南アジア諸国連合（ＡＳＥＡＮ）」を設立します。1967年のＡＳＥＡＮ発足当時、日本の文化外交を見てもわかるように、日本社会にはさまざまな「東南アジア」

の概念がありました。その中にはインドなどの「南アジア」やビルマなどの非ＡＳＥＡＮ加盟国も含まれている場合があります。しかし、ＡＳＥＡＮが国際社会で存在感を増していくことにより、「東南アジア＝ＡＳＥＡＮ」という地域概念が定着しました。ＡＳＥＡＮによる自律的な地域アイデンティティに日本をはじめとする周辺諸国も従うようになったわけです。

このように、地域概念の設定、つまり領域を区切る作業は、領域の内部と外部の主体のせめぎあいでもあります。これは、国際関係のみならず、いま自分のいる場所がローカルな単位で見ると、例えば、どこが関西なのか、近畿圏なのか、京阪神地域なのか、あるいは京都なのか、といったことを考えてもわかると思います。２０２５年に日本へ万国博覧会を誘致しようという活動は、当初は「大阪万博」招致といわれていましたが、最終的に「OSAKA-KANSAI JAPAN EXPO 2025」と名乗っています。大阪で行われるイベントにあえて「関西」という言葉を入れる意味は何でしょうか？

歴史を記述するという作業は、ある時代を区切って取り出すということでもあります。そして、時代を区切ったとしても、世界すべて、あるいは地球すべての歴史を書くことは不可能です。つまり、ある時期を選び出すという作業だけでなく、ある地域を取り出すということも、歴史記述では同時に行われているわけです。「ヨーロッパ史」、「オーストラリア史」、「兵庫県史」とさまざまな歴史記述がありますが、これらがどのように領域を切り取っているか、その意図をどのように説明しているか、そういったことに注意しながら歴史を読み解いてほしいと思います。

［参考文献］

Duara, P., "The New Imperialism and the Post-Colonial Developmental State: Manchukuo in comparative perspective", *Japan Focus*, Volume 4 (1), January 4, 2006 (https://apjjf.org/-Prasenjit-Duara/1715/article.html)

Heryanto, A., *Identity and Pleasure: The Politics of Indonesian Screen Culture*, NUS Press and Kyoto University Press, 2014

Lewis, M. W. and W. Kären, *The Myth of Continents: A Critique of Metageography*, University of California Press, 1997

岩渕功一『トランスナショナル・ジャパン』岩波書店、２０１６年

小林英夫『戦後アジアと日本企業』岩波書店、２００１年

「サンシャワー——東南アジアの現代美術展」 http://sunshower2017.jp/

白石隆『海の帝国』中央公論新社、２０００年

新作歌舞伎「極付印度伝——マハーバーラタ戦記」 https://www.kabuki-bito.jp/mahabharata/

土家由岐雄『かわいそうなぞう』金の星社、１９７０年

『日本経済新聞』「インド太平洋」の同床異夢——新米国安全保障センター（ＣＮＡＳ）理事長リチャード・フォンテーン氏、２０１８年11月20日

第6章 大西洋のアメリカと太平洋のアメリカ

［本章のポイント］

本章は、アメリカ史を大西洋スケールの枠組みで捉え返すことで、アメリカ大陸で閉じた視野で紡がれる物語とはいかに異なった現実が見えてくるかを鮮やかに描いています。第4章と第5章が現代における歴史の書き手の空間的想像力を直接開こうとするアプローチであるのに対して、本章が提示しているのは、対象にしている歴史の当時の現場において個々の主体がどのような空間的想像力を持って生きていたかを変数に取り込むアプローチです。歴史に書かれる客体に作用する空間的想像力から歴史を書く主体に作用する空間的想像力を開いていくこのアプローチは「系譜学」的と呼ぶことができるでしょう。

移住者の世界認識

人類の歴史は、移動にまつわる現象として概観することができます。17世紀初頭に始まったヨーロッパ人の新大陸への移住には、明らかにひとつの特徴があります。それはアメリカ大陸の先住民とその文化に対する徹底した無関心でした。19世紀後半から本格化する列強による植民地支配においては、すでに存在している先住者をいかに統治するかという問題関心が少なからず存在していましたが、この時期にアメリカ大陸に移住したヨーロッパ人は、彼らの内在的動機により入植事業を行っていたのであって、自分たちと異なる文化規範を有する他者に対する想像力が豊かであったとはいえません。

ヨーロッパ人が乗り出した大西洋という海洋は、大陸ヨーロッパ諸国における陸の伝統が融解し交じりあう場であり、海洋の規範が形成されつつある場でした。これまでの西洋史の教科書が記すように、それまでヨーロッパの中心が地中海沿岸の世界であったのが、大航海時代に大西洋岸の国々に中心が移り変わります。東方からの文物が、地中海に来なくなったのではありません。大西洋を通して得られる富がそれを圧倒するほど上まわったのです。中世までのヨーロッパは、ユーラシア大陸の辺境に位置する小さな文化圏に過ぎませんでしたが、彼らが大西洋に乗り出したことにより得られた富の巨大さは、ヨーロッパ人の自己認識を全く別のものにしました。

しかし、私たちは、その彼らの移動があくまで主観的な世界認識によってなされたという最初の想定に戻らなければなりません。そこで、北アメリカ植民地に住んでいた人々がどのような人々であったのかを概観しておきましょう。それは大きく次の６つに列挙できます。

①　移住者を構成したのは、１６２０～30年代のステュアート朝イングランドの人々でした。彼らは、まずもってイングランドの政治文化の伝統を身に帯びた人々でした。

②　彼らの思考様式は、旧約聖書の文言、コモン・ローおよびマグナ・カルタの言語が渾然一体となったものでした。

③　１６０７年以降に本格的な移住を開始した彼らは、その後にイギリスで起こったイングランド革命の影響を相対的に小さくしか受けておらず、彼らの理解する王権とは、絶対王政期のイギリス国王の姿でした。

④　北アメリカ植民地は、イングランド国教会から遠く離れた地に存在するため、国教会体制の影響力が弱く、植民地の人々の宗教生活は、教会員によって自立的に行われていました（会衆主義的な風土があった）。

⑤　ヨーロッパの陸の伝統が存在していなかった北アメリカ植民地には、身分制度が完全な意味で不在であったという特徴も重要です。

⑥　このような北アメリカ植民地の人々は、特許状、および後の王領化を通して、イギリス国

王との独自の紐帯を認識していた人々でした。

こうした植民地におけるイギリス人社会の特徴は、あくまで消極的に認められるものに過ぎず、そこはイギリス人社会の辺境に位置づけられるものに過ぎませんでした。植民地のイギリス人社会にアメリカ的な個性が形成される契機となったのは、１７３０～40年代の信仰復興運動（大覚醒）で、植民地社会全体が、巡回牧師の説教を熱烈に受け入れたことによるものでした。

北アメリカ植民地の人々は、啓蒙主義の時代の人々ではありましたが、以上に述べた理由から、旧体制との相克、あるいは宗教信条をめぐる葛藤とは相対的に縁が薄く、あくまで自然の征服という課題に取り組んでいたということです。それは言葉を換えるなら、ヨーロッパ文明による未開の地の開拓であり、彼らの思考の中においては、先住民は無数にある大自然の困難のひとつでしかなかったのです。

アメリカ史を理解するには、移住者のイングランド人としての想像力が、大自然を征服する過程でどのように変容し、それが彼らの父祖がもともと住んでいたヨーロッパとは異なる、アメリカ的なものになっていった過程を理解する必要があるのです。

大西洋に現れた、3つの大波

大西洋という海を世界史の中に導いたのは、ヨーロッパでした。ヨーロッパにおいて大規模な航海が可能になったのは、主権国家が成立したためです。各国は進出すべき海域として大西洋を、さらに「新世界」としてのアメリカ大陸を認識の中に捉えました。ヨーロッパ諸国は、それぞれ自国の富を増大させるため、国家として商業を主宰する重商主義政策を推し進めたわけです。そのため、大西洋は主権国家が角逐する場となりました。

その一方で、大西洋は主権国家の権威や、ヨーロッパ各地の伝統的な秩序が溶解する空間で、映画『パイレーツ・オブ・カリビアン』さながらの海賊と海軍が入り乱れる景観がありました。各国の海軍兵が大西洋を航行する中で変容し、密貿易に手を染めるケースもありました。あるいはクレオール（中南米や西インド諸島で生まれ育ったヨーロッパ人）も多数いました。

当時の大西洋は、こうした二律背反的な要素を併せ持つ「異種混交的（heterogenic）な」海域だったわけです。強力な主権国家が可能にした遠洋航海と、遠洋航海がもたらす伝統的な秩序からの離脱の双方が同時に絡み合いながら進行していたのです。これが、後のアメリカ独立革命に結びつく要因になります。

具体的には、大西洋に大きく3つの波が押し寄せました。第1の波は、大規模な自由貿易圏の成立、第2は大西洋カルヴィニズム・ネットワーク、そして第3はヨーロッパにおける啓蒙というプロジェクトです。この貿易・キリスト教・啓蒙主義の3つが、大西洋において独自に混合され、次第にひとつの自己言及的な地域概念が構築されていきます。すなわち、イギリスとは異なる、アメリカという集合体が形成されていったのです。

以下に、それぞれの波について概観します。

第1の波：大規模な自由貿易圏の成立

第1の波は、大規模な自由貿易圏の成立です。

北アメリカ植民地への移住は、人々の個人的な思いつきで行われたわけではなく、ヨーロッパにおける重商主義体制の延長で行われました。入植事業に先立って、共同出資会社が設立され、人々は、その会社組織の単位で入植したのです。

その象徴的な存在が、たばこの栽培、製品化、輸出を行っていたイングランド国籍の「ヴァジニア会社」です。1607年に同社が入植して「ヴァジニア植民地」を開き、やがてそのまま現地の植民地政府になりました。しかし、入植当初はたいへんな苦難を伴ったといわれています。当時はまだ小氷河期末期であり、しかもイギリス本国では、宗教内乱のただ中にあり、クロムウェルによるピューリタン革命（1642～49年）などがあり、北アメリカ植民地は事実上放置されていました。しかし言葉を換えるなら、植民地は大きな自治を行っていたといえましょう。

イギリス本国が植民地に再び関心を寄せるようになったのは、1649〜60年の共和政期を経て、1660年に王政復古して以降となります。イギリス本国は、同年に航海条例を発行して本格的に植民地の統治と貿易規制に乗り出します。これを契機として、入植事業は軌道に乗り始めるのです。

1660年の航海条例とは、植民地による海外との直接的な輸出入を原則禁止し、輸出入をすべてイングランドの船か港を経由とすると定めたものでした。当然ながら、これによって交易に伴う利益の多くはイギリス本国に流れ、植民地はその分だけ損をすることになります。

ただし、植民地側にもメリットはありました。カリブ海での交易のリスクが軽減したことです。大西洋・カリブ海は海賊やヨーロッパ諸国の海軍が跋扈する、非常に危険な海域でした。アメリカの貿易商人たちは、海賊やヨーロッパ諸国の海軍に遭遇する可能性に自力で対処しなければなりませんでした。しかし航海条例によって、イギリス本国は、海軍によって植民地の貿易船を保護する義務を負います。

その結果、実は密貿易も、より容易になったことも見落とせません。航海条例を遵守する限りにおいて、海賊に遭遇したり、他国の海軍に捕捉されたりすることによるリスクが軽減され、より安全な貿易が可能になった一方で、密貿易による利益も格段に大きくなりました。航海条例を守ってローリスク・ローリターンの貿易を行うか、密貿易によってハイリスク・ハイリターンを狙うか、この判断は植民地の人々に委ねられていたのです。

もちろん、イギリス本国は密貿易を容認していたわけではありません。建前としては禁止していました。しかし、アメリカ商人からイギリス海軍士官、税関役人、さらには本国の政治家たちなどに多額の賄賂が渡ったこともあり、厳格な監視・取り締まりは実施されませんでした。これは「有益なる怠慢」と呼ばれています。これにより、北アメリカ植民地の発達と自治がさらに促されることになったのです。

イギリス本国にとっては、建前上、航海条例に違反する交易自体が存在しないはずです。存在しない交易を取り締まる法律は存在しません。見方を変えれば、大西洋に主権国家の権力が及ばない自由貿易圏が形成されたのです。

「有益なる怠慢」によって形成された自由貿易圏は、ブリテン島の南部からチャンネル諸島（イギリス王権の属領）、ハイチやキューバ、それにアメリカ大陸のチェサピーク湾を中心とするイギリス領13植民地に至る、広大なものでした。もちろん規模としては、従来の重商主義体制の下で行われた交易量を圧倒的に凌駕していました。イギリス本国の権威と必ずしも一致しない大規模な経済圏の形成によって、植民地は独自の経済共同体を形成して行きました。

北アメリカ植民地では、経済発展にともない、取引量に見合うだけの通貨が慢性的に不足していました。例えば、ほぼ同時期にフランスからの入植が始まったカナダでは、フランスの通貨がそのまま使われたため、慢性的に通貨量不足に陥っていたといわれています。駐留する将軍のサインを記した紙片が、紙幣として流通していたほどです。イギリス領植民地でも、事情は同じであり、スペイン領で流通していたメキシコ銀貨が大量に流れ込んでいました。さらに、後に「アメリカ合衆国建国の父」のひとりとされるベンジャミン・フランクリンが、商業活発化のために通貨量を増やすべきことを提言し、独自の紙幣の発行も試みられました。植民地独自の紙幣が一定の信用を得て流通していたこと自体が、植民地の高い自立性を物語っているといえるでしょう。

第2の波：カルヴィニズム・ネットワーク

自由貿易圏の成立に続き、大西洋で起きた第2の波はカルヴィニズム・ネットワークです。ヨーロッパにおける宗教改革は、紆余曲折を経て16世紀に頂点に達します。北ヨーロッパでいわゆるプロテスタント世界が成立しました。例えばドイツ諸邦では、諸侯を中心としたルター派教会が台頭します。ちなみにドイツ宗教改革を主導したマルティン・ルターは、「ルター派」と呼ばれることを嫌っていました。彼が改革したのはカトリック教会であり、自分たちこそがオーソドックスなキリスト教徒であるというわけです。それゆえ、「福音派」という呼び名を好んで使用していました。

スイスからオランダにかけての一帯では、プロテスタントの神学者ジャン・カルヴァンが改革を主導します。カルヴァン自身がジュネーブ市で市政に関与していたことから、この地域のプロテスタントは、「改革派」または「カルヴァン派」と呼ばれるようになりました。

イングランドはローマ・カトリック教会から離脱し、イギリス国教会を設立する際、このカルヴァン派の教義を採用しています。彼らは広く「ピューリタン」、その教義は「ピューリタニズム」と呼ばれるようになります。

大陸で支持を拡大した福音派や改革派も、イギリスにおけるピューリタンも、大枠では同じプロテスタントでしたが、完全に同種だったわけではありません。最大の違いは、教会員資格と市民的権利の一致の度合いです。ピューリタニズムは、大陸プロテスタンティズムより急進的な政治思想をもたらしたのです。

そもそもカトリック世界において、教会員資格の剥奪、つまり破門とは、市民的権利の解除を意味しました。教会から破門された人は、来世に地獄に訪きます。しかしそれ以前に破門は市民権の剥奪を意味しており、例えば盗賊などに襲われても法の保護を受けられなくなることを意味していました。宗教改革を主導したルターも、議会で審問を受けた上で教会から破門され、それにより市民権を剥奪されています。

それに対し、プロテスタントの教義によれば、人間と神とは直接的な関係にあります。教会からの破門は、あくまで宗教の問題であり、現世における市民的権利とは別の問題です。この観点に立つならば、教会員資格と市民的権利は分離しているはずです。しかし、ルターは、あくまでカトリックの改革者であったことを忘れてはいけません。ルター派もカルヴァン派も、それぞれの教会からの破門は、やはり市民的権利の解除を意味していたのです。確かに、ルター派もカルヴァン派も、聖書は各信徒が読めるべきであるという点では一致していましたが、これは好きなように解釈してよいという意味ではありません。正しい読み方というものは専門的な神学教育を受けた聖職者たちによって定義されていたのです。

例えばドイツで農民戦争を首謀したトマス・ミュンツァーは、もともとはルターの信奉者でした。ところがルターはミュンツァーを猛烈に批判し、彼らの処罰を官憲が行うことを支持する立場を取ります。聖書の解釈を間違えているというのが、その理由です。従来の破門と市民的権利の関係は、ルターの福音派教会やカルヴァンの改革派教会においても実質的に変わらなかったのです。

一方、ピューリタニズムはプロテスタンティズムのいわば最終形態であり、ルターやカルヴァンによる初期の形態からは大きく変容しています。特定の教会から破門されたとしても、それが必ずしも市民的権利の剥奪を意味しない可能性が想定され始めたのです。これが後に法制化される「政教分離」の実質的な原型であり、ピューリタニズムがもたらした急進的な政治思想であるといえるでしょう。ただし、国教会体制のイギリスでは、この可能性が可視化された訳ではありません。イギリス本国においては、あくまで理論上の可能性であったものが、北アメリカ植民地においては、宗教観の帰結として実体化していったのです。

アメリカ・ピューリタニズムの形成

このピューリタニズムはアメリカに渡り、イングランドとは異なる独自のアメリカ・ピューリタニズムを形成します。

その特徴は大きく2つあります。ひとつは、教会員資格と市民的権利が自然発生的に分離したことです。マサチューセッツ植民地においては、神権政治が行われていました。ただしこれはいわゆる「信教の自由」とは無縁で、教会員資格がなければ政治に参加できなかったのです。

例えばボストンでは、教会から破門されると地域から追放されました。植民地なので、追放されることはほぼ死を意味します。しかし、そのひとりである神学者ロジャー・ウィリアムズは、同じく地域を追われた人々を集めて新たな植民地を開拓しました。それがロードアイランド植民地です。

つまり、破門されても生命さえ存続していれば、ほかの地域に移住することで市民権を得ることができたのです。新世界においては、理論の問題というより実態の問題として、教会員資格と市民的権利は両立することになったのです。

もうひとつの特徴は、教会がアンシャン・レジーム（旧体制）とはならなかったということです。よく知られるとおり、ハーバードやイェールといった植民地アメリカの高等教員機関は、もともと牧師を養成するために設立されました。しかし、例えばハーバードの卒業生のうち、牧師になった人の割合は40～50％に過ぎません。同校では牧師の養成だけではなく、植民地における紳士階層の養成機関として、一般教養や啓蒙主義哲学の教育も行われたのです。牧師になることを強要するような空気も、特になかったといわれています。

これらの学校では、トマス・アクィナスの『神学大全』などカトリック世界の正統的なテキストが使用されていました。このことからもわかるように、ヨーロッパ大陸におけるカトリックとプロテスタントの宗派間対立も、世俗権力と聖職者との対立も、アメリカでは深刻な葛藤をもたらしませんでした。聖俗の知識は高等教育を受けた紳士たちに共有されました。奇妙なことに、植民地時代のアメリカでは、牧師が啓蒙哲学を説くようになったのです。

「大覚醒運動」による熱狂と宗教の世俗化

教会がアンシャン・レジームとならなかった背景には、さらに興味深い契機があります。1740～50年代に起きた「大覚醒」という信仰復興運動です。

当時のアメリカは、人々が急速に罪の意識に目覚めた時代でもありました。植民地では、すでに新聞が急速に普及していましたが、今日のようにメディアが多様であったわけではありません。この時代の最大のメディアは、巡回牧師でした。巡回牧師は、地域に閉じていた植民地の人々に、他の世界の情報をもたらします。とりわけ重要な情報は、信仰についての情報でした。

彼らは、人々の堕落がもはや取り返しのつかないところに達してしまったことを伝えます。そして、最後の審判がそこまで迫っていること、堕落した人々には、永劫の地獄が確実に予定されていることを猛然とのべ伝えるのです。これを聞いた人々は、戦慄とともに、感動します。今日の私たちが見落としがちであるのが、この信仰という契機です。

こうした説教が各地で開かれ、その様子が新聞で報じられて、さらに多くの人が集まるようになります。これは、植民地全土を覆う一大ムーブメントに発展し、人々が信仰を取り戻す機会にもなりました。「大覚醒」を通して、バラバラだったアメリカ植民地が、ひとつのアメリカ的プロテスタントに収斂していったのです。

「大覚醒」は、独特の宗教的熱狂主義であり、今日的な感性では、ある種の集団ヒステリーにも見えます。しかしこれは、入植以来植民地社会を指導してきたピューリタン教会が制度として硬直化していたために、信仰の実質を取り戻そうとする民衆的要求から生じた信仰回復運動でした。そして忘れてはならないのは、これらが反体制派の運動ではなく、こういう巡回牧師のあり方を体制派が受け入れることで成立した宗教的プロジェクトだったということです。

例えば、典型的な正統派アメリカ・ピューリタンのひとりにコトン・マザーという牧師がいます。アメリカの啓蒙主義思想の担い手である一方で、魔女裁判も行った人物です。彼はドイツ福音主義派と交流を重ね、独特な神秘主義思想を唱えるとともに、『善行録』という本を著しています。

実はこの本に典型的に示される考え方が、アメリカ・ピューリタニズムの大きな契機となりました。プロテスタント神学において重視される救済予定説によれば、死後に魂が救済されるか否かは、最初から決まっています。生前の善行によって救われるなどということはありません。それでは信仰は、天国に行くための取引材料になってしまいます。ルターは「人間は信仰によってのみ義とされる」といいました。神の予定を含め、すべてを受け入れるのが信仰であり、そこに見返りを求めることは取引ではあっても信仰ではないのです。都市国家ジュネーブで指導していたカルヴァンは、こうしたルターの予定救済説に基づいたうえで、すべての職業労働が神から与えられたものであることを強調したので、都市のブルジョアジー階層から多くの支持を得て、スイス、オランダでの宗教改革を推し進めました。ただし、カルヴァンにおいても、労働とはあくまで神に与えられた現世での使命なのであり、それ自体が魂の救済を予定するものではありえませんでした。

ところが『善行録』は、布教活動や社会貢献や勤勉など文字通りの善行を奨励する内容です。これは、従来流布されていた救済予定説に〝揺らぎ〟が生じたためと考えられています。つまり、道徳と宗教倫理が分離し始めたということです。

自分が救済されるか否かは、誰もが知りたいところです。本来、それは神のみが知るわけですが、同書は、救済を予定されている人は目的合理的な生活をしている可能性がきわめて高いと説いています。つまり贅沢をせず、勤勉に働き、計画性を持って生きる美徳を説いています。確かにこういう生活を10年も続けられるなら、実際に富裕になれるでしょう。だとすれば、救済を予定されている人の多くは富裕層である可能性が高いということになるのです。身分制度が存在しなかったアメリカ植民地では、富は大きな説得力を持って受け入れられました。この理屈が世俗化され、お金持ちになれば救われ、逆もまた真なりという話になるわけです。

現実に置き換えるなら、慈善事業は許されるが、社会福祉という制度による貧しい人々の救済は宗教倫理に反するということになります。第44代大統領のオバマが導入を目指したオバマケア（医療保険制度改革）がほぼ廃止に追い込まれたことも、実はアメリカ・ピューリタニズムで説明できるのかもしれません。

熱狂は哲学を凌駕する

「大覚醒」がもたらしたこの熱狂は、当時の正統派ピューリタンの間で広く受け入れられました。確かに、哲学書を信仰に反するものとして、皆の前で焼き払うといった過激な行動に出る人々もいたために、それに対して自制を求める声も正統主義派にはありましたが、それは少数でした。カルヴィニズムという宗教性を復活させるという大義は、それ以上に重要だったのです。これを「カルヴィニズム・コンセンサス」といいます。

言い換えるなら、スコットランド哲学より熱狂が選択されたということでもあります。デイヴィッド・ヒュームやアダム・スミスに代表される「スコットランド啓蒙」は、無思慮な宗教的熱狂に対して冷静になるべきという立場を取ります。つまり、カルヴィニスト的熱狂とはきわめて折り合いが悪かったわけです。しかし、アメリカ植民地では、その声は熱狂にかき消されました。

植民地時代のアメリカの人々にとっては、アイザック・ニュートンの物理学やジョン・ロックの自然権理論なら、はるかに神の存在が意識されているように感じられていました。ピューリタニズムの神と共存できるわけです。ところがスコットランド哲学、特にデイヴィッド・ヒュームの懐疑的哲学は、宗教的には邪悪なものに見えました。アメリカ建国の父と称される第2代大統領ジョン・アダムズと第3代大統領トマス・ジェファソンの往復書簡からも、彼らがヒューム哲学を肯定的に見てはいなかったことがわかります。

こうしてキリスト教はアメリカ植民地で独特の変容を遂げ、アメリカ・ピューリタニズムを形成していったのです。

第3の波：ブリテン王国による「啓蒙」というプロジェクト

そして第3の波は、ブリテン王国による「啓蒙」というプロジェクトです。

1688年以前のイギリスは、イングランド、スコットランド、アイルランドの3王国が常に内戦を繰り返している状態でした。要因は、イングランドにおける君主制と議会の独特な構造にあります。17世紀前半、ヨーロッパではドイツ全土を中心に「30年戦争」が繰り広げられていましたが、それとの関連は限定的だったと考えられています。あくまでもブリテン内の戦争だったわけです。

ピューリタン革命後、ブリテン王国はチャールズ2世を招請し、王政復古を果たします。その際、ブリテン側が意図したのは「統治の解体」を回避することでした。いかなるコストを払っても、あるいは心理的自由が制約を受けても、まず安全を確保しようと考えました。それゆえ、チャールズ2世とその後継のジェイムズ2世が、カトリックを復活させようとして、再びイギリスを二分する宗教内乱をもたらす可能性をイングランドの人々が感じるや、議会はジェイムズ2世を排除して、新たな国王としてオランダからメアリ（ジェイムズ2世の娘）とその夫であるオラニエ公ウィレム（オランダ総督）を招聘します。これを名誉革命といいます。

一方、ヨーロッパから赴任したオラニエ公は、ブリテン王国を足場にしてヨーロッパのパワー・ポリティクスを優位に運びたいと考えていました。つまり招いた側と招かれた側では、当初から意図が違っていたわけです。しかし、この場合は、招いた側の思惑が優先されました。

イングランドには、名誉革命後の状況を示す2つの大きな変化がありました。ひとつは「権利の章典」が作成されたことです。国王の権利が制限されるとともに、国民の権利と自由が定められました。

もうひとつは、イングランドが常備軍と官僚制を有する国家体制、すなわち「財政＝軍事国家」に再編され、ヨーロッパ諸勢力に対抗できる勢力に拡充されたことです。これにより、1707年には必然的にイングランド・スコットランドの合同が成立します。圧倒的な勢力差が生まれた以上、スコットランドの知識人たちは、イングランドと対峙するより融合したほうが賢明であると考えたのです。

政治思想史研究者J・G・A・ポーコックによれば、この合同はスコットランドが望んだことであり、イングランドは受け入れる立場だったそうです。そのため、種々の条件はイングランドに有利なかたちで決まっていきました。つまり合同王国の根本的な支配原理は、イングランドが握っていたのです。

ここから、合同における「啓蒙」というプロジェクトが始まります。長い宗教内乱を経験したイギリスでは、啓蒙とは世俗的な国家のもとに教会を統制することを意味していました。それは、主権的政府と国際的商業を基礎にしたうえで、戦争と宗教を政治社会の中に組み込むプログラムでした。個人は商業と文化に専心し、剣と牧杖は主権者に委任するというものです。

『リヴァイアサン』の扉絵が意味するもの

この「啓蒙」のプロジェクトを象徴するのが、哲学者トマス・ホッブズの政治哲学書『リヴァイアサン』に描かれた扉絵です（図表6－1）。この絵には、旧約聖書に登場する龍のような怪物に人間の顔が描かれています。怪物は王冠を頭上に載せ、右手に剣、左手に司教杖を持っています。剣は世俗的権力、司教杖は宗教的権威を象徴しています。この2つの統治原理は、1つの王冠を載せた人格のもとに統合していることを端的に表しています。龍の体を覆う無数の鱗は、人民を象徴しています。

この扉絵は、世俗秩序の形式の外部での精霊の顕現を否定しています。ジョン・ロックの『人間知性論』の中には、以下の記述があります。「精神は物事について知らず、事実について所持している観念を知るのみであり、その精神は神について知らず、神の存在を知るために所持している理性を知るのみである」。つまり、神の存在をひとまず棚上げし、宗教的内乱を止めて、強力な国家主権の下に商業に専心する体制を作ろうというわけです。

世俗的権力と宗教的権威が、ひとつの顔を持った人格的王冠の下にあることに大きな意味があります。これは主権を象徴し、恩恵を受けるのはすべて国民であることを表しているのです。こうしてイギリスは、主権をめぐる問題にひと区切りをつけ、海洋への拡張を図ろうとします。そ

図表6－1 『リヴァイアサン』の扉絵

れはすなわち、ヨーロッパ共和国からの撤退と、いわゆる「キング・イン・パーラメント（議会の中の国王）」を前提とした「財政＝軍事国家」の確立を意味します。

この観点からも、「合同」は、イングランド的な文脈において実行されたことがわかります。つまり、グレートブリテンは形式的には多元的君主国ですが、その本質は、複数の異なる国家を単一の傘のもとに収める国家連合としての「帝国」ではなく、あくまでもひとつの国家の延長として構成された「イングランド王国」だったということです。

こうした中で、大西洋における無数のクレオールのひとつの塊として、アメリカ東部13邦にあたる植民地が形成されていきます。しかしその姿は、「財政＝軍事国家」

としてのイングランド王国には収まらない存在に変容していたのです。

収斂としてのアメリカ革命

イギリス領北アメリカ植民地の法的地位は、非常に曖昧でした。前述の『リヴァイアサン』の扉絵になぞらえて考えてみましょう。剣の観点で考えるなら、そもそも植民地は国家ではないため、国家と「帝国」の関係を認める公法が存在しません。また司教杖の観点で考えるなら、アメリカ植民地は緩やかな意味での会衆主義的世界であり、王の勅許状によって任命された主教が存在していません。つまり、政治と教会に及ぶイングランド的主権の構造は、事実の問題としてアメリカには当てはまらなかったのです。

ところが、こうしたアメリカの法的地位の曖昧さゆえに、当時のイギリス王ジョージ3世はアメリカ植民地に対しては、専制君主として振る舞おうとします。イギリス本国では「キング・イン・パーラメント」によって権力を制限されていましたが、アメリカ植民地ではまだ国王の位置づけや法律が定まっていなかったので、専制君主であり得たのです。

その典型例が、1774年に発布された「ケベック法」です。北アメリカ植民地の統治について定めたものですが、同法は信教の自由という観点から、カトリック信仰を認めていました。これはプロテスタントが大半を占めていたイギリス系植民地の人々の感情を逆なでするもので、当然ながら彼らは激怒しました。

こうしたイングランドの動きに対し、植民地の人々は2つの案を提示して打開を図ろうとします。ひとつ（A案）は、植民地を王領として残したうえで、王権を現地の権威に委任する形で統治するというものです（パラティン伯領方式）。そしてもうひとつ（B案）は、ブリテン帝国を「国家連合」と理解し直し、国王と植民地との関係を現状のまま維持しようというものです。

これに対してイギリス側の役人トマス・パウナルは、まずA案については、ブリテン帝国の封建的条件は1660年の時点で消滅しているので、植民地の主張は時代錯誤であると回答します。植民地が王の権威に服従することは、「キング・イン・パーラメント」である以上、それはイギリス議会に服従することと同義であるということです。

またB案についても、ブリテン帝国における「帝国」とは一体性を意味するものであり、「連合」ではあり得ないと説きます。パウナルの理解では、植民地の人々が、議会と国王を切り離そうとしているように思われましたし、それはとりもなおさずイギリスを絶対王政に引き戻そうとしているように感じられました。彼はイギリス議会主権の論理では、イギリス王国は、アメリカ植民地を併合することはできても、連合のような対等な関係性を築くことはできないと主張したのです。

この時点で、ブリテン王国と植民地との関係は修復不能に陥ります。そこで植民地の人々は、それまでコモン・ローとして通用していたものを「自然権」と定義し直し、アメリカ連合諸邦は自然状態に置かれたと宣言をします。これが「独立宣言」の論理です。

ここにおいて、にわかにジョン・ロックの『統治二論』が想起されました。人間が完全に自由な状況にある自然状態を想起し、人民の権利ともいうべき自然権理論に基づいて考察が進められたのです。むしろ本国からアメリカにおける王権を否定されたことによって、共和主義的言説を用いざるを得なかった側面があるのです。そこには、主権の所在を問う内乱の可能性が含まれていました。

以上の過程を概観すると、アメリカ植民地の人々がきわめてロイヤリスト（国王派）だったことがわかります。彼らは自らの権利を、イギリス国王が入植の際に与えた勅許状を拠り所にしていたからです。ところが名誉革命以降に成立したイギリス議会主権によって、絶対王政期に与えられた勅許状に基づく権利が否定されました。それゆえ、彼らは共和政を目指さざるをえなくなったとも考えられます。

アメリカ植民地は独立戦争の末に独立を果たします。しかし前出のポーコックは、これはブリテン王国のシステムに何ら影響を与えなかったと述べています。むしろ主権の所在を問う構成者の退場により、内戦が回避されたとの見方も示しています。以後、アングロ（イギリスの）・インディアンやアングロ・カナディアンという包摂しやすい国民概念をどのようにするかを構想すればよく、アングロ・アメリカンというイギリスへの包摂を拒む論理とは向き合わなくてよくなったということです。アメリカ植民地の独立は、大西洋両岸のイギリス人社会の間に生じた社会思想的分岐という事実の、ひとつの収斂だったと考えられます。アメリカの独立でアメリカ人が登場したことにより、逆にイギリス人というひとつの国民が発見されることにもなりました。

アメリカという永続的野蛮

アメリカの政治システムを象徴するのが、強い権限を持つ州と、それを緩やかに包み込む連邦共和制です。これらは住民の自治を重視した、民主共和的で穏健なシステムと考えられがちです。ところが、建国の父たちは必ずしもこういう統治形態を望んでいたわけではありません。そのひとりであるアレクザンダー・ハミルトンは、合衆国憲法の批准を各州に推めるために執筆した論文集『ザ・フェデラリスト』の№16、17の中で以下のように述べています。

「連邦政府は政治体（political entities）ではなく、個々の市民（individual citizen）に統治を及ぼさなければならない」。つまり、州政府を新たに構想していた連邦政府の障害と考えていたわけです。人間は集団の中にいると、外部からの統制には簡単には屈しません。しかし統治機構と個人が対峙するなら、個人はあくまで脆弱な存在です。そこで、ハミルトンのような人物は司法権によって、各市民を個別に国家に取り込むべきであると主張したのです。

連邦政府を制度設計する立場の人々は、連邦政府と市民との間に中間的な自立的な政治体を介在させず、執行官が直接的に強制力を行使できるシステムを目指しました。それだけ強力な中央権力を作ろうとしたわけです。1787年に制定されたアメリカ合衆国憲法は、権力の構成原理を記述したもので、権力の抑制原理を記述したものではありませんでした。ここにも、イギリス立憲主義とアメリカ立憲主義の端的な違いが見られます。

見方を換えれば、それだけ州が強大な力を持っていたということです。その州主権と、そこで展開されるきわめて素朴な住民自治という住民主権の永続性が、アメリカという国の風土・習俗を理解するうえで欠かせない視点です。これはフランスの政治思想家アレクシ・ド・トクヴィルが、『アメリカのデモクラシー』において指摘したことです。

アメリカは西部への移住で国土を拡張した国家です。その帰結として、成熟した市民社会の成立が常に先延ばしされました。そもそも成熟した市民社会を築くには、一定の狭い範囲に一定数以上の人が住み続け、しかもそこから遠くへ移動できないことが前提です。限られた範囲内で暮らさなければならなくなって初めて、人間は周囲と共存するために相互の関係性を考えます。例えば信教の自由や言論の自由など、さまざまなルールやシステムを定める必要に迫られます。それによって、地域はしだいに成熟していくのです。

ところが内陸部にほぼ無限の土地が広がっているとなると、限られた範囲内で暮らすという前提が崩れます。周囲との関係性が上手くいかないなら、出ていけばいいからです。すると、ある地域が成熟する前に、新しい地域に次々とコロニーが誕生する。つまり素朴な住民自治が永続するのです。

奴隷制度維持のための西部開拓

その典型例として、第7代大統領アンドリュー・ジャクソンを挙げることができます。先住インディアンを迫害し、個人が経営する農園で多くの黒人奴隷を抱えていたことでも知られる同大統領は、「公的な問題を決めるのは人民である」といっています。政府の仕事はあくまでも人民の望みを実現する手助けをすることであり、抑制することではないというわけです。彼が語る人民とは、地域住民のことです。

その帰結のひとつが、黒人奴隷制度でした。アメリカで初めて黒人奴隷が導入されたのは、1619年頃といわれています。その後、61年にはヴァジニアにおいて奴隷制度が法的に確立します。さらに18世紀にイギリスで産業革命が起きると、綿の原材料の需要が増大し、アメリカ南部の綿花農場がそれに呼応します。当時、綿花はアメリカの輸出総額の54%に達する巨大事業に成長していました。そこでは無制限に低廉な労働力が必要になり、多くの奴隷が求められたのです。

ただし、奴隷制を認めない州も北部にはありました。それゆえ、奴隷制を存続させたい州は、全国的権限を維持するために、新たに西部を開拓し、奴隷州を拡大する必要がありました。奴隷制に反対の立場にある州の人々も、同様の理由で西部の開拓に乗り出します。つまりアメリカの領土拡大は、奴隷制をテコにして短期間に進んだのです。

もっとも、大規模農場の経営者（プランター）は、ごく少数のマイノリティでしかありません。1850年の段階で、南部の白人人口は約600万人。このうち奴隷所有者は約35万人ですが、たったひとりの奴隷を所有しているだけでもこの中に含まれます。「大プランター」と呼ばれる人はわずか約8000人で（黒人奴隷の数は約325万人）、その他大多数の白人は貧しい自営農民などでした。この圧倒的な少数勢力が、奴隷制を維持するために領土を拡張し、「奴隷州」を増やしていったのです。

例えば、1821年には独立したメキシコ領テキサス地方に一方的に入植し、1836年には「テキサス共和国」の建国を宣言します。これを、1845年にアメリカ合衆国が奴隷州として併合しています。同じスキームが、オレゴン、カリフォルニア、アリゾナでも展開されました。それにより、1850年頃には今日のアメリカ合衆国の版図がほぼ完成します。

こうした強引な手法には、国内で批判の声も上がりました。こうした批判に対して説得力を持ったのが、ジャーナリストのジョン・L・オサリヴァンが書いた論文『併合論』です。この論文の中で彼は、アメリカの膨張は「明白なる運命（Manifest Destiny）」であり、「摂理（Providence）」であるとして正当化しました。

アメリカ合衆国が影響を拡張する過程で見られるこうした志向性は、今日に至るまである程度の一貫性が確認できるのではないでしょうか。

アメリカ革命の「プロジェクト」としての南北戦争

1861年、アメリカ合衆国第16代大統領に就任したエイブラハム・リンカンは、合衆国からの分離・独立を画策する南部の各州に対し、「分かれたる家は建つことあたわず」と宣言します。連邦の維持を最大の政治目標として掲げ、南部の離脱をいかなる手段を使ってでも阻止する意志を明確にしたのです。

ところがリンカンが大統領に就任したその年の2月、南部11州はアメリカ連合共和国（南部連合）として独立を宣言し、合衆国連邦から離脱します。かくして4月、南部連合軍によるサムター要塞の攻撃を契機として、南北戦争が勃発します。

南部連合11州の人口は約900万人（ただし3分の1は黒人）、対する合衆国連邦は23州で約2200万人です。生産力にも、当初から大きな格差がありました。結局、1865年に連邦軍側の勝利で終結しますが、死者は南北双方で約62万人に達しました。これはアメリカの戦争における死者数としては最大のものです。

その後、南部諸州の再統合が進められますが、これは南部社会の改造を意味しました。1867年に制定された「再建法」により、南部諸州は連邦軍の軍政下に置かれ、黒人奴隷制を禁止する修正14条を受け入れるための会議を強いられました。こうして憲法を改正させた後、ようやく軍は撤収して軍政が解除されました。ここに現在にまで続くアメリカの戦後処理の手法の原型を見ることもできます。

太平洋における帝国主義

南北戦争後も、アメリカはさまざまな国内的対立を西部開拓（フロンティアの征服）によって覆い隠してきました。ところが1892年、歴史学者フレデリック・ジャクソン・ターナーが以下のように述べて、「フロンティアラインの消滅」を指摘します。「いまやアメリカの発見以来4世紀、憲法制定以来100年たった今日、フロンティアは消滅した。フロンティアの消滅とともにアメリカ史の第1期は終わったのである」。

アメリカの「フロンティア」には定義があります。フロンティアとは1平方マイルあたりの人口が2名以下の地域を指します。それを縦につなげて引かれる線をフロンティアラインといいます。ターナーはこの線をつなぐことが不可能になったと主張したのです。

もともとアメリカのフロンティアはほとんどが過疎地であり、土地空間そのものは依然として広大に存在していました。しかし無限のフロンティアの存在によって国内の不和を解消してきた当時のアメリカ国民にとって、フロンティアラインの消滅という事態は、心理的に多大なショックとなりました。もはや開拓すべき土地がない、もうどこにも行けない、というある種の強迫観念です。フロンティアラインの消滅とは、事実の問題というよりも、19世紀末葉のアメリカ国民の閉塞感を象徴する言葉だったといえるでしょう。

その打開策として提示されたのが、海洋帝国の構想です。当時のアメリカ世論では、「文明西漸論」が流行していました。遠い昔、チグリス・ユーフラテス川周辺で発生した文明は西へ向かい、ヨーロッパに達しました。さらにヨーロッパからアメリカ東海岸に到達し、アメリカ大陸西部を開拓しました。したがって、そこから太平洋へ向かうのは必然的な文明の拡張であるというわけです。これは建国以来の通商立国論とも通底するものでした。

すでに1867年にはアラスカを購入し、元海軍軍人で歴史家のアルフレッド・セイヤー・マハンは『海上権力論』を著しています。これらの動きにより、海外に進出しようという気運が高まっていきました。

それが具体的な行動となって現れたのが、1898年の米西戦争です。古い帝国であるスペインとの戦争に勝利したことにより、アメリカ合衆国は、フィリピン、キューバ、プエルトリコ、グアムを獲得します。そのフィリピンへの輸送を容易にするために、ハワイも併合しました。これにより、太平洋を横断する「太平洋の橋」が完成しました。

つまりアメリカは、ユーラシア大陸に至る方法として、アラスカ・ベーリング海峡経由と、「太平洋の橋」の2つのルートを確保したことになります。

そのうえで、1899年には国務長官ジョン・ヘイが「門戸開放政策」を打ち出します。当時の文脈に限定するなら、後発の帝国主義国家アメリカが、すでに中国に侵略していた列強諸国に機会均等を求めた政策として理解されましたが、その帰結はより本質的なアメリカの東アジア戦略の基礎となっています。それは、いかなる大国であれ、中国市場を独占的に支配することを認めないとするものです。これは後に、アメリカ合衆国のアジア政策の基幹になります。太平洋戦争にも、後のオバマ政権時代の東アジア軸足外交にも適用されたと考えていいでしょう。

その後の各大統領も、それぞれ特徴的な外交政策を展開しています。第26代大統領のセオドア・ローズベルトの外交政策は「棍棒《こんぼう》外交」といわれました。その内容は、アメリカが西半球において国際警察機能を果たすべきとするもので、ローズベルトはこれをモンロー主義の論理的帰結であると主張しました。実際、1903年にはパナマ共和国をコロンビアから独立させ、それを支援するために海兵隊を派遣し、パナマ運河の永久租借権を獲得します。大西洋と太平洋をつなぐ重要拠点の権益を確保しました。

また第27代大統領のウィリアム・タフトは、ローズベルトのカリブ海政策を継承します。ただしその手段として、主に海軍力ではなくドルの力を利用しました。あるいは第28代大統領のウッドロー・ウィルソンは、「宣教師外交」と呼ばれる外交を展開しました。それは、かつての宣教師の布教活動になぞらえて、自由と民主主義を守るためなら武力介入も辞さないというウィルソンの姿勢を指します。事実アメリカは、メキシコ革命に介入し、さらにハイチ、ニカラグアへも軍事介入を行っています。宣教師と帝国主義は、決して相性の悪い関係ではなかったのです。

大西洋のアメリカと、太平洋のアメリカ

ここまで述べてきたように、大西洋におけるアメリカは、専制に対する抵抗者として歴史に登場しました。ところが太平洋に現れたアメリカは、紛うことなき帝国主義国家としての顔をしていました。これを「矛盾」と見るのは簡単ですが、そうではなかったという見方のほうが、実はより多くの理解を我々にもたらします。

これをひと言で表現するなら、規範と行為の違いということです。大西洋のアメリカは規範であり、太平洋のアメリカは行為でした。ここには、「矛盾」という言葉では解消できない内在的な関連が存在していると考えられます。

一般に「アメリカの理想主義」というと、力を粉飾するための欺瞞に過ぎないとする見方があります。しかし、それだけでアメリカの戦争を理解できるとはいえません。例えば中東湾岸における2度の戦争は、本当に石油利権のためだけに行われたのでしょうか。そのためだけに多大な犠牲を国民に強いられるものであるのかは、再考する必要があります。

同じことは、第2次世界大戦や戦後の冷戦についてもいえます。例えば元国務長官のヘンリー・キッシンジャーは、著書『外交』の中で、もしアメリカ以外のアクターが共産主義国家と戦っていたなら、おそらくソヴィエトと妥協していただろう、そして共産主義に妥協すれば、おそら

く世界は共産主義国家だらけになっていただろうと述べています。キッシンジャーは、アメリカのように宗教戦争のごとき戦争を辞さない国家でなければ、マルクス・レーニン主義に勝てるはずがなかったと説いているのです。つまりアメリカが本気で力を行使するときは、主観的ながら理想の裏づけが必要ということです。

あるいは規範と行為の矛盾という意味では、ベトナム戦争がその典型例でしょう。ベトナム民主共和国の独立宣言は、アメリカの独立宣言に多大な影響を受けていました。その冒頭部分では、「すべての人間は平等につくられている。すべての人間はその創造主によって、誰にも譲ることのできない一定の権利を与えられている。これらの権利の中には、生命、自由、そして幸福の追求が含まれる。この不滅の声明は、1776年にアメリカ連合諸邦の独立宣言の中でなされた。このことは広く解釈すると、次のようになる。地球上の全人民は生まれながらに平等であり、全人民は生きる権利、幸福になる権利、自由である権利を持つ」とあります。それはアメリカ独立宣言をほぼそのまま踏襲したものでした。

こうしたベトナム独立の経緯を概観するならば、ベトナムが宗主国フランスから独立するに際しては、規範的にはアメリカ合衆国はベトナムを支援すべきところですが、実際にはアメリカ合衆国は旧宗主国のフランスを支持してベトナムの独立に反対する立場を取ります。ベトナムの社会主義化を阻止しようという冷戦構造下における判断によるものでしたが、これにより規範と行為の間に懸隔が生じたのです。

ただし、このベトナム民主共和国の独立宣言は、アメリカ独立宣言がある種の規範として世界に浸透したことを端的に示しているのは間違いありません。第2次世界大戦後、アジア、アフリカ、中東などの各国が次々と独立を果たしました。また冷戦終焉後には、東欧諸国が相次いで新体制を発足させました。そこで提示された「独立宣言」やそれに類する文書には、ほとんど例外なくアメリカ独立宣言からの引用が見られます。つまり普遍的な人間の権利を説く「自然権」やジョン・ロックの『統治二論』の要約文が、たいていは記載されているのです。

このような規範と、それを支える理想が、アメリカの原動力になってきました。それが大西洋と太平洋とでは、それぞれ別の顔として現れているのです。

アメリカにとっての空間

アメリカの歴史は、空間における人間の物語として捉えることができます。17世紀初頭に新世界アメリカを目指した人々にとっての最初の空間とは、大西洋でした。大西洋とは、彼らが後にした重層的な歴史世界を無効化するほどの大きな自然でした。その一方で、こうした自然に立ち向かう人々は、あくまで自己を形成したそれまでの文化規範を足場に、全く異なる環境に対応しようとします。すでに述べたように、大西洋が、彼らにとって単純な意味での自然ではなく、宗教、文化、貨幣そしてさまざまな権力が混交する空間であったことは、人間が知性を通して世界を観ることの証左でもあります。つまり彼らは自然を、彼ら自身が身につけてきた知的背景によって解釈し、新世界との折り合いをつけることによって、アメリカの文化規範を形成していったのです。アメリカに移住した人々の空間解釈、そしてそれがもたらしたアメリカ的空間認識は、おのずと彼らが後にした大西洋の向こう側の旧世界とは異なるものとなっていきます。それは、アメリカ先住民に対しては侵略者の姿をとり、ヨーロッパに対しては侵略への抵抗者の姿をとります。

1783年のパリ条約によってアメリカ合衆国の独立が国際的に承認されて以降、アメリカの人々は、西部という陸の空間を瞬く間に満たし、「自由の帝国」として拡張する移民国家を形成していきます。彼らはそれを「明白なる運命」という、決定論的な言葉で正当化しました。それは創造主がアメリカ人に約束した摂理であり、新世界のアメリカ化は彼らに課された使命とさえ捉えられたのです。摂理あるいは使命という、宗教的理解は、アメリカ先住民、または南北アメリカ大陸に存在する近隣諸国にとっての侵略行為を容易に正当化することもできたでしょう。しかし同時に、こうした膨張は創設期のアメリカ合衆国という若い国家にとっては、内部における対立を解消する装置ともなりました。

異なる他者との共存というのは、多文化的な今日の世界においては、もっとも重要なテーマです。それは、限定された空間、限られた資源の中で、多様な人々が共存するための、政治学的、社会学的、哲学的考察を要しますし、現代の公共哲学の主要課題でもあります。しかし、アメリカという国家の成り立ちを考察する際にまず押さえておかなければならないのは、アメリカ合衆国は植民地への入植以来、２００年にわたり、空間の限定性をほぼ認識することなしに、19世紀の終わりを迎えたのだという事実です。つまり、アメリカの構成原理には、フロンティアが不可欠の条件として埋め込まれているといってよいでしょう。それは、オスヴァルド・シュペングラーが『西洋の没落』の中で提示した、「ファウスト的」な世界像を体現するものであるといえます。アメリカ合衆国は、ヨーロッパ史の規範の中で論じられるのか、それともヨーロッパとは全く異なる規範の中で考察されるべきものであるかという問いは、それ自体が古びることのないテーマではありますが、それはヨーロッパ史の帰結として生まれた国家であると同時に、ヨーロッパとは異なる世界観を形成した国家であると結論づけるのが妥当です。こう結論づけた方が、第1次世界大戦後に没落したヨーロッパ文明の後に、アメリカによる覇権が誕生したことの説明としてより整合的でしょう。

帝国としてのアメリカ

アメリカ合衆国の母体となったイギリスは、あくまでも王国として自国の利益を追求する過程で連合王国を形成し、19世紀の覇権国家となりました。アメリカ合衆国も国家である以上、その行動原則には自国の利益が存在することは疑う余地がありません。しかしながら、アメリカ合衆国がヨーロッパの主権国家群と異なるのは、掲げる原則があくまでも、自由、民主主義、人権といった普遍的原則であるということです。アメリカ合衆国が掲げる普遍的原則を単なる外交上のレトリックと理解することは、アメリカ合衆国の行動を見誤る原因となります。１７６０年代のイギリス本国との対立の中で、アメリカの人々は、自分たちの権利がイギリスの歴史的伝統の中では保全されないということを理解しました。それゆえ、76年の独立宣言では、彼らは自然法と神の法を主張したのです。アメリカ大陸内の膨張においても、彼らは摂理という言葉で自らを正当化しました。

私たちは、アメリカ合衆国の構成原理にはフロンティアが不可欠な条件として埋め込まれているということを思い出す必要があります。フロンティアにおける言説は、通常の市民社会が持つ個々の歴史的経緯よりも、普遍的なものでなければなりません。この普遍的な概念による支配が、アメリカ合衆国の母体となったイギリスと大きく異なる、帝国的性格の基盤となっています。

そしてグローバル化の進展の中で、大西洋と太平洋で異なる相貌を示していたアメリカ合衆国の姿が、帝国としてひとつのものになりつつあります。帝国としてのアメリカ合衆国が、世界史に影響を与え、または影響を与えられていく中で、どのような変貌を私たちの世界にもたらすのかを注視する必要があるでしょう。

［参考文献］

アクィナス、トマス『神学大全Ⅰ』山田晶訳、中公クラシックス、2014年
アーミテイジ、デイヴィッド『独立宣言の世界史』平田雅博・岩井淳・菅原秀二・細川道久訳、ミネルヴァ書房、2013年
キッシンジャー、ヘンリー・A『外交〈上〉』岡崎久彦訳、日本経済新聞社、1996年
シュペングラー、オズヴァルト『西洋の没落Ⅰ』村松正俊訳、中公クラシックス、2017年
トクヴィル・A『アメリカのデモクラシー　第一巻（上）』松本礼二訳、岩波文庫、2005年
ハミルトン、A・J、ジェイ、J・マディソン『ザ・フェデラリスト』斎藤眞・中野勝郎訳、岩波文庫、1999年
ポーコック、J・G・A『島々の発見――「新しいブリテン史」と政治思想』犬塚元監訳、名古屋大学出版会、2013年
ホッブズ『リヴァイアサン〈1〉』水田洋訳、岩波文庫、1992年
ホール、ディヴィッド・D『改革をめざすピューリタンたち――ニューイングランドにおけるピューリタニズムと公的生活の変貌』大西直樹訳、彩流社、2012年
マハン・A『マハン海上権力論集』麻田貞雄編・訳、講談社学術文庫、2010年
ロック、ジョン『完訳　統治二論』加藤節訳、岩波文庫、2010年
ロック、ジョン『人間知性論（一）』大槻春彦訳、岩波文庫、1972年

補論

イスラーム世界という歴史的空間

［本章のポイント］

第Ⅱ部が空間的想像力に焦点を当てた背後には、「世界」の複数性をいかに捉えるかという問題意識があります。しかし「世界」が複数的であることを認めることと、具体的にその複数の「世界」を特定のかたちで同定することとは別のことです。第Ⅱ部の第5章や第6章で示された構築主義や系譜学的な考え方に立てば、後者は可能か自体が問われることにもなります。ここでは、第Ⅱ部の補論として、この文脈で近年重要な問題提起のあった「イスラーム世界」概念を取り上げて具体的に検討し、「世界」の同定可能性について述べます。

イスラーム世界の歴史

この補論では、歴史的に成立した空間として、イスラーム世界を取り上げます。イスラーム世界――この呼び方も後で問題となるのですが、それはひとまず脇においてー―とは、その名の通り、イスラーム教という宗教が深くかかわっています。イスラーム世界という空間を簡単に定義するならば、「イスラーム教とムスリムが、文明、文化の形成と発展に一定の重要性を占めた空間」となるでしょうか。

まず、イスラーム教とその歴史のあゆみについて、簡単に説明しておきましょう。イスラーム教とは、7世紀にアラビア半島メッカの商人ムハンマドが、唯一神から啓示を受けて創始した宗教です。同じ中東地域に成立したユダヤ教、そしてユダヤ教の影響を受けて成立したキリスト教と同じ一神教であり、ムスリムの観点からいえば、ユダヤ教やキリスト教を完全にしたのがイスラーム教の教えということです。当時のアラビア半島社会は、貧富の差が広がり、社会不安が起こっていました。ムハンマドはこうした現状を批判し、唯一神への帰依(イスラーム)を唱えて信者を増やしていきます。それに対してメッカの有力者は彼らを弾圧したため、622年にムハンマドは信者とともに、メッカ北方に位置する町メディナに逃げ延びます。これは、ムスリムにとっては奇貨となった出来事でした。というのも、メディナの人々はムスリムたちに好意的で、ムハンマドを指導者として迎えたからです。メディナへの移住は、ムスリムが自分たちで運営する宗教共同体（ウンマ）が成立した重要な契機として聖遷（ヒジュラ）と呼ばれ、この年がイスラーム暦の元年となりました。

ムハンマドとムスリムたちは、自分たちを追い出したメッカの有力者と争い、これを打ち破ってアラビア半島の統一に成功します。ムハンマドはまもなく亡くなりますが、彼の遺志を継ぐ正統カリフたちが東西に聖戦（ジハード）を行い、イスラーム世界を広げていきました。正統カリフ時代のあと、イスラーム世界の統治は、西はモロッコやスペイン、東は中央アジアまで広がる大帝国となったウマイヤ朝（661〜750年）、そしてアッバース朝（749〜1258年）へと引き継がれます。アッバース朝の中期頃からは、複数の地方王朝が成立して、唯一の政体が支配するウンマという理念は実態と乖離しますが、イスラーム世界そのものは拡大を続け、東南アジア、アフリカにも広がっていきます。16世紀には、バルカン半島・アナトリア・アラブ地域そして北アフリカを支配したオスマン帝国、イラン高原を支配したサファヴィー朝、インドを支配したムガル朝の三帝国が鼎立し、イスラーム世界は大きく発展しました。

こうして隆盛を誇ったイスラーム世界ですが、近代、おおよそ18世紀頃から、科学革命を経て財政軍事国家への転換を果たしたヨーロッパ列強によって侵略されてゆきます。近代は、イスラーム世界にとって危機と苦難の時代でした。オスマン帝国のような大帝国は滅亡し、より小さな多数の国民国家に分裂して現在に至ります。ムスリム諸国の国家としての存在感はかつての時代ほどではありませんが、それでも現在、イスラーム教はキリスト教に次いで信者数第2位の宗教であり、イスラーム教とムスリムは大きなプレゼンスを持っています。

歴史学に居場所のないイスラーム世界

このように、世界史上重要な役割を占めてきたイスラーム世界ですが、この空間枠組みは、学問のうえでは洋の東西で不安定な位置づけをされてきました。

まず、ヨーロッパでは、東洋学が中東・イスラーム世界を含めたアジアを扱う学問として存在していました。東洋学は、ヨーロッパより東の地域、つまり中東からインド、中国そして日本に至るまでの文化・社会・宗教・歴史すべてをその範囲としています。東洋学にとって、イスラーム世界を含む東洋は、歴史を持たない世界とみなされており、専門的な歴史学の対象としてふさわしい地域としては考えられていませんでした。またその内容も、東洋を本質的に野蛮で非文明的とみなす偏見の体系――オリエンタリズム――からなっているとして、エドワード・サイードに批判されています（第3章で言及された、19世紀パラダイム論を思い出してください）。

日本における歴史学界においても、イスラーム世界という枠組みは不安定なものでした。日本では、歴史学は伝統的に、日本史・西洋史・東洋史の3つの分野に分けられます。それではイスラーム世界はどこに所属しているのでしょうか。イスラーム教が誕生し、歴史的にイスラーム世界の中心地だった中東地域は、イスラーム登場以前は古代オリエント世界として西洋史に分類されます。しかし、同じ地域を扱っていても、イスラーム時代に入ると東洋史の分野に入ります（柴田・中町、2018）。イスラーム世界は、日本における歴史学界において独立した分野を形成せず、コウモリのような立場にあるのです。これは、日本の歴史学界がイスラーム世界に関心を持つのが遅くなったことが一因ですが、いったん成立した日本史・西洋史・東洋史の枠組みは強固で、そう簡単には修正されませんでした。現在でも、大学で「イスラーム世界の歴史」あるいは「前イスラーム時代／イスラーム時代を問わない中東の歴史」に特化した研究科はほとんどありません。

このように、イスラーム世界は、ヨーロッパでは偏見にさらされ、日本では居場所がないという、世界史認識のゆがみの中にあるのです。

イスラーム世界という枠組みのわかりづらさ

イスラーム世界という枠組みが世界史に占める位置の不安定さは、これだけではありません。そもそも、歴史的な地域としてイスラーム世界という枠組みを設定することへの疑義もあるのです。

ここまで、無限定でイスラーム世界という言葉を使ってきましたが、よく考えると奇妙な枠組みといえます。というのも、普通は歴史的空間を取り扱う場合、地理的名称（日本、アフリカ、アメリカ、ヨーロッパなど）を用いることが一般的であって、イスラーム教のような宗教の名称を、歴史を語る際の空間的枠組みとして用いるのはあまり例がありません（キリスト教世界や仏教世界といういい方はもちろんありますが、歴史叙述において、政治的・社会的な自律性を持ったひとつの領域として用いられるわけではありません）。しかも、イスラーム世界は時代によって伸び縮みする、考えようによっては奇妙な、わかりづらい空間です。さらには、前近代のムスリムはイスラーム世界という認識を持っていなかったと主張して、イスラーム世界という枠組みを用いることを手厳しく批判する研究者もいます（羽田、２００５）。[1]

イスラーム世界という歴史的空間

しかし、こうした曖昧さを認めるとしても、イスラーム世界というる歴史的空間が存在し、それを歴史的な研究対象として扱う有効性があることに疑いはありません。その理由は２つあります。ひとつはムスリム自身の意識、そして２つ目は、ムスリムたちがつくりあげた文化世界と

（1）もちろん、「しかし実際のところ，大陸に自然科学的な定義はありません」（第3章）という指摘からもわかるように、イスラーム世界以外の枠組みも恣意性を逃れているわけではないことに注意してください。

してのまとまりが、実体として存在することです。

まず、ひとつ目から見ていきましょう。先に触れたように、イスラーム教の理念のうえでは、ムスリムの共同体は、分割できない一体性を持つウンマとして想像されています。実態としては、8世紀頃からウンマは政治的に分裂し、一体性を回復することはありませんでしたが、ウンマという意識は、ゆるやかなムスリム同士の連帯感、といった形で存続しました。また、ムスリムによって著された歴史書や地理書を検討してみると、ムスリムが多く住む地域とそうでない地域に分けて叙述されている例がはっきりと確認できます。ムスリムたちは比較的早い時代から、イスラーム世界と呼びうる世界認識を持っていたのです（清水、２００７）。

こうした意識は、スィヤル（イスラーム国際法とも訳されます）と呼ばれる、イスラーム法（シャリーア）のうち国際関係を扱う法理論にも反映されています。スィヤルは、イスラーム法の施行地域を「イスラームの家（ダール・アル・イスラーム。ほぼイスラーム世界と同義であると考えてよい）」とし、それ以外の地域を「戦争の家（ダール・アル・ハルブ）」という形で世界を分割して、ムスリムの王朝は前者を拡大すべく尽力すべきであると定めています。ここからわかるのは、世界を、イスラーム世界とそれ以外という2つに分ける世界認識です。

また、時代が下って近代に入ると、ヨーロッパ列強によってムスリムの国々が侵略されてゆく現実を目の前にして、ムスリムたちは強く「ムスリムの一体性」を意識するようになり、それに基づいた政治的主張も行われるようになります（これをパン・イスラーム主義といいます）。このように、前近代から近代に至るまで一貫して、濃淡はあるものの、ムスリムの自意識の中にイスラーム世界という空間枠組みが存在するのは間違いありません。

それでは、イスラーム世界という歴史的空間を成り立たせる、２つ目の理由に移りましょう。それは、アラビア語を中心とした文明・文化世界として、イスラーム世界が有機的な一体性を持ちつつ歴史的に形成・発展してきたことです。イスラーム世界においては、イスラーム教の聖典クルアーンの言語である、アラビア文字を用いたアラビア語を用いて、イスラーム学院で学んだウラマー（イスラーム知識人）たちが中心となって知のネットワークを形成していました。時代が下ると、同じくアラビア文字を用いたペルシア語やオスマン・トルコ語（現在のトルコ語はラテン文字ですが、１９２８年以前はアラビア文字を用いていました）なども重要な言語として台頭し、やはりイスラーム世界の文化を担うことになります。ウラマーなどの文人が著した著作だけではなく、官僚が作成した公文書、あるいは素朴な民間伝承などもこれらの言語で残されており、イスラーム世界では、こうした諸史料が織りなす、緩やかな一体性を持った文化的空間が現出していました。歴史学は史料に基づいて行う学問ですから、文字や形式を共有し、たがいに関係性を有する史料群を持つ文化圏が、歴史研究の対象分野としてくくりだされることは自然なことです（第４章および鈴木、２０１８も参考にしてください）。

ここでいったん、議論をまとめましょう。イスラーム世界とは、ヨーロッパや日本の歴史学界に伝統的に居場所がなく、時代によって伸び縮みするという、不安定かつわかりづらい空間枠組みです。しかし、イスラーム世界は、ムスリム自身による空間的想像力によって形成されたと同時に、文化的・史料的に実体のある枠組みです。私たちが世界史を学ぶうえでイスラーム世界という枠組みを想定することの必然性も、そこに根拠があります。

イスラーム世界から見えてくる歴史的想像力

イスラーム世界という歴史的空間において起こったさまざまな出来事は、ほかの地域にはない興味深い示唆を与えてくれます。ここで応用編として、イスラーム世界に特徴的な論点を２つ、例としてあげたいと思います。

そのひとつは、イスラーム世界においては、人間集団を捉える際の主要な基準が、民族ではなく宗教にあったことです。もちろん、アラブ人、イラン人、トルコ人……という区別ももちろんありましたが、それよりもムスリム、キリスト教徒あるいはユダヤ教徒であるというアイデンティティがより重要でした。例えば、オスマン帝国のスルタンはトルコ族の名族の出身だとされますが、それを誇ったのは初期の時代だけです。制度的にも、オスマン帝国は早くから遊牧民的性格を脱却し、トルコ・モンゴル的要素はほとんど継承されませんでした。さらに帝国の支配エリートは、イスラーム教に改宗した元キリスト教徒のギリシャ人、セルビア人、アルバニア人などが担っていました。ムスリムであることが大事であって、民族が何かは問われなかったのです

（小笠原、2008）。

宗教がアイデンティティの基準だというと、現代人はネガティブに捉えてしまうかもしれませんが、民族を基準に置くより実は柔軟なあり方だといえます。というのは、生まれた民族は選べませんが、（例えば、私はゲルマン人やスラブ人にはなれそうにありません）、宗教は選べるからです。祖先伝来の宗教を捨てるには抵抗があるでしょうが、それでも可能性の問題として、こちらのほうが開かれているのは間違いありません。

このようにムスリムの共同体はさまざまな人々に開かれていたわけですが、イスラーム世界には、イスラーム教に改宗しない人々も共存していました。イスラーム世界の特徴の2つめとして挙げたいのが、この諸宗教の共存です。イスラーム教は、キリスト教徒やユダヤ教徒を、同じ一神教を奉じる「啓典の民」とみなしていました。そのため、彼らに一定の制限（人頭税（ジズヤ）の賦課、政治参加の制限、教会の新築の原則禁止、など）のもと、信仰の自由と自治を与えることを定めています。もちろん、近代的な意味での平等ではないので、理想化し過ぎてはいけませんが、現在のアファーマティブ・アクションにも似た、興味深い制度であるといえるでしょう。

イスラーム教の教えで明示的に共存が規定されていることの意義は大きく、こうした制度のもと、例えばオスマン帝国治下のバルカンでは、キリスト教徒のコミュニティが500年もの間、消滅することなく存続していました。イスラーム世界以外だと、こうはいきません。例えばヨーロッパでは、キリスト教徒の君主のもと、ムスリムとキリスト教徒が共存した地域としてシチリア島が有名です。シチリアは、一時期ムスリムによって征服されていたこともあり、12世紀に成立したシチリア王国のもとでは多くのムスリムが暮らしていました（高山、2007）。シチリア王国の為政者は、ムスリムに利用価値がある間は一定の権利を保障して共存していました。しかしパワーバランスがいったん崩れると――つまり、もはやムスリムに利用価値がないと為政者が見限ると――ムスリムのコミュニティは一気に抑圧され、百数十年で消滅の道をたどりました。消滅の決定的な要因となったのは、13世紀の国王フリードリヒ2世が、ムスリム2万人を南イタリアへ強制移住させたことでした。

イスラーム世界が持つこうした人的結合や共存のシステムは、ほかの文化圏に比べて、前近代においては非常にうまく機能していたといえるでしょう。しかし近代、19世紀から続くナショナリズムの時代には機能不全を起こしてしまいます。ナショナリズムとは、民族を集団の凝集力として用い、均質なひとつの民族からなる国民国家を目指す思想です。こうした国民国家は、国民に同質性を求めるために、多様な宗教やエスニシティの共存を原則として許容しないのです。オスマン帝国は多民族・多宗教の共存する国家でしたが、ナショナリズムの波に飲み込まれ、崩壊しました。多様な人々を包摂していたオスマン帝国が崩壊したその結果、例えば旧ユーゴスラヴィアやレバノンなど、もともと多様な民族・宗教がモザイク状に居住している地域では、人々が近隣の他民族を排除して民族のみからなる国民国家を建設しようとして、凄惨な民族紛争が起こってしまいました。

現在、旧オスマン帝国領に成立した国民国家は20以上存在します。これらの国々では、オスマン帝国時代は自民族が抑圧された暗黒時代であり、オスマン帝国の崩壊は、輝かしい民族独立の契機である、として歴史を描いているのが一般的です。もちろん、こうした国民国家視点の歴史観は、歴史的事実を正しく伝えているとはいえません。現在の国民国家を単位とする歴史叙述は、オスマン帝国が実現していた広域的な、柔軟かつ緩やかな統合を、「国民国家の物語」にうまく取り込むことができないでいるのです。

イスラーム教の柔軟さ

ここまで、日本史や西洋史では見られないイスラーム世界の特徴的な点を2つ、見てきたわけですが、ここでもうひとつつけ加えておきたいことがあります。みなさんは、イスラーム教というと、規律で雁字搦《がんじがら》めの厳しい宗教のようにイメージしているかもしれません。それは一面としては正しいのですが、一方で歴史的な事例を見ていくと、非常に柔軟な側面があることをここで指摘しておきたいと思います。例えばイスラーム法。イスラーム法とは、イスラーム教の聖典クルアーンやハディース（預言者ムハンマドの言行）を主要な法源として組み上げられた法体系で、民法、刑法、商法など社会活動のかなりの分野を覆っています。このイスラーム法は、理念的・

学問的には厳密な体系と解釈のもとで発展したのですが、歴史的には必ずしも厳密なだけではなく、例えばオスマン帝国ではかなり柔軟に運用されていました。

ここでも2つ例をあげましょう。本来のイスラーム法では、利子を取ることは堅く禁じられています。商人であった預言者ムハンマドにとって、現金が現金を生むような行為は容認し難かったのでしょう。しかし現実の経済活動には、融資を受けること、ひいては融資する側の利益のために利子を設定することが不可欠です。そこでオスマン帝国では、もともとのイスラーム法が堅く禁じているはずの利子を、アクロバティックな法解釈によって実質的に容認してしまいました（大河原・堀井、2015）。利子の実質的容認は、オスマン帝国の経済の発展に大きく寄与しました。現在でも、イスラーム法の規定に反することなく、いかに銀行・金融機関を運営するかについて、ムスリム諸国ではさまざまな試みがなされています。金融商品がイスラーム法に反していないかを審査する組織が各国で設置され、法解釈の違いをめぐって国の間で議論が起こることもあります（小杉・長岡、2010）。

また、先に触れたように、イスラーム教は非ムスリムとの共存を規定していますが、それはムスリムを一段上に置くという前提のもとであって、平等ではありませんでした。しかし、オスマン帝国では19世紀に、ムスリムと非ムスリムの完全平等を宣言します。人頭税を廃止し、非ムスリムの政治参加に門戸を開いたオスマン帝国の政策は、イスラーム教の長い歴史の中で画期的な出来事でした。現実には、列強の圧力もあって有効に機能したとはいえませんでしたが、イスラーム教とイスラーム世界の新しい可能性を感じさせる大きな一歩でした。

これらの試みは、いずれもクルアーンの規定と矛盾するわけですが、オスマン帝国では柔軟に合法化され、実践されていました。イスラーム法とは、過去のテキストに頑迷にとらわれた法ではなく、現実に適応・発展できる可能性を秘めたものだったのです。

イスラーム世界にとらわれない必要性

以上みてきたように、イスラーム世界とその歴史は、世界史を考えるさいの既存の枠組み、とくにヨーロッパ中心主義を相対化するための視点を提供してくれます。しかし、いままで述べてきたことをひっくり返すようですが、イスラーム世界という枠組みが固定的・絶対的なものと捉えられると、歴史認識や研究の硬直化を招きかねません。大げさにいえば、文明の対話〔かつてイランの大統領（在任１９９７〜２００５年）だったハータミーの言葉〕を阻害し、文明の衝突を導いてしまうのです。

イスラーム世界のすべての事象がイスラーム教という宗教に由来しているわけでもなく、イスラーム教によって説明できるわけでもないことに注意しておきましょう。ムスリムの自意識の中では、社会のさまざまな仕組みを、イスラーム教というフィルターをかけて説明することが多いので、イスラーム教のカバーする領域が多いように見えるのは確かです。しかし実際には、イスラーム教的解釈は「後づけ」に過ぎない場合も多いのです。

また、視点を変えれば、イスラーム世界が覆う地域を、イスラーム世界ではない別の枠組みでくくって説明することもできます。例えば、地域に着目してアラビア半島の歴史やイラン高原の歴史を論じたり、モノに着目して珈琲の歴史や絨毯の歴史を語ることもできるでしょう。世界史という大きな歴史の流れを説明するさいに、もっとも重要かつ説明に適した空間的枠組みのひとつがイスラーム世界というだけであり、ほかのくくり方ももちろんあるのです（それは、イスラーム世界に限らず、日本史や西洋史、中国史も同じことです）。

さらに、イスラーム世界とほかの文化圏との境界線に着目すると、その境目はつねに揺れ動いていました。イスラーム世界という枠組みは想像的にも実体的にも存在しながら、境界は曖昧さを持ち、異文化間の交流も盛んだったからです。そうした越境的要素に着目する鋭い研究も、多くなされています。例えば、イスラーム世界における非ムスリムの営みや、ヨーロッパ商人のイスラーム世界における商業活動に着目した研究、オスマン帝国との宗主国＝属国関係を持つキリスト教国（例えばワラキアやモルダヴィア）との関係史（岡本、２０１４）、各種のグローバル・ヒストリーの試み、などです。イスラーム世界の境界線を行き来するこうした研究は、異なるタイプの史料群を横断する必要性があるため、自律的な研究分野としては成立しにくいものです。

しかし、イスラーム世界を硬直的に理解しないためには、こうした視点も必要不可欠なのです。

イスラーム世界という枠組みの存在と有効性を認めつつ、イスラーム本質主義に陥らない配慮が必要である。一見して矛盾していますが、イスラーム世界の歴史を語ることは、二律背反の「隘路」（森本、２０１８）を通り抜ける緊張感を歴史家に要求するのです。もちろんこれは、イスラーム世界以外の地域（例えば「ヨーロッパ」「日本」「中国」）でも、程度の差こそあれ事情は同じです。第３章の表現を借りるなら、「アトラス」（ここでは、「イスラーム世界／キリスト教世界／……世界」という分類）と「チャート」（ここでは、「イスラーム世界／キリスト教世界／……世界」という分類にとらわれない要素）を行き来する視座を持つ必要があるということです。

イスラーム特殊論を乗り越える

最後に、イスラーム教を特殊な宗教であるとして特別扱いする一部の主張について、触れておきます。「イスラームは社会のあらゆる面についても守るべき規定を定めており、宗教のわくをこえているという点で、最近では「イスラーム」とされ、「教」をつけない場合も多い」（川北ほか、２０１７）と述べている教科書もあるので、目にした方も多いのではないでしょうか。しかし、宗教に「教」をつけるかどうかは、日本語の問題に過ぎません。英語ではわざわざキリスト教を Christian religion、イスラーム教を Islamic religion、仏教を Buddism religion といったりはしません（それぞれ Christianity, Islam, Buddism）。英語以外の言語でも同様です。ですから、日本語として教をつけるかつけないかで、その宗教の性質を指し示そうとするのはいささか不適切です。また、長音を付すかどうかも、こだわりすぎる必要はありません。たしかにアラビア語では「イスラーム」と発音しますが、アラビア語についでイスラーム世界の歴史で重要な言語であるペルシア語では「エスラーム」、そしてトルコ語では「イスラム」と発音します。つまり、「イスラム」でも「イスラム教」でも、「イスラーム」も「イスラーム教」も、どれも呼び方として間違っているわけではないということです。

また、一部の研究者は、イスラーム教には政教分離がないとも主張しています。しかし、政教分離とは、近代のヨーロッパにおいてあらわれた特殊な宗教の形式であり、それ以外の地域と時代では、政治と宗教のあいだに明確な区別はないのが普通で、その境目は混然としていました。ですから、政教分離がないというのがイスラーム教の特徴である、とはいえません。同時に、イスラーム世界において政治と宗教の範囲が完全に重なっていたかというと、そういうわけでもありません。歴史上の実際の例を精査すると、政治と宗教の分化が一定程度確認できるのです（柴田・中町、2018）。こう考えてみると、イスラーム教やイスラーム世界が特殊なのではなく、西洋近代が特殊なのではないか、という疑問も湧いてきます。しかしそれについては本章の範囲を超えてしまうので、ここで区切りとしたいと思います。

［参考文献］

大河原知樹・堀井聡江『イスラーム法の「変容」――近代との邂逅』山川出版社、2015年
小笠原弘幸『オスマン帝国――繁栄と衰亡の600年』中公新書、2018年
岡本隆司編『宗主権の世界史――東西アジアの近代と翻訳概念』名古屋大学出版会、2014年
岡本隆司『世界史序説――アジア史から一望する』ちくま新書、2018年
川北稔ほか『新詳　世界史B』帝国書院、2017年
小杉泰・長岡慎介『イスラーム銀行――金融と国際経済』山川出版社、2010年
サイード、エドワード・W『オリエンタリズム（上・下）』今沢紀子訳、平凡社、1993年（原著は1978年）
柴田大輔・中町信孝編著『イスラームは特殊か――西アジアの宗教と政治の系譜』勁草書房、2018年
清水和裕「イスラーム世界論再考」『近代世界システム以前の諸地域システムと広域ネットワーク』平成16－18年度科学研究補助金成果報告書（研究代表者・桃木至朗）、2007年
鈴木董『ナショナリズムとイスラム的共存』千倉書房、2007年
鈴木董『文字と組織の世界史――新しい「比較文明史」のスケッチ』山川出版社、2018年
高山博『ヨーロッパとイスラーム世界』山川出版社、2007年
羽田正『イスラーム世界の創造』東京大学出版会、2005年
森本一夫「高校世界史とイスラーム史」長谷川修一・小澤実編著『歴史学者と読む高校世界史――教科書記述の舞台裏』勁草書房、2018年

第Ⅲ部

社会科学の基本概念を歴史化する

［第Ⅲ部のポイント］

第Ⅰ部で述べたように、近代において歴史学は個性記述的科学として自己を正当化することで、科学としての地位を確保し、近代国家の保護を受け、大学に学部や講座のかたちで制度化され、学会も設立されて、歴史学者のコミュニティが組織されました。他方、政治学や経済学、社会学のような社会科学の諸ディシプリンは、逆のベクトル、すなわち法則定立的科学として自己を正当化し、そうすることで、同じように近代国家の保護を受け、大学に制度化され、研究者のコミュニティを組織化しました。

もちろんそれら社会科学の諸ディシプリンのそれぞれの中には、個性記述的な傾向を持つ学派やサブディシプリンが存在しなかったわけではありません（逆に歴史学の中にも法則定立的な志向性を持つ学派やサブディシプリンが現れなかったわけではありません）。しかし大きな流れとして、社会科学の諸ディシプリンは、時代や地域の違いを越えて、より一般的・普遍的に妥当する法則性を探求することを、科学としてのそれぞれの学のミッションであるととらえたのです。

結果として、社会科学が対象となる現実を見る際の基礎的な概念は、時代や場所を越えて適用可能なものとして構築されました。私たちは、例えば「16世紀のフランスの国家」とか、「8世紀の日本の国家」とか、「イスラーム化した東南アジアにおける国家」といった言い方を、なんとなくわかった気になって聞いてしまいます、しかしそこでいう「国家」は同じものなのでしょうか。なにを共通の属性として同じ「国家」という表現が用いられているのでしょうか。あらためて問い返すと意外に答えは容易ではありません。あるいはそれは、近代において西欧で「国家」として定義されたものが、その他の時代や地域に押し付けられただけのものなのではないのでしょうか。

第Ⅲ部では、このような社会科学の基礎概念を個別に取り上げて、そうした概念が近代を基準とした歴史記述にどのように埋め込まれてきたか、そしてより広い文脈の中で、時代や場所をまたいでそれらの概念を用いようとするときにどのような課題があるのかについて述べていきます。

第7章

「市場」という概念

［本章のポイント］

「市場」はおそらく社会科学の中で最も普遍的だと考えられている概念でしょう。しかし本章では特に経済学における「市場」概念の背後にある歴史観が、いかに神話的（＝反歴史的あるいは没歴史的）であるかが指摘されます。「市場」概念の基礎に神話があることは、現実の経済、あるいは経済政策にもゆがみをもたらします。市場経済の適切な運営のために、本章は市場を制度として歴史に埋め戻して捉える着眼を提示しています。

「市場」とは何か

21世紀の今日、「市場」は私たちの経済生活と社会生活にとって疑うことのできない背景となっています。私たちの多くは、市場において自分の労働サービスを販売し、そこで稼いだお金で生活に必要なものを購入することが当然だと考えています。しかし、このような考え方が社会の中に浸透したのは、ごく最近のことなのです。

今日のように市場経済が人間の経済生活を支配するようになったことは、18世紀末から19世紀にかけての西欧諸国において、その端緒が見出されます。この時期に、アダム・スミスを初めとする古典派経済学者たちが、市場取引が全面化する社会を構想し、それに適合する仕方で社会制度を改革することを提唱したのでした。しかし、こうして推し進められた19世紀の急速な市場経済化が、貧困や失業などの形で社会に大きなゆがみを生み出し、このことが、20世紀に入ってから市場を否定するさまざまな動きを生み出してきたことは周知の通りです。例えば、1917年のロシア革命に端を発する社会主義計画経済の試み、1930年代のナチスなどによる国家社会主義の試み、そして、より穏健に政府が経済に介入して市場経済の弊害を緩和すべきだという修正資本主義の試みなどがあげられます。

このうち国家社会主義は短命に終わり、社会主義計画経済も約70年の歳月を経て、その壮大な実験は失敗に終わったと考えられています。こうして、政府による適切な介入こそ必要ではあるものの、人類にとって市場を中心とした経済が唯一可能な選択肢であるという見方が次第に強くなってきました。しかしながら、今日でも市場は全面的に支持されているわけではありません。2008年のリーマンショックに見られるような経済危機が発生するたびに、私たちは「市場の動きを抑止すべき」というスローガンを掲げて社会運動を展開するのです。

このように、市場は私たちにとっていまだに両面価値的な概念です。どうしてそうなのかを理解するためには、より広い歴史的観点に立って、市場が人類にとって何を意味してきたのか、現在の姿がどのようにして作り上げられてきたのかを包括的に探求することが必要となります。本章の目的は、この問題への手掛かりとして、私たちが今日素朴に受け入れている「市場」という概念がいかにして成立してきたのか、そしてそれが歴史的現実とどのようにかかわってきたのかを見ることとです。そして、変化の激しい時代の中で、市場という概念とどう向きあうべきなのかについて、簡単に示唆したいと思います。

市場に関する神話

ここで、市場に関するひとつの素朴な考え方を取り上げてみましょう。それは、次のような物語です。

人間は物を互いに交換する性向を持つ唯一の動物である。このため、かなりの昔から、身の回りの他の人々と物を交換して生計を立ててきた。交換が成立するためには、各人は異なる物を持っている必要がある。そこで人々は、自分を取り巻く環境や得意な技能を生かして、交換に提供すべきものをより効率的に生産することに努力を傾けるようになったのだ。

交換は、当初は貨幣を媒介とすることなく、物々交換として行われていたに違いない。すなわち、リンゴを持っているAさんがバナナを欲しいと思ったとき、バナナを持っているBさんと交換するのである。しかし、このような交換には困難がある。Aさんがバナナを欲しいと思っても、Bさんがその代わりにリンゴを欲しがっているとは限らない。つまり、互いに欲求するものが相手の持っているものと一致しているときだけしか、交換が発生しないのである。このような状況を解消するために、自然と貨幣が生じてきた。貨幣は当初、それ自身で価値を持ち、交換の対象とされていたものであったが、次第に持ち運びが容易で、分割ができるような素材に収斂してゆき、多くの地域で金や銀などの金属が貨幣として使用されるようになる。

交換と分業は、人をより豊かにする。当初は必要なものの多くは自家生産されていたものの、交換と分業を通して豊かになった社会では、余剰生産物が容易に生み出されるようになる。そうすると、専門的に交換を媒介する商人たちが登場して活躍するようになるが、このことがさらに交換を活発化させるようになる。

交換が頻繁になれば、交換のために多くの人々が一定の場所に集まるようになって、市場《いちば》（marketplace）が発展する。また、頻繁な交換を通して、取引相手を信頼することを学習すれば、実物がなくても信用によって取引したり、金銭を貸し借りしたりするようになるだろう。貨幣は使わずに貯めておくことができるので、十分な貨幣を持つ人は、そうでない人に対して、貸しつけることができるのだ。金融取引の発生である。これもまた、自発的な交換とみなすことができるだろう。こうして、貨幣は単に交換を媒介するだけのものから、負債の計算や、信用取引の道具としても使用されるようになる。

このような経済の発展の仕方は、人間の本性に即したものなので、人間の経済生活はますます自給自足の部分を縮小して、より多くの部分を市場交換に依存するようになる。このような人類史の発展の推進力を理解するならば、市場を社会に全面化することが人類の豊かさに資することは明らかである。つまり、市場経済化を阻害する要因をできるだけ小さくすることが、人類の豊かさ、ひいては幸福に資することになる。

経済に対するこの考え方は、「経済学の父」と呼ばれているアダム・スミスに始まり、現在の経済学にまで至る系譜の中で、次第に形成されてきたものです（スミス、２００７）。もちろん、この神話はあるひとりの経済学者が整合的に創りあげたものというわけではなく、筆者たち自身がいろいろなアイデアを継ぎ合わせて創作したものです。しかし、今日でも多くの経済学者にとって、この物語がもっとも自然に受け入れられやすいものであるといっても過言ではないでしょう。

このような考えから、いくつかの派生的なアイデアも出てきます。例えば、貨幣は基本的に交換手段として用いられるので、貨幣の価値が変化したとしても、それは必ずしも他の商品同士の交換比率を変化させるものではありません。したがって、貨幣価値の変動は、それによって表示される商品価値の全般的な水準という名目価値のみにかかわっており、経済の実体には影響を与えないはずです。少なくとも長期的にはそうなると考えられるでしょう。このような考えは、「貨幣ベール観」と呼ばれるもので、マクロ経済学において、多くの経済学者たちの支持を集めてきました。

歴史と人類学の研究から

前節で述べたような「神話」は、市場経済がどのように作用しているのかを理論的に解明するうえでは大いに役立ってきたといってもよいのかもしれません。特に20世紀の経済学者の仕事は、基本的に市場メカニズムの作用の仕方を解明することにあったので、このような神話が経済学者の間で信じられてきたとしても、それほど大きな不都合はなかったのかもしれません。

しかし今日の歴史研究においては、先の神話のほとんどが事実としては否定されています。そのいくつかを順番に見ていくことにしましょう。

(1) 交換性向という人間の本性

まず、人間の本性が交換性向にあり、市場交換が人間の社会関係の営みと何らの緊張関係も孕むことなく推移してきたという考え方に対しては、多くの歴史家・人類学者たちが否定的な立場をとっています。神話における市場経済のイメージは、人間の経済活動が社会関係から独立したものとして存在しているか、あるいは容易に独立しうるものであることをうかがわせるものです。しかし、歴史的証拠からも、また人類学的な研究からも、このことは否定されているのです。

知り合いのAさんとBさんがリンゴとバナナを交換するというような状況は、歴史的・人類学的証拠ではほとんど見られません。このような物々交換はむしろ、貨幣をともなった市場経済を経験してきた人々が何らかの理由で貨幣不足に陥ったときに観察されるものであるといわれています。原始的な交換は、マルクスも述べているように「共同体と共同体の間」に発生します。再び出会う可能性のない人々との交換は、しばしば闘争的な雰囲気の中で行われたようです。また、前近代の社会集団の中には、オーストラリアの先住民に典型的に見られるように、「半族」と呼ばれる2つの相補的な集団に分割され、お互いに自分と異なる半族のメンバーとしか結婚できないような仕組みになっているものもありますが、その場合、半族同士で、祝祭的な雰囲気の中で物と物の交換が行われることもあります（グレーバー、2016）。

このように、市場以前の人々の物の交換の仕方は、その社会集団の組織化のされ方に強く依存した多様なものであり、そのひとつひとつが独自性を持っているということができます。したがって、そこに共通する要素を一般的な命題として論じると、そこにあるリアリティは伝えきれないのですが、あえて一般的に述べるとするならば、人類の長い歴史の中では、市場は人間の経済生活のごく一部に関係していたに過ぎず、経済活動と呼べるものはそのほとんどが社会関係の中に埋め込まれているのが一般的であったといえるでしょう。つまり、人間は社会における自分の立場の保持など、社会的で非経済的な利益を主要な動機として経済活動を営んできたのであって、物の交換性向が根源的であるとする見方をとることはできないのです。

人間の経済生活の組織化に関する理論はいくつかありますが、具体的に一例をあげてみましょう。カール・ポラニーは、伝統的な社会においては「互酬」、「再分配」、「家政」という3つの要素が人々の経済生活を支えていたと述べています（ポラニー、２００９）。ここで、互酬というのは社会関係に埋め込まれたギブ・アンド・テイクの関係のことで、経済的利益を目的とするものではありません。再分配は、共同体の生産物が一度、首長のような中心部に集められ、それが必要に応じて社会の成員に再分配されることを意味しています。家政とは、閉ざされた集団の内部で、成員の欲求を満たすために生産し貯蔵するという原理のことです。

ポラニーは19世紀に西欧社会において市場経済が急速に経済生活を支配するようになったのは、人類史上かつてない転換であったと主張します。私的な経済的利益に基づく市場経済は歴史とともに徐々に発展したものの、当初それは遠隔地貿易のような形で、社会の大部分から注意深く隔離され、管理されていました。19世紀の展開は、それを社会全体に押し広げることを意味したのでした。このような社会の急激な変化は、古典派経済学者たちが先に説明したような「神話」を創作し、人間の経済活動のすべてを自己調整的な市場によって支配すべきだという「ユートピア思想」を流布し、それを実現するような社会経済制度を順次整備していくことによって行われたのでした。しかし、ポラニーはそのようなユートピア思想は失敗を運命づけられており、それが20世紀前半の大激動を生み出したのだと考えています。

この議論が説得力を持つためには、すべての経済活動を市場取引で行うことが人間にとっていかに不自然で、不可能なことなのかを説得的に述べる必要があるでしょう。ポラニーによれば、19世紀の自由主義思想家たちのイメージにあったのは、もともと商品ではなかった労働、土地、貨幣といったものすらも完全に商品化し、市場メカニズムにまかせるという自己調整的市場でした。しかし、それを完全に実現することは不可能だったので、社会は市場から自分の身を守る反応を示しました。このことが完全な市場経済の不可能性を如実に示していると、ポラニーはいうのです。19世紀を特徴づける労働運動の展開、関税などの農業保護、金価格の変動から国内物価を一定程度隔離するための中央銀行制度等々は、自然な社会防衛として理解できるのです。

(2) 貨幣の起源とその本性

市場と密接に関係する概念は貨幣であり、どちらを抜きにしても他方を考えることができません。

貨幣の本質をいかに捉えるべきかに関しては、伝統的に2つの見方が対立してきました。ひとつは、「商品貨幣説」と呼ばれるものです。この説は前述の物々交換の神話とも整合的な考え方で、長い間、経済学の主流派的見解となってきました。その基本的見解は、貨幣の価値はその素材の商品としての価値に由来しているというもので、価格はこの商品と他の商品の交換比率と定義されます。貨幣は基本的に（例えば金のように）それ自身が商品でもある実物貨幣であり、銀行券などのようにそれ自身としての実用的価値を持たない名目貨幣は、こうした実物貨幣の代用品でしかないと捉えられます。

これと対照的なのが、「信用貨幣説」です。この説の基本的な考え方は、貨幣の本質が「負債」を計算するシステムにあると考えるものです（マーティン、2014）。私たちは、交換関係を前提にして、直ちに交換の決済ができないときに債権・債務関係が発生すると考えることに慣れています。したがって、負債というとできるだけ回避したいものと考えてしまいがちです。しかし、歴史的には、密接な人間関係を前提とした身近な日常取引の中で、日々私たちは貸し借りの関係をつくってきました。貨幣はそれを記録するものだと考えればいいでしょう。このシステムのもとで実際に流通する通貨は、そのシステムの計算機能を前提とした借用証書のようなものであり、人々がそれを流通させることになります。このことは、信認によって人々に受け入れられて、流通する限りで、通貨はどんな代替通貨でもよいということを意味します。実際、金貨や銀貨を計算尺度としながらも、実際に流通しているものが別物であることは、通常見られていたことです。桜井（２０１１）は、贈与関係がもっとも盛んだった室町時代に、贈与の約束を記した書状が貨幣もどきとして流通しつつあったことを述べています。

おそらくもっともわかりやすい例は、銀行券でしょう。銀行券は、ある一定の価値を支払うことを約束する、銀行が発行する負債証書ですが、それが人々の信認に基づいて流通し、取引を媒介する機能を果たしています。銀行券や政府紙幣は単なるトークンないし紙切れ（charta）であることから、この説は「表券主義」（chartalism）と呼ばれたり、貨幣の実物的側面ではなく、人々が受け入れているという意味での名目的側面を重視することから、「貨幣名目説」と呼ばれたりしてきました。貨幣は社会的コンベンションに過ぎないというアリストテレスの考えもまた、この中に入れることができるでしょう。また、この説の中には、国家が特定の貨幣だけを税金支払いに受け入れることで、その貨幣に対する人々の信認を支える役割を果たしていることを重視する「貨幣国定説」という立場もあります。

貨幣の理論的本性をどのように捉えるかという問題と、貨幣の歴史的起源が何であるのかという問題は、確かに異なります。あるものの機能の説明と発生の説明とは異なるからです。しかし、貨幣の歴史的起源に目を向ける限り、信用貨幣説的な説明のほうが説得的です。すでに述べたように、少なくとも、物々交換の中から商品貨幣が発生したことを示す証拠はまったく存在していません。

前述のように経済活動が社会関係の中に埋め込まれており、社会関係の組織化のあり方が多様であったことを反映して、貨幣の起源もまた多様であり、一言で述べるのは困難です。しかし、貨幣が負債の計算単位として役立つために発生したのだろうとする点では、多くの人が一致しています。例えば、他の氏族から女性を妻として迎え入れた場合に、その恩恵を「負債」として記録する道具としての貨幣、あるいは、誰かを殺してしまったときに、そのような「負債」を記録するものとしての貨幣です。これらの例は、もともと貨幣が表現していた負債が、貨幣によっては決して決済可能なものではなかったことを示している点で興味深いものです。実際、貨幣として流通しているのが負債であれば、すべての負債が解消されてしまうときには、貨幣がなくなってしまいます。

しかし、少なくとも経済取引における貨幣使用が一般的になってからの歴史のダイナミクスは、どちらの説にも信憑性があることを示しています。その観点からグレーバーは、ユーラシア大陸5000年の貨幣史を概観し、これら両方の側面が交互に優勢となってきたダイナミズムを描いています（グレーバー、2016）。大雑把に要約していうならば、比較的平和な時代においては、信用ネットワークが拡大する中で、それを支える信用貨幣としての側面が顕著になり、暴力が全面化する戦乱の時代においては、金、銀、銅などの貴金属に代表される商品としての貨幣が強調されると主張しています。

そのロジックを別の仕方で説明してみましょう。安冨（２０１３）は、歴史的現実を受け止めて、よりアクチュアルな貨幣の経済理論を構築するために、財の流通を媒介する代替的方法を次のようなモデルで考察しています。今、Ａ、Ｂ、Ｃという３人が存在し、Ａはａという商品、Ｂはｂという商品、Ｃはｃという商品を持っているとしましょう。また、Ａはｂを欲し、Ｂはｃを欲し、Ｃはａを欲しているとします。安冨は、このときに望ましい財の配置を実現するための可能な媒介の様式として、信用、貨幣、商人の３つがあると主張しています。これらの様式は、取引を実現する際に必要とする知識やコミュニケーションの種類を異にしていることで区別されるので、どのような知識やコミュニケーションが利用可能なのかに応じて、異なる取引様式が発展するというのが、安冨の基本的な考え方です。

例えば、ＡはＢに、ＢはＣにそれぞれの借用証書を渡し、それぞれ欲している財を受けとったうえで、ＣがＢから受け取った借用証書をＡに手渡せば、ＡとＢの間で債権・債務が相殺されて、スムーズに財の移動が行われ、望ましい財の配置が実現します。これは「信用」に基づく財の流通です。この様式では、相手の信頼度に関する知識が前提とされ、利用されているのです。これに対して、「貨幣」に基づく流通は、人々が一般的に何を需要し、したがって受容するのかという知識に基づいています。Ｂが、Ａが自分の商品を需要していることを知ったとしましょう。そして、Ｃに対し、Ｃが保有する商品ｃをｂまたはａと交換できないかどうかを打診し、Ｃがａとなら交換してもよいと回答したとしましょう。このとき、ＢはまずＡと交換してａを獲得し、そのａをｃと交換することにより、三すくみの取引が首尾よく行われることになります。ここでは財ａが貨幣の役割を果たしていることがわかります。また、誰が何を需要しているのか、保有しているのかという知識を持つ人がこれらの交換を媒介する役割を果たすと考えることも可能です。このとき、その人は「商人」になっているのです。

この理論枠組みからは、信用取引のもとになる信頼ネットワークの機能不全が起こるとき、それと代替的な様式が利用されることが予測されます。サブプライムローンに端を発する２００８年の金融危機に見られたように、信用ネットワークが大規模な機能不全に陥ったときに、人々がもっとも信用のおける「貨幣」へと走ったことはよく知られています。このような洞察は、物々交換神話と貨幣商品説に強く依存してきた主流派の経済学が見逃してきた側面が、金融危機の理解に重要かもしれないことを示唆しているのです。

(3) 市場間の相互作用が生み出す多様性

さらに時代を下って、今日の私たちにも十分理解可能な仕方で、貨幣と市場を分析できるようになったとしても、市場経済は前述の神話のように単線的に発展してきたとはいえません。清代貨幣史研究で知られる黒田（１９９４）は、自らの中国経済史の実証研究の中から、貨幣と市場の相互依存性に関する興味深い発展モデルを提起しています。黒田によれば、中国においては、地域共同体内部での財の交換に用いられる「現地通貨」と地域間の商業的な債権・債務関係の決済に用いられる「地域間決済通貨」とが、それぞれ分離しつつ共存しており、両者の間で繰り広げられる独自のダイナミクスが中国の市場経済を理解するうえで非常に重要な役割を果たしているといいます。

前者の現地通貨は少額の財の交換に使用されるもので、農作物取引の季節変動に応じて需要が変動し、市場から引き上げられやすいという性質を持っています。また、後者には貴金属が使用されることが多く、額面も一般的に高額でした。しかも、興味深いことに、これらの通貨間の兌換は、単一の交換レートで制度的に保証されるというものではなかったのです。こうした事態を黒田は「貨幣の非対称性」と呼んでいます。

このような貨幣流通の特徴的形態はさらに、日用品の交易が行われる「下層市場」と奢侈品の交易が行われる「上層市場」という2つの市場の階層的な関係にもかかわっていました。貨幣の使用における階層性とそれに対応する市場の階層性とが中国独自の経済のダイナミクスを説明するとするならば、このような階層間の相互作用のあり方を一般化して、市場経済に多様な形態が存在することをより一般的に説明することができるかもしれないというのが黒田の仮説です。

一方では、伝統的な中国経済のように、地域内の小農による取引が活発で、地域内での流動性需要が大きいものの、同時に季節変動などの要因で通貨不足になることも多く、自由な通貨の創出によって流動性不足に対処するような市場経済があるでしょう。他方では中世イギリスのように、小農による経済取引がそれほど活発ではなく、地域流動性の問題に対して、商人間の債権・債務関係の相殺（＝信用取引）を利用し、地域通貨の使用を節約する方向での対処を見せたケースがあります。

こうした中世の市場経済の多様性は、その後の展開にも影響を与えた可能性があります。すなわち、地域的には活発な市場経済を持ちながら、統一的な国内市場を成立させることができなかった中国と、スムーズな信用取引を可能にする法的基盤を強化することで、統一的な国民経済を成立させることに成功し、さらに基本的には同様の信用システムを基盤として国際取引を拡大していったイギリスという対照的な発展の仕方です。

市場を階層的に捉え、階層間の相互作用に注目することで、市場経済を比較できるのではないかという発想は、フェルナン・ブローデルにも見られます。ブローデルによれば、市場経済の下の階の方には、市《いち》、商店、行商人などの「小さな」主体や組織が属しており、上の階には大市や取引所のような「大きな」機関や機構が属しています。これらを一括して「交換の道具」と呼んだうえで、道具箱の中のどれがどのように使用され、どのような相互作用を示したのかによって、市場経済が異なる性質を帯びるだろうというのが、ブローデルの発想です（ブローデル、2009）。

具体的には、上層の階が優勢となり、伝統的な市《いち》の規則を破りながら、一種の独占状態を作り上げることで利益をあげていく活動が盛んになれば、それはもはや市場経済と区別された経済活動の様式と呼んでもよいでしょう。ブローデルは、このような状態を市場経済と区別して資本主義と呼んだのでした。

ここでも、歴史研究は、伝統的経済学の市場観が過度に単純化されたものである可能性を示しているのです。

制度を重視した経済学

経済学者が歴史的事実を軽視して、理想的な市場メカニズムを概念的に構築し、それを理解することに専念してきたことは確かです。しかし、現代の経済学者の経済に対する見方が、ポラニーが批判したような自己調整的市場に対する単純な信奉から、大きな修正を遂げてきたこともまた事実です。すなわち、現代の経済学者の一部の人たちは、先に「神話」として述べたような素朴な市場観とは異なり、市場は自足的な制度ではなく、それを補完するさまざまな制度がなければ十全に機能しないと考えているのです。

市場がそれ自身で自足しえず、それを補完する制度と一緒に見なければならないというアイデアは、ロナルド・コースが１９３７年の論文の中で、初めて明示的に指摘したものです（Coase, 1937）。コースは、現実世界に存在している企業組織は、市場とは異なる仕方で資源を配分するメカニズムであると考えました。例えば、企業は労働サービスを市場からその都度調達するのではなく、長期雇用した従業員を抱える実体を持った組織です。そこでは、上司の命令によって従業員の配置が行われたり、予算の策定によって各部門で利用できる資源が決定されたりしていますが、このことは、企業の中で、市場原理とは異なる「権限（authority）」という原理に基づいて資源配分が行われていることを意味しています。

コース以前の経済学が主張していたように、市場こそが最適な資源配分メカニズムなのだとしたら、企業組織のような資源配分メカニズムは無用だという結論に導かれることになるでしょう。これに対してコースは、取引を分析の単位とし、それが市場メカニズムを利用して行われるのか、それとも組織によって行われるのかという問題を「取引費用」という概念を用いて説明し、経済は市場だけでなく、それを補完する組織（制度）からなるものとして分析されなければならないという考え方を提示したのでした。

コースの基本的なアイデアは、現代の経済学の中では、制度の経済学として受け継がれ、(1)市場はそれだけでは十全に機能しない可能性が遍在していること、(2)市場が機能するために、それを支えるさまざまな非市場的制度の存在が必要であることが理解されるようになってきました（マクミラン、２００７）。

このことは、仮に市場メカニズムという理論的概念が時間や空間を超えた抽象的概念であることを認めたとしても、それを取り巻くさまざまな制度が多様であることの結果として、異なる経済システムが存在しうることを認めることにもつながります。前述した黒田やブローデルの比較の観点に近い観点からの研究が、経済学者の側からも提起されるようになっているのです。そのような研究もすでにいくつか提出されていますが、ここでは、労働市場と金融市場、企業組織の日米間の違いに着目し、それをゲーム理論を用いて表現しようとした「比較制度分析」と呼ばれる分野をあげておきたいと思います。

したがって、現在の経済学者の市場概念は、19世紀の古典派経済学者たちが思い描き、ポラニーが実現不可能なユートピアと断じた「完全な自己調整的市場」という概念とはだいぶ異なっています。現在の経済学者の頭の中にあるのは、純粋な市場メカニズムというよりも、それを中心におきつつも、多様な非市場的制度に取り巻かれた複雑な経済システムです。

市場と人間の経済の将来へ

市場は今日でも大きな論争の的になっており、その論点は多岐にわたっています。例えば、旧社会主義諸国の多くが市場経済へと移行した今、市場は唯一の代替案なのか。資本主義が所得と資産の不平等を生み出していると主張される中で、資本主義と異なる市場のあり方を探ることは可能なのか。市場と密接に結びついて発展してきたと考えられている民主主義との関係はどうなっていくのか。今日、市場を大きく動かしている株式会社はこれからどうなっていくのか。今日の市場の前提となっている合理的で自律的な個人という近代の前提はこれからどう推移していくのか等々、これらの問題がどのように推移していくのかは、私たちの思想と行動にかかっているとしかいいようがありません。本節では、その際にポイントとなる2つのことを述べておきたいと思います。

第1は、市場という概念と現実の関係に関するものです。多くの人々は、経済学は客観的に市場の作用を理解し、説明し、予測するものだと考えていますが、私たちの市場に対する概念が現実世界に投影され、現実世界を変化させていく方向性もあるということです。第2に、今後私たちが市場を改革していく際に、これまでの市場がどうであったのか、これまで私たちが市場をどのように考えてきたのかだけでなく、私たちが市場という制度にどのようになって欲しいのかということが重要な役割を果たす可能性があるということです。

(1) 市場を創る

経済学者の思い描く経済観が過度に単純化され、現実に適合していないという非難は長い間、経済学者たちに投げかけられてきました。しかし、経済理論が現実から乖離していることで研究を諦めるのではなく、経済学の理論的予測が成立するように、現実の制度を変えていくという観点も論理的にはありえます。そうすると、先に述べた古典派経済学者と同じような「ユートピア思想」の再来ではないかと感じるかもしれませんが、すでに経済学者は「社会全体」を設計することは不可能であることを熟知しています。そうではなくて、部分的に制度設計していくという発想です。

このアイデアは、実験経済学の哲学的考察の中で提出されたものです。一般的にいって、実験室で行われた経済実験の結果が現実世界において成立する保証はまったくありません。しかし、そのときに、実験室実験の結果を無用と考えるのでなく、むしろ現実世界を実験室の実験環境に近づけることによって、実験室実験の結果を有意味なものに転じようというのです（グァラ、２０１３）。経済学の研究から、部分的に現実の市場を創っていくという発想です。

理論から現実というプロセスが現実に生じたと考えられる明確な例も存在しています。オプションなどの金融派生商品の価格がどのように決定されるのかについては、長い間、論争が繰り広げられてきましたが、今日では多くの人が、１９９７年にノーベル賞受賞の対象となったブラック＝ショールズ方程式がこの問題に対する基準的な回答を与えていると考えています。しかし、この研究プロセスを歴史的に分析する中で、金融社会学のマッケンジーらは、それが決して「正解」があるような問題ではなかったことを明らかにしています（MacKenzie, 2003）。しかし、現実のデリバティブの市場価格は次第にブラック＝ショールズ方程式に従うようになっていきました。このことの背景には、もちろん、ブラック＝ショールズ方程式が裁定の際に使用されるファンダメンタルズを計算する公式として用いられるようになったことがあります。しかし、それだけではなく、この公式が前提とする条件を満たすような仕方で制度整備が行われたのでした。

理論がうまく作用するような制度整備を理論が促したのです。このように、理論は現実を受動的に反映して記述するだけでなく、私たちが現実を見る仕方に変化をもたらし、現実をその見方に沿って変化させていく可能性も有しているのです。

(2) 制度改革に規範的考慮を生かす

しかし、もしも経済学が創り出したコンセプトが現実を形づくっていく力を持っているとしたら、どのように現実を変えたいと私たちが思っているのかが一層重要性を増すことになるのではないでしょうか。これまでは、歴史的研究や人類学的研究が私たちに現在の経済学が見逃してきた重要な論点を気づかせてくれることを強調してきましたが、今後の制度改革を構想するうえでは、過去への視点だけでなく、将来への視点も重要なのです。

例えば、同性カップルの結合を私たちの結婚概念の一部を構成するものとして認めるべきかという問題を考えてみましょう。この場合、結婚制度が過去にどのようなものだったかということだけでなく、私たちが将来の結婚制度をどのようなものにしていきたいのかという規範的考慮が重要になってくるのです（Haslanger, 2012、グァラ、２０１８）。これを市場に引きつけていうと、市場がもたらす弊害を私たちがどのように解決していきたいのかということが重要になってくるはずです。

今日では、情報技術の急速な発展の中で、市場をめぐるテクノロジーもまた急速に変化しつつあります。ビットコインのような暗号通貨の登場や、電子決済の急激な普及によって、貨幣の概念もまた大きく変化する可能性があります。こうした中では、私たちは過去にどうであったのかとともに、どのような制度にしたいのかという観点を持って、市場という概念に接していかなければならないのです。

［参考文献］

Coase, R., "The Nature of the Firm", *Economica*, 4, 1937, pp. 386-405

Haslanger, S., *Resisting Reality: Social Construction and Social Critique*, Oxford University Press, 2012

MacKenzie, D., "An Equation and its Worlds: Bricolage, Exemplars, Disunity and Performativity in Financial Economics", *Social Studies of Science*, 33, 2003, pp. 831-868

グァラ、フランチェスコ『制度とは何か――社会科学のための制度論』瀧澤弘和監訳、水野孝之訳、慶應義塾大学出版会、2018年

グァラ、フランチェスコ『科学哲学から見た実験経済学』川越敏司訳、日本経済評論社、2013年

グレーバー、デヴィッド『負債論――貨幣と暴力の5000年』酒井隆史監訳、高祖岩三郎・佐々木夏子訳、以文社、2016年

黒田明伸『貨幣システムの世界史　増補新版――〈非対称性〉をよむ（世界歴史選書）』岩波書店、2014年

桜井英治『贈与の歴史学――儀礼と経済のあいだ』中公新書、2011年
スミス、アダム『国富論』山岡洋一訳、日本経済新聞出版社、2007年
ブローデル、フェルナン『歴史入門』金塚貞文訳、中公文庫、2009年
ポラニー、カール『〔新訳〕大転換――市場社会の形成と崩壊』野口建彦・栖原学訳、東洋経済新報社、2009年
マクミラン、ジョン『市場を創る――バザールからネット取引まで』瀧澤弘和・木村友二訳、NTT出版、2007年
マーティン、フェリックス『21世紀の貨幣論』遠藤真美訳、東洋経済新報社、2014年
安富歩「金融」岡本隆司編『中国経済史』名古屋大学出版会、2013年

第8章

「市民社会」概念の歴史性と普遍性

［本章のポイント］

「市場」とは逆に「市民社会」の概念は、むしろ西欧の近代化の経験を基準とした捉えられ方が強く、またそのことが自覚されやすい概念です。その分だけ、非西洋社会においては、「市民社会」概念を西欧とは異なる文脈でいかに適用可能か、あるいは西欧とは異なる「市民社会」概念がいかに可能かについて、理論においても実践においても厚い試行錯誤の蓄積があります。本章では主に日本と中国を例としてその蓄積の断面を提示しています。

「市民社会」を語ることの難しさ

(1) 3つの「市民社会」概念

「市民社会」は(アメリカを含む)西洋社会の、そして日本のような非西洋の後発資本主義国の近代化を論じる上で、欠かすことのできない概念ですが、論者やその立場によって使い方やニュアンスが異なるため、しばしば混乱を招きやすい用語でもあります。これは、地域、および歴史的文脈においてもともと異なった概念を表していた別々の用語が、今日の日本では「市民社会」という言葉で総称されていることに起因しています。そのため、「市民社会」について考えるには、それがそもそも取り扱いの非常にやっかいな用語だ、ということを認識しておく必要があるでしょう。

例えば、近代の「市民革命」を通じて成立したとされる自律的な市民社会にしても、一方では「法律の前での平等」の下で人々が政治に参加する「公民社会」、他方ではアダム＝スミスが「商業社会」のモデルを通じて提示したような「自由な経済社会」という、二重の意味を持ち続けてきました(成瀬、1984)。このことは、近代西洋社会における「市民」が、資本主義的な市場経済の担い手〔フランス語ではブルジョワ(bourgeois)〕であると同時に、国家主権とのかかわりにおいては、人間と市民の諸権利の主体〔同じくシトワイヤン(citoyen)〕でもあるという、二重性を持つ存在であったことに対応しています。

そして最近では、ＮＧＯやＮＰＯなどの国家とも営利企業とも異なる「第三領域」に属する民間団体、あるいはその活動領域を指して「市民社会」と呼ぶ動きが主流になっています。つまり、西洋社会にその起源を持つ少なくとも３つの異なる概念に、日本では同じ「市民社会」という用語を当てるのが習わしになってきたのです。

なぜ「市民社会」は、このような多様な意味を持たされることになったのでしょうか。また、そのことを踏まえたうえで、私たちは「市民社会」という概念をどのように使いこなしていけばよいのでしょうか。この「問い」に答えるためには、私たちが生活する現代社会の成り立ちを歴史的に振り返っておく必要があるでしょう。

(2) 前近代社会における「市民社会」

前項であげた「市民社会」の３つの用法のうち、歴史的に先行したのは人々の政治的参加によって成立する「公民社会」のほうでした。その起源は、古代ギリシャの哲学者、アリストテレスの『政治学』（アリストテレス、１９６１）にまでさかのぼることができます。彼が用いた「市民社会」に対応するとされるのは古代ギリシャ語の koinonia politike という言葉ですが、この koinonia は「共同体」を、politike は「政治的な」を意味する言葉です。また、後者は当時の（都市国家）「ポリスに関連する」という意味もあり、これらを結びつけて koinonia politike を

「政治的共同体」ないし「国家共同体」と訳すこともあります。

このように、われわれが今日使用している社会科学のカテゴリは、古くからあった概念を歴史的文脈の中で意味を転換して使用しているものが多いのです。このことは2つのことを意味しています。

第1に、概念が提示され、歴史的に変化してきた文脈を抜きにしては、その概念を今日的な文脈でそのまま使用することができないということです。第2に、それらの概念が歴史の中で受け継がれてきたことは、明示的に語るのは難しいとしても、現在とも共通する何らかの問題意識が受け継がれてきた、ということです。これらの点を踏まえることは、現在の問題を考えるうえでも十分に有益だ、といっていいでしょう。

第1の点から見ていきましょう。アリストテレスがkoinonia politikeという概念を提起した当時は、ポリスがギリシャ人にとっての政治的共同体でした。ポリスの政治は、政治に参加する権利を持つ市民によって行われていましたが、女性、奴隷、外国人は市民から除かれていました。つまり、奴隷に対する自由人の支配関係と、女性に対する男性の支配関係を前提としていた政治体制だったのです（植村、2018）。したがって、アリストテレスの概念を、当時の文脈を無視してそのまま直接的に現代に結びつける試みは無謀だといえるでしょう。また、当時のポリスにおいて、政治、宗教、文化等々の関心が分離しがたく結びついていたことも重要です。言い換えれば、前節で述べたような3つの「市民社会」概念は、その後の近代化の過程で、分節化してきたものなのです。

しかし、アリストテレスの議論には前述の第2の点、すなわち現在との共通性も見出すことができます。例えば、アリストテレスは彼独自の仕方で、政治を論じましたが、そこに見出されるのは、安定した政治秩序をいかにして創出し、維持していくのかという問題意識でした。

彼は、よく知られた四原因説によって、ポリスがある領域の人々を構成員とし（質料因）、人々の生活を組織化する構成原理を持ち（形相因）、この法を作る立法者が存在し（作用因）、さらにポリスの構成原理がその目的を定義している（目的因）、という構図によって、ポリスの政治を捉えていました。一方で、究極の目的は最高善、あるいは幸福（eudaimonia、「善き生」を意味する）にあると考えました。アリストテレスは、こうした究極の目的を見通すことで、立法者がポリスをよりよく統治できると考えていたのです。その意味で、政治学はもっとも権威のある実践的科学を構成していたといえるでしょう。

これから見ていくような、市民社会の概念の変遷に関連づけるならば、等しい立場に置かれた多くの構成員からなる社会を前提にして、その総体を秩序立った仕方で運営していくために、どのような内部構成を創り出し、運営していくのかという問題意識は、古代のアリストテレスにも共有されていた、と考えられるのです。

近代西洋と「市民社会」概念

(1) 社会契約理論と「文明社会」

アリストテレスに起源を持つ「国家共同体」としての「市民社会(civil society)」の第1の用法は、近代ヨーロッパに引き継がれます。ただし、その用語が意味する具体的な内容は、ホッブズ、ロックといった社会契約論を唱えた思想家によって次第に変容していきます。

まずホッブズは、主著『リヴァイアサン』の中でアリストテレス以来の、人間の自然な統治の形態として「国家共同体」=「市民社会」をとらえる伝統的な見方を批判します。そして、自然的「社会」関係から峻別されたところに人為的「国家(common wealth)」の統治が形成される、と主張しました。すなわち、「自然状態」において絶え間ない闘争状態にあり、お互いの生存が保障されない個人が、「社会契約」を通じて人為的な「国家」を構成することによってはじめて安定した秩序が得られる、という社会契約論な国家観を唱えたのです(ホッブズ、1992)。

闘争状態における相互の安全保障=「生存権」を、社会契約によって成立する国家=市民社会の成立目的として重視したホッブズに対し、社会契約を「所有権」を保全する経済的な意味合いの強いものとしてとらえる議論を展開したのが、17世紀におけるロックです。

ホッブズと比較した時のロックの議論の特徴は、国家=市民社会の主な機能を「所有物の保全」に求めた点にあります。ロックによれば、市民社会は、貨幣が導入され、無制限な所有が自然権的に是認された後、そのための暗黙の合意が成立した段階において形成されることになります。すなわち、貨幣の導入とともに生じる「余剰の蓄積と富の偏在」およびその上に成立する商業社会化こそが、自然権をベースにした市民社会を社会契約によって成立させるきっかけになるのです。なぜなら、貨幣の使用が引き起こす財産の不平等な配分が、政治的な結合への動機を生み出すからです（ロック、２０１０）。

ロックによる国家＝市民社会論は、歴史的には、土地所有者たちが「自分の所有権と、共同体に属さない人に対するより大きな保障とを安全に享受すること」を目的として成立したものであり、同時に、まだエンクロージャー（囲い込み、後述）を経験していない同時代の「未開」社会に対して、イギリスをはじめとする「文明的」な西欧諸国の法制度の優位性と経済的豊かさを誇示するものであったといえるでしょう（植村、２０１０）。

このように、ホッブズやロックのような啓蒙思想家によって、「市民社会（civil society）」の第1の用法は、自然状態と断絶した「文明化された社会」として近代的な国家の基礎になるもの、という意味合いを持つようになっていくのです。

(2) 近代的商業社会としての「市民社会」

では、「市民社会」の第2の用法、すなわち「自由な経済社会」としての用法はいつごろ誕生したのでしょうか。近代ドイツでは、「市民社会」にあたるdie bürgerliche Gesellschaftという用語が、アリストテレスの「国家共同体」の意味とは基本的に異なった、経済的な側面の強い用語として用いられるようになっていました。植村邦彦によれば、クリスチャン・ガルヴェがドイツ語に訳したアダム・スミス『国富論』の中に、この言葉が頻出します。これはスミスの原文中の「社会society」をすべてdie bürgerliche Gesellschaftと訳出したためです。この結果、スミスが描いた分業と商品交換に基づく「近代的経済（商業）社会」が、「市民社会」だと理解されることになったというわけです（植村、２０１０）。

ではそのスミスのいう「商業社会」の理念型はどのようなものだったのでしょうか。それは、中世末から近代のイギリスにおけるエンクロージャーの進行、すなわちそれまで開放耕地制であった土地を、領主や地主が牧羊場や農場にするため垣根などで囲い込み、私有地化した現象と深く結びついていました（成瀬、１９８４）。この過程を通じて地主と土地なし農民との階層分化、およびそれを背景に進められた「原始的資本蓄積」はその最終段階を迎えたのです。産業革命前夜ともいうべき一連の社会変化の担い手は、自らの土地を用いて小商品生産を行う人々＝アントレプレナーでした。すなわち、まず農業生産の停滞をもたらしていた封建的身分制が解体し、農業＝土地制度の近代化が実現します。その下で、自らの土地＝資本と創意工夫をもって利益を追求するアントレプレナーが社会の「豊かさ」を支える担い手として台頭する、というのがスミスの考えた商業社会のイメージでした（スミス、２００７）。

(3) ヘーゲル＝マルクスにおける「市民社会」と国家の関係

一方、19世紀のドイツでは、ヘーゲルが前述のガルヴェ訳『国富論』に目を通し、そこでスミスらの著作において「文明的商業社会」を指すものとして使われていた「市民社会（die bürgerliche Gesellschaft）」を、『法の哲学』として体系化される自身の社会理論のキーワードとして援用していくことになります。

「見えざる手」に導かれて自律的に均衡と調和を保つアダム＝スミスの「商業社会」のイメージにくらべ、ヘーゲルの「市民社会」概念では、市民社会は自律的には矛盾を解決できない「格差社会」という側面が強調されます。特に彼が重視したのは「市民社会」における労働階級の貧民化です。ここに市民社会という「欲望の体系」としての「私」的領域の基盤の上に、人倫的理念を反映した「公的な領域」としての「国家」を作り上げよう、という問題意識が前面にでてくることになります（ヘーゲル、２００１）。

ヘーゲルは、貧民の出現を防止できない市民社会は、「富」が過剰に蓄積されるにもかかわらず、十分には富んでいるとはいえない、と考えていました。資本主義経済の進展（「工業化」）が生み出す「貧民」が増加し、市民社会を正当化する倫理基盤が内部から破壊される危険に対し、国家（Polizei）と職業団体（Korporation）を通じてその危険を緩和し、社会の統一性を保とう。これがヘーゲルの問題意識でした。

私的な利益追求の場かつ、労働者の「貧民化」をもたらす過酷な場として「市民社会」を構想するという点ではヘーゲルの思想を受け継ぐ一方、国家によるその救済、というシナリオを欺瞞的なものとして退けた思想家が、マルクスにほかなりません。マルクスはその初期の論考「ユダヤ人問題に寄せて」において、「市民社会」を、古い封建制の支配構造から私的な「人間の利己的欲望」を解放する、「政治的解放（＝市民社会）」の上に成立した社会として捉える一方、そこでは利己的で現実的な「人間（homme）」と、より抽象的な人格としての「公民（citoyen）」への分離が生じることを指摘しました（マルクス、１９７４）。

ここには、私的な利益追求の場としての「市民社会」と、より抽象的な人倫的理念を追求する「公民国家」との矛盾とその解決の必要性、というヘーゲルによって明確に定式化された問題意識が受け継がれている、といってよいでしょう。

ただし、マルクスは当時の西洋社会における政治・経済の現状を踏まえつつ、ヘーゲルが説いたような国家による救済は最終的な解決にならず、労働者を中心とした自由な個人によって形成される協同連合体（アソシエーション、association）によって市民社会の矛盾を内部から解決することが必要だと論じました。このようなアソシエーションの役割を強調したマルクスの市民社会論は、後のハーバーマスの社会理論にも大きな影響を与え、現代における市民社会論の最も重要な参照枠組みのひとつになっています。

「市民的公共性」とその揺らぎ――後進近代化国家と市民社会

(1) 後進資本主義国家における「市民社会」概念――日本のケース

それでは、西洋以外の地域において、西洋起源の「市民社会」概念はどのように受容されたのでしょうか。ここでは、19世紀後半に近代化を開始した後発国の代表として日本を取り上げたいと思います。

アリストテレス的な「国家共同体」に起源を持ち、近代イギリスで「文明社会」という意味を持つようになったcivil societyと、近代ドイツで「自由な経済社会」としての意味内容を持つ用語として使われたdie bürgerliche Gesellschaftの2つの用語が、どちらも日本語では「市民社会」と訳されました。このことは、日本の社会科学の発展の中で、マルクス主義が大きな役割を果たし、それゆえに「市民社会」概念の受容が独特のバイアスを持って行われたことと深く結びついています。

まず、「日本資本主義論争」と呼ばれている、戦前のマルクス主義と社会主義革命の路線をめぐって行われた論争を振り返っておきましょう。戦前・戦後を通じて日本共産党の主流を形成した講座派マルクス主義は、日本の現状を、「封建的な前近代性」の残存によって近代資本主義の普遍的な発展コースから逸脱したものと考え、資本主義の正常な発展とその先の社会主義革命を目指すために、まず日本社会に残る前近代性（封建遺制）を払拭しようとします。ここに日本には特殊日本的な「資本主義社会」は存在するにもかかわらず、ヨーロッパ的な「市民社会」はそれが civil society であれ die bürgerliche Gesellschaft であれまだ存在しない、という講座派特有の認識が生じることになります（植村、２０１８）、したがって、日本が当面する変革の課題は、まず「ブルジョア民主主義革命」によって「市民社会」＝「西洋的な近代社会」を実現することであり、社会主義革命を起こすのはそのあと、ということになります（二段階革命論）。

一方、日本社会にも普遍的な資本主義のロジックが貫徹することを主張し、資本主義の「ゆがみ」を強調する講座派の「二段階革命論」を批判したのが労農派の論客でした。両者の間で戦わされた「日本資本主義論争」は、今日から見れば単に左翼陣営内の路線対立にとどまらず、日本などアジアの後進国が欧米と同じような普遍的な近代化の道をたどるのか、それとも独自の近代化の道があり得るのか、という点をめぐる社会科学上の大きな課題を含む論争でもありました。

さて講座派に代表される、いわば日本社会を批判的に眺める基準として「市民社会」、すなわち西洋的な近代社会をとらえる姿勢は、戦後の社会科学者たちにも引き継がれました。いわゆる市民社会派と呼ばれる人たちです。すなわち、ヨーロッパの資本主義の発展が「自由・平等・独立的個人」を持った「市民社会」を生み出したのに対して、日本にはまだ十分に成熟した市民社会が成立していない、という主張が内田義彦、平田清明といった「市民社会派マルクス主義者」と呼ばれた知識人たちによって行われたのです。

この市民社会派によって、「市民社会」という概念は「人々が相互に尊重し合い、理性にもとづいて対等に対話を行うことを通じて、公共問題を自主的に解決していこうとする社会」、すなわち「目指すべき善き社会」ともいうべき規範的ニュアンスを含むことになります（坂本編、2017）。

市民社会派の議論のもうひとつの特徴は、国家と市民社会を対立的に捉えようとする姿勢です。明治以来の日本社会の近代化が、国家主導の上からの資本主義化として行われたため、スミスが理念型として示したようなアントレプレナーによる「下からの近代化」を通じた市民社会の形成がかえって阻害された、という問題意識がそこにはありました。その背景として、戦前の日本における社会の近代化が国家主導で行われ、「個」が確立した自立的市民によって担われなかったため、最終的に非合理的な対英米開戦に突き進み、「滅私奉公」的な総動員体制に至ったことに対する痛切な反省の念を指摘することができるでしょう。

例えば、市民社会派の代表的な論客のひとりである平田清明は、『市民社会と社会主義』の中で、次のように述べています。「日本をふくむアジアでは、個体の肯定的理解が成立しないのだ。個体は、共同体におのれを帰一させつくす（滅私奉公）か、己が私的利益の追求に汲々たる人間である（我利我利）かのいずれかなのである（平田、1946）」

このような表現は、今日的な観点からは一種の文化決定論として批判されるかもしれません。しかし、このような後進地域としての「アジア」における市民社会、という問題意識は、後に見るように現代中国においても切実な課題として議論を呼んでおり、今日においても決してアクチュアルな意味を失ってはいないのではないでしょうか。

「第3の社会領域」としての市民社会とそのゆくえ

(1) 冷戦崩壊と市民社会概念の変容

1989年のベルリンの壁崩壊以降、社会主義と自由主義陣営との間のいわゆる冷戦構想が崩れると、ヘーゲルやマルクスの影響を強く受けてきた「市民社会」概念も大きく変化します。そもそも社会主義体制の下では労働者の「貧民化」をもたらす市民社会の問題点は解決されたはずでした。しかし、実際は社会主義体制の下では官僚支配や言論の抑圧、生産の停滞など数多くの問題が生じていました。そのような旧体制の打破に立ち上がった人々が、「市民社会」を、「国家共同体」とも「自由な経済社会」とも異なる第3の意味合いで用いるようになったのです。その動きをあらたな「市民社会」に関する理論としてまとめあげたのが、西ドイツ出身の思想家、ハーバーマスです。

20世紀以降の高度消費社会の到来は、人々の実感に根差した秩序形成の場である「生活世界」と、より高度で複雑な、むしろ自動的な制御メカニズムに近いものとしてイメージされる「(社会)システム」との深刻な乖離をもたらしました。ハーバーマスによる市民社会論の代表作である『公共性の構造転換』は、自律的な個人が主体的に参画して構成される市民社会から、大企業や官僚システムに支配された没人格的な大衆社会へと社会が転換する中で、いかにして「市民的公共性」を保つか、という切実な問題意識のもとに書かれた書物です。

そのハーバーマスが、ベルリンの壁崩壊という現実に直面し、改めて〈civil society〉の直訳語として使い始めたのがZivilgesellschaftという言葉でした（植村、2018）。これは、1990年に出版された英語版の『公共性の構造転換』の序文の表現によれば、以下のような性質を持つ言葉だったのです。

《市民社会》の制度的核心をなすのは、自由な意志にもとづく非国家的・非経済的な結合関係である。もっぱら順不同にいくつかの例を挙げれば、教会、文化的なサークル、学術団体をはじめとして、独立したメディア、スポーツ団体、レクリエーション団体、弁論クラブ、市民フォーラム、市民運動があり、さらに同業組合、政党、労働組合、オールタナティブな施設まで及ぶ（ハーバーマス、1994）。

このように、冷戦の終焉以降、政治社会＝国家（政府）とも経済社会＝市場（企業）とも異なる、第三の社会領域の組織および運動として「市民社会＝市民団体」の影響力を評価する立場が現在の「市民社会」論の主流になり、政治学、経済学、社会学などの社会科学においても急速に普及していったのです。

今日的な政治学や社会学の文脈における市民社会については、①統治機構による公権力の行使が行われる領域としての政府セクター、②営利企業によって利潤追求活動が行われる領域としての市場セクター、③家族や親密な関係にある者同士によってプライベートな人間関係が構築される領域としての親密圏セクター、これら3つのセクター以外（典型的にはNPOや様々な社会団体）の社会活動領域である、としてほぼ合意がなされています（坂本編、2017）。

(2) グローバル市民社会と権威主義国家

前項でみたような第3の社会領域の組織および運動として、「市民社会＝市民団体」をとらえる姿勢は、日本や中国を含むアジアの国々でも急速に広がっていきます（李、2012、五十嵐、2018）。中国のような必ずしも欧米基準の民主制を採用しない、権威主義体制の国家の下でも、「第3の社会領域」としての市民社会は存在しており、一定の社会的意義を持つ、という立場からの議論が次第に増えてきました。その背景には「グローバル市民社会」という概念に代表されるように、それまでの領域的な国家と深く結びついた市民社会概念に代わって、水平的で国境横断的な、グローバルなネットワーク構築の中心的役割を担うものとして、NGOなどの第3の社会領域、すなわち「市民社会（Zivilgesellschaft）」の役割を再評価する潮流が台頭してきたことがあげられます（カルドー、2007）。

例えば李妍焱は、「市民社会は決して市民社会的伝統を有する欧米の国々、あるいは国家権力の相対化を追求する民主主義制度の「特許的領域」ではない。市民社会の伝統を有さない国においても、社会主義を標榜する国においても、国家が公共の問題のすべてをコントロールできない以上、市民社会の存在が現実的に可能となる」として、中国で活躍する多くのＮＧＯに取材し、その活動を日本の読者に紹介しています（李、２０１２）。

一方で、中国のような権威主義国家における市民社会＝ＮＧＯについては、結局のところ「権力に従順」であり、ハーバーマスの構想した「公共的な討論」に参加して「世論を形成する諸結社」としての市民社会の側面がぜい弱なのではないか、という批判が絶えずなされてきました。

例えば、中国法を専門とする鈴木賢は次のように指摘しています。「中国の社会組織法制は厳しい制御〔控制〕主義と一定程度の放任主義を特徴とすると概括されるが、政治的、社会的安定を優先させることを考慮して、社会組織の発展をできるだけ抑制することを基調とした。[1]党国は党国のコントロールが及ばない「社会」が育つことに強い警戒感を抱き、その勢力の拡大を恐れてすらいるように見える」「党国は党国に決して逆らわず、聞き分けのよい、むしろ協力的で、利用価値の高い社会組織だけを育成しようとしているのである」。（鈴木、２０１７）

また、辻中豊らも「現状において、中国の市民社会組織に許された活動空間は、限定的といわざるを得ない」と指摘した上で、中国共産党第16期中央委員会第６回全体会議（２００６年10月）では、「民間組織」に代わり「社会組織」という新たな概念が提出されたことに注目しています。というのも、「この呼称の変化は、「民間」という言葉に内包された「主体性とエネルギー」を否定し、団体を、共産党が領導する「社会建設」に貢献すべく再定義する動きであった」からです（辻中・李・小嶋、2014）。

このような批判に対して、李は、溝口雄三の『中国の公と私』を援用しつつ、中国の市民社会における「公共性」概念として、「天理」概念に代表される儒教思想が重要な役割を果たすと述べています（李、2018、溝口、1995）。すなわち、「中国の公観念には、『天』の観念が色濃く浸透しており、それは古来の『天理』、すなわち『万民の均等的生存』という絶対的原理に基づく。政府、国家も、世間や社会、共同も『天理』を外れてはならない」「公共性を担う存在として、国家も市民社会もその正当性は所与のものではなく、『天理に適う』ことによって担保される。天理に適う役割を示さなければ、公共性を担う資格（権威）が認められない」というわけです（李、2018）。

しかし、このような伝統概念によって市民社会の正統性を裏付けようという試みが行われること自体、中国のような非西洋社会において市民社会の基盤の上に「公共性」を打ち立てることの困難さを物語っているように思えます。その「公」観念が「天理」概念に代表される儒教思想によって支えられているのだとすれば、「市民派マルクス主義」が日本社会を対象に指摘した、社

（1）一党独裁制において、国家機関と一体化した党組織のことを指す（引用者注）。

会の近代化が「個」が確立した自立的市民によって担われてこなかった、という問題は、そのまま中国社会にも当てはまると考えられるからです。

現代中国社会では、格差の拡大や大気汚染などの公害や役人の汚職の蔓延、といった現象について、人々が「私利私欲」を追求するあまり、「公」的なものをないがしろにした結果だ、という指摘がしばしばなされてきました。また、習近平政権が大々的に行った反腐敗キャンペーンに象徴されるように、中国共産党はそこに「公共性」のタガをはめようとその「領導権」を通じて積極的な介入を行っています。これらのキャンペーンがその苛烈さにもかかわらず広く人々の支持を得ているのは、多くの人々が限度を超えた私欲の追求が横行する現代社会において何らかの「公共性」を実現するためには党の権力に頼らざるを得ない、と考えているからではないでしょうか。そこでは、経済発展によって解放された私欲の追求と、「公益」との両立をどのように行うか、というヘーゲル以来の問題がいまだ未解決のまま投げかけられている、といえるでしょう。

その意味では、アジアにおいて、個人がそれぞれ公共性の担い手となるよりは、「共同体におのれを帰一させつくす（滅私奉公）か、己が私的利益の追求に汲々たる人間である（我利我利）かのいずれか」と指摘した平田清明の問題提起は、決して過去のものになったわけではないのです。

(3) テクノロジーが掘り崩す市民社会の基盤

ハーバーマスらが「第三の社会領域」に注目しつつ、なんとか擁護しようとした「市民的公共性」という概念が、高度消費社会の中でその現実的基盤を失いつつあることを見据え、独自の現代社会論を展開しているのが、批評家の東浩紀です。

東は、ミシェル・フーコーらによる「管理社会」批判の成果を踏まえる形で、資本や国家がひたすら快適な生活空間を提供するという「環境管理型権力」によって飼いならされた結果、ハーバーマスらが想定していた、公共性を担うはずの市民たちがもはや自立した意思決定を行い得ず、「主体」として社会に働きかける契機を失った、いわば「動物化」した存在になっているのではないか、という問題提起を行っています(フーコー、2007、東、2001)。

確かに、現代社会における急速なＩＴの普及、生活インフラのインターネット化は、膨大な個人情報の蓄積とそれを利用したアーキテクチャによる社会統治という新たな「管理社会」「監視社会」の到来という状況をもたらしている、といえるかもしれません。

このような「管理社会化」あるいは「監視社会化」およびそれらの市民社会との関係については、これまでも欧米や日本などの事例をめぐって活発な議論の蓄積があります。そこでは、テクノロジーの進展による「監視社会」化の進行は止めようのない動きであることを認めたうえで、大企業や政府によるビッグデータの管理あるいは「監視」のあり方を「第三の社会領域」としての市民社会がどのようにチェックするのか、というところに議論の焦点が移りつつあります。

しかし、現代中国のような権威主義体制をとる国家において、そのような「市民（社会）」による政府の「監視」の監視」というメカニズムは十分に機能しそうにありません。例えば中国ではアリババやテンセントといった大手ＩＴ企業が提供するネット決済のシステムや「社会信用スコア」が利便性を求める人々の私欲を充足させると同時に、テクノロジーに裏付けられたアーキテクチャによって「環境管理型権力」の洗練に一役買っています。その「環境管理型権力」には、例えば２０１０年にノーベル平和賞を受賞しながらその後国家転覆罪の判決を受け、２０１７年に死去した劉暁波のようなリベラル派知識人による政府批判の言説が、そもそも多くの市民の目に入る前に排除される、というインターネットの言論統制も含まれています（梶谷、２０１８）。

かといって、中国のような権威主義的な国家における「監視社会」化の進行を、欧米や日本におけるそれとは全く異質な、おぞましいディストピアの到来として「他者化」してしまう短絡的な姿勢もまた慎むべきでしょう。「監視社会」が現代社会において人々に受け入れられてきた背景が、利便性・安全性と個人のプライバシー（人権）とのトレードオフにおいて、前者をより優先させる、功利主義的な姿勢にあるとしたら、中国におけるその受容と「西側先進諸国」におけるそれとの間に、明確に線を引くことは困難だからです。

テクノロジーによる管理社会化の進化によって社会の「公」的な領域と「私」的な領域の関係性が揺らぎつつある現在、私たちはむしろ、私的な経済利益を追求する存在としての「市民

(bourgeois)」と、より抽象的な人倫的理念を追求する「公民(citoyen)」との分裂をいかに克服するか、という古くて新しい問題群に改めて直面しているのではないでしょうか。

[参考文献]

東浩紀『動物化するポストモダン』講談社現代新書、2001年
アリストテレス『政治学』山本光雄訳、岩波文庫、1961年
五十嵐誠一『東アジアの新しい地域主義と市民社会――ヘゲモニーと規範の批判的地域主義アプローチ』勁草書房、2018年
稲葉振一郎『「公共性」論』NTT出版、2008年
植村邦彦『市民社会とは何か』平凡社新書、2010年
植村邦彦「日本に「市民社会」は存在しないのか?:『市民社会とは何か』著者、植村邦彦氏インタビュー」『SYNODOS』2018年1月12日、https://synodos.jp/society/20931、2019年1月25日アクセス
梶谷懐「『リベラル』な天皇主義者はアジア的復古の夢を見るか――緒形康氏の批判に応える」『現代中国研究』第40号、2018年
カルドー、メアリー『グローバル市民社会論――戦争へのひとつの回答』山本武彦・宮脇昇・木村真紀・大西崇介訳、法政大学出版局、2007年

坂本治也編『市民社会論：理論と実証の最前線』法律文化社、２０１７年
鈴木賢「権力に従順な中国的「市民社会」の法的構造」石井知章・緒形康・鈴木賢編『現代中国と市民社会―普遍的《近代》の可能性』勉誠出版、２０１７年
スミス、アダム『国富論　国の豊かさの本質と原因についての研究（上・下）』山岡洋一訳、日本経済新聞社出版局、２００７年
辻中豊・李景鵬・小嶋華津子『現代中国の市民社会・利益団体――比較の中の中国』木鐸社、２０１４年
成瀬治『近代市民社会の成立――社会思想史的考察　歴史学選書８』東京大学出版会、１９８４年
ハーバーマス、ユルゲン『公共性の構造転換　第２版』細谷貞雄・山田正行訳、未来社、１９９４年
平田清明『市民社会と社会主義』岩波書店、１９６９年
フーコー、ミシェル『ミシェル・フーコー講義集成７　安全・領土・人口』高桑和巳訳、筑摩書房、２００７年
ヘーゲル、Ｇ・Ｗ・Ｆ『法の哲学』藤野渉・赤沢正敏訳、中公クラシックス、２００１年
ホッブズ、トーマス『リヴァイアサン』水田洋訳、岩波文庫、１９９２年
マルクス、カール『ユダヤ人問題によせて・ヘーゲル法哲学批判序説』城塚登訳、岩波文庫、１９７４年
溝口雄三『中国の公と私』研文書院、１９９５年
李妍焱『中国の市民社会――動き出す草の根ＮＧＯ』岩波新書、２０１２年
李妍焱『下から構築される中国――「中国的市民社会」のリアリティ』明石書店、２０１８年
ロック、ジョン『完訳　統治二論』加藤節訳、岩波文庫、２０１０年

第9章

歴史の中の「国家」

［本章のポイント］

「国家」の概念は、時代や地域を越えて一般的に用いられがちですが、実際のところその普遍的本質は大変つかみにくいものです。多くの場合「国家」といえば、近代に構築された、そして私たちにとって「当然」に存在する主権的領域国家が想像されますが、そのイメージを近代の外部のさまざまな政治体にそのまま当てはめて理解するのは大いに問題があります。本章では古代ギリシヤや前近代の東南アジアを参照することで、国家概念の潜在的な多様性を示すとともに、そのことが近代的な主権領域国家の質的変容の捉え方にかかわることを指摘しています。

国家とは何か

国家は、グローバル化が進み、われわれの活動空間が国境を越えて大きく広がりつつある今日においても、われわれの人生の道筋やアイデンティティのあり方を大きく規定する大きな存在です。そして現在、社会において「国家」は「主権国家」を指します。主権国家とは、「主権」を保持する国家であり、近代のヨーロッパにおいて誕生しました。主権国家という国家形態が浮上するのと同時に、この主権国家を構成単位とする主権国家システムも形成されました。この主権国家システムは、その後紆余曲折を経て世界を覆うシステムとして拡大し、今日の国際社会の骨格をなしています。

この主権国家は、当初、世俗の君主（国王）が、中世ヨーロッパにおいては時には君主を凌駕する実力を持っていた封建領主（貴族）や、キリスト教の権威に基礎づけられた上位権力（教皇や神聖ローマ皇帝）などの支配権を侵食し、自国の領域に対するその権限と支配を強化することで、絶対主義国家として誕生しました。しかしこのような、君主が主権者となって統治権を行使する絶対主義国家としての主権国家は、その後、国民が主権者である国民国家に取って代わられていくようになります。当初は「ニュータイプ」の国家であり、既存の君主主権の国家からは危険視された国民国家ですが、20世紀初頭には、国民国家こそが主権国家としての存在形態のスタンダードとなります。

よって、現代の国際社会はこの国民国家で構成されている社会という側面を持っています。国境を越える動き（典型的には、グローバル化）の動きは加速し、また地方分権の流れも各地で多く見られる中、国家の地位は相対的に低下しているようにも見えます。しかしながら、国家という存在は、いまだわれわれの活動範囲を強く規律していることも否定できません。卑近な例でいえば、例えば国境の移動に関してなぜ、正式にはパスポート、必要な場合にはビザも必要であるというのか、考えてみる必要があるでしょう。

本章では、国家という、われわれにとって重要な政治的「単位」について考えてみましょう。まず、近代において登場した主権国家とは何か、さらに、「特別な」主権国家であり、現在の主権国家のスタンダードである国民国家とはどのような国家なのかを見ていきます。そのうえで、歴史上、主権国家や国民国家とは異なる、さまざまな形態の「国家」が存在したことを紹介し、現在われわれが目にしている「国家」との違いに目を向けてみましょう。そして最後に、われわれにとっての国民国家の重要性を再確認したうえで、近代の産物である主権国家、国民国家の将来について改めて考えてみましょう。

主権国家

主権国家とは何でしょうか。まず、国際法上の定義を見てみましょう。国際法では、国家とは①確定された領域、②そこに居住する永久的住民、③主権を行使する政府、④外交能力という4つの要素を備えるとされます[1]。また、20世紀初頭の偉大な社会学者であるマックス・ウェーバーは、国家を「国境で区切られたある一定の地理的領域内で、物理的強制力の行使を正当に独占する組織」と定義しています（ウェーバー、1980）。さらに、政治理論学者であるダントレーヴは、名著『国家とは何か』において、マキャベリの議論を借りながら、近代以降の「国家」を、「一定の国民に対し、一定の領土内において実力を行使し、またその実力の行使を統制する資格を備えた一個の組織体」という特徴を持つと指摘しました（ダントレーヴ、1972）。

以上のどの定義においても共通して見られる、近代以降登場した主権国家の重要な特質は、領域性です。すなわち、国家は境界で仕切られた、確定された領域を備えています。さらに、主権国家はこの確定された領域において、物理的強制力を伴う形で、絶対的（誰とも主権を分有しない）かつ排他的（誰からも干渉を受けない）統治を行います。排他的統治を行い得るということは、国家は、その確定された領域において最上位の政治的権威としての正統性を獲得していることを意味しています。

本章の冒頭で、主権国家とは「主権」を保持している国家であると述べました。主権という概念を確立するのに大きく貢献した16世紀の思想家、ジャン・ボダンは、「主権とは国家の絶対的にして永続的な権力である」と定義しました（佐々木、２０１４）。もう少し「主権」の内容について見てみましょう。

主権には、２つの側面があります。ひとつは、確定された領域に対して、絶対的かつ排他的に、最上位の存在として管理・統治を行う、「対内的主権」です。もうひとつは、ある確定された領域において最上位の存在である国家間の関係は、対等で独立であるという、「対外的主権」です。この「対外的主権」は、主権国家間の平等、そして内政不干渉といった、国際社会の重要な規範の根拠となっています。さらに、主権国家は、その確定された領域において最上位の政治的権威であるわけですから、その上位に、主権国家を上から統治、管理する超国家的な主体（世界政府といったような類い）は存在しません。現在われわれが生きる国際社会は、このような主権国家が基本的単位となっている主権国家システムを基本としているのです。

しかしながら、この主権国家なるものはよく考えると非常に不可思議な存在です。例えば、境界を確定させ、そこに外部からの侵略や内部からの反乱を許さず絶対的統治を行うことは、非常

（1）　１９３３年に締結された「国家の権利および義務に関する条約（通称モンテヴィデオ条約）」第1条にこの4要素の規定がある。

に多くのエネルギーと多大な実力が必要です。直感的に考えれば、支配者の権力は支配者の存在が存在している、いわば国家領域の中心部に近ければ近いほど、強く、かつ素早く及ぶはずです。歴史上何度も登場した、広大な領域を支配下に置く大帝国が、帝国の中心から離れた周辺部、ないし辺境の支配をなんとか確定させ、安定的な統治を行う仕組みを整備するのに力を費やしてきたことを想起してみましょう。そしてしばしば、辺境の反乱によって、帝国は弱体化し、滅亡への道を歩んだのです。領域を確定させ、かつその内部を絶対的かつ排他的に支配するというのは、かなりの実力を要することなのです。

すなわち、主権国家とは、法体系の整備を含む統治システムが綿密に構築され、法体系に基づいた行政を通じた統治力も格段に強く、また人々にとってその存在の正統性が強く認識されている政治体なのです。こうした主権国家は近代において登場しました。むろん、主権国家の登場から今日までの間、主権国家の形態自体大きく変化しました。一般的に、30年戦争の戦後処理のための条約であるウエストファリア条約（1648年）は、主権国家および主権国家システムの形成を示すとされています。しかしながら、この条約が結ばれた17世紀半ばの時期には、先ほどから述べている領域内の絶対的かつ排他的統治、主権国家とみなされ得る統治体同士の対等の関係などは、まだ十分に確立していたわけではないことは、近年の研究で明らかになっています。さらに重要な点は、主権を行使する主体は、かつては君主でしたが、前述したように、現在、主権国家の主権を行使すべき主体は国民、ないし人民です。

主権国家の実体がこのように歴史的に変化してきたことには留意が必要です。しかしながら、領域を確定し、物理的強制力を独占したうえで領域内を絶対的かつ排他的に管理統治し、対外的には独立・対等な関係を維持するという主権国家という国家形態が、近代のヨーロッパで登場し、さまざまに形を変えつつもその本質は維持しながら、われわれにとっても重要な統治体であり続けていることに留意すべきでしょう。

国民国家

次に国民国家について考えてみます。前述のように、主権国家は世俗の王権（君主）が権力を伸長・強化し、絶対主義国家として誕生しました。しかしながら、そうした主権国家が形成・誕生していく近代以降、政治思想のレベルでは、統治者と被統治者との関係についてさまざまな検討が行われるようになります。

前述したジャン・ボダンのいう「主権」は、外部からのあらゆる権力からの自由とともに、内部の臣民からの拘束からの自由をも内包する概念でした。よって、彼のいう国家は主権を行使する権力者＝君主の領民に対する絶対的統治を擁護するものでありました。

しかしながら、その後、国家権力は一般の人々（領民、ないし人民）と国家との間の契約によって成立している、という社会契約説が登場します。17世紀に活躍した思想家であるホッブズは、強力かつ集権的な権力の存在しない社会における人間が「万人の万人に対する闘争状態」を避けるため、すべての人間が「自然権」を国家に委譲するという「契約」を結ぶことで社会秩序は安定すると論じました（ホッブズ、１９５４）。自然権とは、人間が生来保持している、生命・自由・財産・健康に関する不可譲の権利として理解されます。さらに、ジョン・ロックも、国家を統治する政府は諸国民の「合意」により設立されると論じました（ロック、２０１１）。

こうした議論を下敷きにして、ルソーは人民主権を論じ、人々が社会契約によって国家を設立すると論じました（ルソー、１９５４）。そしてそこで確立される政治体制は、主権者たる人民が、自分が従うことになる法やルールを自ら作り、それに従って生きる体制、いわゆる民主政に近いものであるべきであると考えたのです。彼の議論の中で興味深いのは、社会的な混乱が生じる可能性があるから人々は契約によって政府や国家を設立しなければいけない、というよりも、むしろ本来自由である人々が、共同体を形成することは不可避であり、また積極的な意義を持つと論じたことです（川出・谷口編、２０１２）。

こうして、君主やその周りの一部の人々ではなく人民こそが政府の主体であるべきという思想が18世紀までに展開していきました。そして、18世紀後半から末にかけて起こったアメリカ合衆国の独立とフランス革命では、ルソーの人民主権論がその正当化のための論理として利用されることになったのです（山影、２０１２）。イギリス支配下にあった13の植民地の独立は、君主を立てず、またイギリス王権を否定する文脈で、人民との社会契約によって国家建設をするという論理で実行されました。ただ、アメリカは、個々の人民の直接の共同体運営への関与（特に立法権）を重視していたルソーが否定していた代表民主制を採用することで、広大な領域と点在する自らの国民を統治することを実現しました。ここに、世襲の君主ではなく、その国に属する一般の人々（当初はその一部）が主権者である主権在民の国家、すなわち国民国家が誕生したのです。

さらに、１７８９年に勃発したフランス革命とその後の経緯は、国民国家の登場の決定的な契機となりました。フランス革命は、君主主権を否定する原理が、ヨーロッパという当時の世界の中心であり、またフランスという大国で正統性を得たことを意味しました。それは、当然近隣の君主主権を維持しようとする他の国家の反発と深刻な恐れを産みました。よって、フランス以外のヨーロッパの君主制のもとにあった諸国家は、フランス革命を潰すために対仏戦争に乗り出します。しかしながら、革命を守ろうとする強力なフランス国民軍を打ち破ることはできず、その後こう着状態を経て、ナポレオンが登場します。皇帝となったナポレオンのもとでのフランスは、イギリスとロシアを除くヨーロッパ全土をその手中に収めました。しかしながらこのことが、逆にヨーロッパ中に主権在民の考え方を広めるとともに、ある領域に居住する人々を主体とした政治的自決を、新たな国家の建設、独立によって実現しようというナショナリズムの考え方を勃興、拡散させることになったのです。

ナポレオン戦争が終わった19世紀初頭、ヨーロッパの大国はそのような主権在民やナショナリズムに基づく政治的動きを封じ込めようとしましたが、結局それはうまくいきませんでした。19

世紀には、例えばラテンアメリカ諸国のように、多くの場合共和制を採用して植民地からの独立を果たした国々、またイギリスのように君主制を維持しながらもその権限を縮小し、立憲君主制として国民国家化を遂げた国々、というように、国民国家が多く登場することになりました。そして20世紀初頭には、国民国家こそ主権国家のスタンダードな形態として定着していくようになります。第1次世界大戦後に主権国家としての地位を確保した中東欧諸国も、第2次世界大戦後に独立した多くのアジア・アフリカ領域の国々も、こうした「国民国家」というスタンダードに則った国家の形成を目指したのです。

主権国家が国民国家化したことで、主権者が交代したことはもちろん、それによりそこで実現すべき政体は君主制から民主制、立憲君主制に変化します。また、国家の領内に住む領民の権利は、ホッブズやロックが論じていたような、君主に問題があった場合にそれに人民が抵抗できるとした抵抗権から、人が人であるということをもって当然に享受し得る基本的人権や市民権であるとされるようになりました。もちろん、外交のあり方も、君主の利益を守るというものから、国民の利益（国益）を実現するというものに変化します。

何より大事なのは、国民国家は、国民という政治共同体に基礎づけられ、また国民の自己統治の仕組みを組み込んだ国家であり、現代社会はそうした国民国家という国家のあり方が基本となっているということです。さらに、世界中に住む人間たちがどこかの国民国家に国民の一員として属しているという建前になっています。これは言い換えれば、われわれ一人ひとりが、自国の「国民」という形で政治共同体の一員であり、その国を動かす責務を負っているということでもあるのです。

「国家」のさまざまな形態

ここで視点を変え、あえて、歴史上登場した、主権国家・国民国家とは異なる形態の「国家」に焦点を当ててみましょう。まず、近代以降の人間たちに民主主義や民主制のモデルを提示したとされるギリシャのポリス国家を挙げてみます。

(1) 古代ギリシャのポリス国家

古代ギリシャのポリス国家は、政治学の分野でも、また国際政治学・国際関係論でも、よく取り上げられます。前者においては、民主政治の源流としてのポリス、特にアテネが最も典型的な民主政が行われたポリス国家として取り上げられます（川出・谷口編、2012、佐々木、2007）。アテネは、「ノモス（法）」の権威の下で、自由を尊重する市民たちによる政治が行われたとされるポリスの中でも、特に徹底的に市民の直接参加による民主政治が行われていたとされています。アテネにおいては、「市民」のすべてが平等に参政権を持ち、政治に参加する権利を持っていました。また、政治の仕組みと軍事の仕組みは密接に関連しているものですが、こうした「市民」の政治的発言力の大きさは、重装騎兵が主流になり、さらに海軍力増大によって多くの漕ぎ手が必要となったアテネにおいて、多くの人々を戦争に動員する必要が生じたからだとされます。これは別の言い方をすれば、多くの一般の「市民」が、ポリスの自由＝独立の維持と名誉をかけて戦ったということでもあります。これは、現代におけるナショナリズムを思い起こさせるものです。

また、後者の国際政治学・国際関係論において、特に、国際政治は主権国家の国益を追求するという利己的な性向によって決定づけられ、国家間関係の基調は闘争であると見るリアリズムの立場から、古代ギリシャのポリス間政治が、現代国際政治の原型として語られます。国家間のパワーバランス、あるいは国家の力の分布によって国際システムのありようが決定される、という立場からすると、トゥキュディデスの『戦史』の中で描いた、アテネとスパルタの覇権を賭けた興亡は、今日における国家間関係と古代ギリシャのそれとは何ら変わるところがないことを示すものであるとされます（Nye and Welch, 2009）。

アテネ、スパルタそれぞれを盟主とするデロス同盟とペロポネソス同盟との対立、紛争が生じた際、それぞれの同盟国を従えて繰り広げられる戦争、この2大ポリス以外のポリスの、時機を見つつ両陣営の間を移動する有様、それを討伐するアテネないしスパルタ。こうしたポリス間政治のダイナミズムは、近代以降の主権国家間の国際政治のそれを彷彿とさせるのは事実です。特に、アテネ・スパルタおよび他のポリスを巻き込む大戦争となったペロポネソス戦争の発端が、エピダムノスの処遇を巡り、この植民市を共同設営者であったケルキュアとコリントスという都市間の戦いにあったこと、そして敗者側のケルキュアがアテネに支援を求めたことを契機に戦いが拡大していく様は、まさしく局地戦争が拡大していくという形をとった第1次世界大戦を想起させます（Nye and Welch, 2009、村川、１９８０）。

このように、古代ギリシャのポリスと主権国家・国民国家は似通っているところもあります。しかしここで明確にしておかねばならないことは、ポリスを一種の「国家」と捉え得るとしても、それは現在の主権国家、国民国家とは大きく異なっているということです。ここで、例えばアテネでは、統治者と被統治者は同一であるということが徹底されたため、実際の意思決定の方法は「民会」と呼ばれる、市民全員が参加し、発言する権利があるポリスの最高の議決機関によって行われたことの意味を考える必要があります。このような直接民主制の徹底は、現在の民主主義国家で原則として採用されている代表民主制とは異なるものです。そしてそれは、まず何より領域および人口規模がポリスと近代以降の主権国家とは異なっていたという事情を考えねばなりません。アテネの領域は今の神奈川県ほどしかなく、ある推計によると、ペロポネソス戦争の起こった紀元前5世紀のアテネの人口は約15万人ほどだったといわれます（Chandler, 1987）。

さらに重要な点は、政治に直接参加し、ポリスのために平時も戦時も身を捧げる自由な市民は奴隷制を維持していた古代ギリシャの世界においては、アテネをはじめどのポリスにおいてもごく限られた人々であったということです。「市民」とは成人男子のことであり、女性や外国人は差別されていました。よって、アテネの場合、全人口のうち市民の割合は約5分の1であったとされています。「自由」を掲げるギリシャのポリスは、現在の国民国家では前提となっている、人がすべて平等でかつ一定の権利を持つという基本的人権という概念とは無縁だったといえましょう。

(2)「東南アジア的」国家

もうひとつ、近代以降の主権国家や現代主流となっている国民国家とは異なる「国家」の例をあげてみましょう。ここでは、東南アジアにおいて、この領域が「西洋の衝撃」のもとで植民地として再編される以前に見られた独自の「国家」に焦点を当ててみたいと思います。東南アジアの前近代を明らかにするための客観的資料が非常に乏しい中で、多くの研究者らが、植民地化される以前の東南アジアに見られた独自の「国家」の姿やその展開を説明するためのさまざまなモデルを提示してきました。

東南アジアは、中国文化圏、インド文化圏、イスラム文化圏、さらには西欧のキリスト教文化圏といった複数の相互交流や作用の要路にあたっています。よって、この地域には、仏教、イスラム、ヒンドゥー、キリスト教といったさまざまな宗教を伴いながらさまざまな外来文化が流入してきました。当然、東南アジアにおける「国家」の成立にもこうした外来からの刺激が大きく影響しているのですが、それとともに重要なのは、東南アジア全般に見られる地理的および生態系的条件でした。東南アジアと一言でいっても、その内実は多様性に満ちているのですが、地理的にもっとも単純化した分類として、インドシナ半島を中心とする大陸部と、マレー半島および現在のインドネシアやフィリピンなどが存在する多島海を中心とする島嶼部アジアとの２つに分類できます。そして、大陸部においては多くの山脈が連なる間に川が流れ、盆地が点在するもの の、渓谷を除いては盆地と盆地の間の交通はきわめて難しく、また土地も狭いため、農業が発展したとしても小規模なものに留まります。また、島嶼部も、熱帯雨林地帯に属するため、圧倒的な緑に妨害され、水路を通じてしか相互に交流することはできません。

このような条件は、東南アジアの大陸部においても島嶼部においても、小規模かつ独立性の高い集落の点在を促すことになりました（石井・桜井、１９８５）。他方、島嶼部において、コショウ・錫・香料などの特産品が多く、中国の隋唐時代や宋時代に東南アジアを経由する形で東西貿易が盛んになると、特産品への需要が高まり、それらを集約して商人に供給するための集落が河口に発達し、商業機能に特に特化した「港市」として発展しました。

「港市」とは、港に付随して形成され、発展した都市です。さらに、大陸部においても、農業を基盤とした集落は大規模な発展を遂げるのが難しかったものの、やはり交易の盛んな時代には、その農産物への需要が高まるため、それを外界につなぐ、内陸部とつながる河川の河口の「港市」の発達を促すこととなりました。そして「港市」で行われる貿易活動を基盤とする国家を「港市国家」といいます（Kathirithamby-Wells and Villiers, 1990）。

このように、港市の交易の発達が、内陸の農業生産を刺激し、農業生産の増大が、交易を促進するという関係が、東西貿易の活発化と衰退の波に影響されながら東南アジアにおいては展開したといえます。これは、交易によって発達した港市国家と、農業生産を基盤とした内陸国家が並存し、相互に影響を与えあっていたということでもあります。

と同時に、このような状態は、ヨーロッパ近代で見られたような領域支配を基本とする集権的かつ強力な「国家」の出現を難しくしました。むろん、広い地理的範囲をその影響下に置くような国家も出現します。例えば7世紀のシュリーヴィジャヤ（室利佛逝）、13世紀に最盛期を迎えたというクメール王国、14世紀のアユタヤ、長らくベトナム南部に勢力を展開したチャムパーなど多くの例があります。しかしながら、これらの王国の支配は決して安定的ではなく、その勢力範囲も伸び縮みを繰り返しましたし、そもそも領域を絶対的かつ排他的に支配する、という発想そのものが希薄でした。

こうした「東南アジア的国家」ないしその支配形態の一般的特質の議論は多くなされています。代表的な議論が、ウォルターズによるマンダラ論です。彼は、海域世界の政治秩序をマンダラになぞらえました。マンダラを構成する諸仏に当たるのが海域に散らばる無数の国家です。そして、勢力の強い国家は周辺の国家を従えますが、国家間の関係は相互に独立的で完全な支配・従属関係になく、王の支配は一代限りであり、国家の勢力範囲はそれぞれの王の支配力の変化によって伸び縮みを繰り返すため、ひとつの世界の中で中心は常に移動します（Wolters, 1985）。

東南アジアで、チャムパーやシュリーヴィジャヤ、アユタヤ、クメールといった大きな勢力範囲を誇る強大な国家が出現したとしても、原則として上記のような形の不安定な構造を伴っていたと考えられています。例えば、途中断絶がありながらも14世紀から約４００年間繁栄を続けたアユタヤは、チャオプラヤー川流域に存在した、東南アジアにおいては比較的強大な国家でした（池端、１９９４、１２９ページ）。しかし、無数の都市を傘下に収めるマンダラ構造を持っていたとされます。すなわち、アユタヤはビサヌローク、コーラート、リゴールなど周辺に拠点となる衛星国を置き、それら衛星国は周辺の朝貢国を傘下に置いていました。こうした階層的な構造を備えたアユタヤは、アンソニー・リードのいう「交易の時代」の初期において栄えた港市国家でもありました。王と貴族層は各地における交易を主導することで支配を確立していたものの、王は絶対的な権力を持たず、よって力を補完するために仏教という外来の宗教を受け入れその権威を借りるなど、外来の権威を必要としました。こうした王および「国家」のあり方は、われわれが理解する主権国家の形とはかなり異なるものであるといえましょう。

ちなみに「交易の時代」とは、ヨーロッパ勢力がアジア圏に進出する前の15世紀から17世紀にかけて、東南アジアにおいて各地の港市を結ぶ交易ネットワークが栄えていた時代を指します（Reid, 1997）。この時代、中国、西アジア、ヨーロッパにおける経済的膨張を受け、東南アジア産品への需要拡大が東南アジアにおける生産拡大を促し交易を活発化させ、飛躍的な経済発展と政治的・社会的変動をもたらしたとされています。つまり「交易の時代」とは、「西洋の衝撃」

が到来する以前の、東南アジアの姿を活写する概念であり、この項で見たいわゆる東南アジア的な「国家」が特に発展したとされる時代を指します。

このように、近代的な主権国家以外の「国家」の例を2例見てみました。その上で、世界中の歴史の中で存在してきた、主権国家や国民国家以外の統治体・政治体を見るときに、われわれが自覚していなければならないことについて述べておきます。それは、そうした場合、われわれは意識的であれ無意識であれ、慣れ親しんでいる「主権国家」のあり方を参照軸としているということです。われわれは、過去を振り返り、さまざまな統治体、政治体を見るとき、現在存在する主権国家が持つ特徴とは何かを特定し、比較してそれとの差異を見出すことで、それらの統治体、政治体の特徴を把握しようとします。すなわち、近代的な視点を脱しようとすればするほど、近代の産物としてわれわれの身の回りに存在するさまざまな事象を強く意識していることになるのです。過去における、近代的な主権国家ではない「国家」を見出そうという、われわれ現代人の知の営みは、そうしたジレンマを常に抱えているといえましょう。

最後に――国家についての将来展望

現代社会に生きるわれわれにとって、自分がどの国家に属しているかは、今でもわれわれの人生を大きく規定します。内戦で混乱し、難民として他国に逃れなければ身の安全も計れないといった国にたまたま生まれてしまった場合と、政府の統治の下で（完全ではないにせよ）秩序が一定程度保たれている国に生まれるのとでは、その人の人生経路は全く異なってしまうでしょう。また、国民国家は最重要な政治共同体です。例えば、参政権の付与がなされ、その国のあり方に直接関わることができるのはその国の国民のみです。アメリカの大統領が誰になるのかこれだけ世界に影響があるのに、それを選ぶ権利があるのは、アメリカ国民のみなのです。NGOなどが環境、人権などの分野で活動を広げつつあるグローバル市民社会の範囲は広がりを見せているとはいえ、一人ひとりの人間が市民として政治参加する主要なルートは国政参加です。そういう意味で、現実問題として、現在のわれわれにとっての「国家」の重要性を無視することはできません。

他方、現在見られる主権国家が盤石かというとそうではありません。そもそも、主権国家、国民国家ともに近代以降のヨーロッパを中心とする世界の政治的経済的社会的変化に対応しながら生み出された歴史的構造物です。ということは、現在の形の主権国家、国民国家が今後もこのまま存続するという保証はありません。これまで、近代ヨーロッパ以外の世界においてさまざまな「国家」が存在したように、今後近代的世界の産物としての現在の国家のあり方そのものが何らかの形に変化していく可能性があるのです。

実際、主権国家や主権に対する批判はこれまでも多くなされてきました。例えば、主権を戦争の原因であるとみなし、それを廃止して世界政府ないし世界国家を樹立しなければならないという議論が流行しました。その中のひとつ、１９４５年に出版されたエメリー・リーブスの『平和の解剖』は、科学技術や産業の発展によって相互依存が深まる現代社会において、主権国家は時代錯誤であると論じていました。

当時に比べ、国境を超えたヒト・モノ・カネ・情報の移動がかつてとは比べ物にならないほど量的、質的ともに飛躍的に拡大している現在、世界の一体化＝グローバル化が大きく国家のあり方を変化させつつあるとの議論もあります。例えばグローバル化は国家の管理・統治能力を低下させているという議論があります。ただ、グローバル化がもたらす先進国と発展途上国の格差拡大、また双方の国内における格差拡大、地球環境の悪化、国境を越える犯罪や国際的テロリズムといった脅威の増大といったさまざまな負の産物を緩和するため、国家がその機能や規制を強化しようとする方向性も見られることにも留意する必要があるでしょう。国家の統治能力を超えて人々の活動が増大しているのも確かなのですが、国家が早々に「退場」するとも考えにくい現実もあります。

またグローバル化の進展している世界において多々浮上している環境、人権などに関するグローバル・イシュー（全地球的課題）や、ジェノサイドなど深刻な人権侵害を伴う地域紛争・内戦の激化といったさまざまな問題に、個々の主権国家も、また主権国家が並存している分権的な現在の国際社会では対応ができないといったことも指摘されています。現在の主権国家システムが容易には変化しそうもないという現実認識のもとで、グローバル・イシューへの対応必要性を考えた際に浮上したのがグローバル・ガバナンスという概念です。すなわち、国家間の協力の深化に加え、国際組織、NGO、多国籍企業、各国内の市民団体、企業、さらには個人（市民）が協働して、国際社会におけるさまざまな問題の解決をはかる試みが進められつつあることが論じられるようになってきています（渡辺・土山編、2001、遠藤編、2010、大芝・秋山ほか編、2018）。

また、冷戦終結後のグローバル化の急速な展開は、「帝国論」という別の議論も産みました。これは、グローバル化を主導した唯一の超大国としてのアメリカによる一極体制、具体的にはアメリカによる湾岸戦争やアフガニスタン戦争、イラク戦争などに典型的に見られる圧倒的な力・影響力の行使を受けて登場した議論です。帝国論にはネグリ＝ハートのような厳しい現状批判の観点からの議論から、アメリカが一主権国家を超えた権力を行使することを是と捉える議論まで幅広いものが含まれています（ネグリ＆ハート、2003）。それらに共通して見られたのが、現在の国際社会を、アメリカを中心とする、また国境を超えた社会の相互作用の急激な深化が見られる、ひとつの非公式な「帝国」とみなす点でした。これは、主権国家が並存する分権的社会、という捉え方では捉えられないさまざまな現実が存在するという立場からの、いわば現状把握の試みのひとつだったと位置づけられるでしょう。

すなわち、国家は、現在のわれわれにとって、もっとも上位にある政治共同体としての重要性を持っていますが、今後変化していく可能性もあります。変化の過程は緩やかかもしれないし、何か大きな変動に影響されてドラスティックに進むのかもしれません。いずれにせよ、社会や国際社会で噴出する問題により効果的かつ効率的に対応しつつ、われわれ自身が未来を創る能動的な主体でいられる統治のあり方とは今後どのようなものが考えられるのか、今はこうした本質的な議論が必要となっている時代だといえるでしょう。

［参考文献］

Kathirithamby-Wells J. and J. Villiers, eds., *The Southeast Asian Port and Polity: Rise and Demise*, Singapore University Press, 1990

Nye, J. S. Jr. and D. A. Welch, *Understanding Global Conflict and Cooperation: An Introduction to Theory and History*, Eighth Edition, Pearson, 2009

Reid, A., *Southeast Asia in the Age of Commerce, 1450-1680*, vol. 1, 1997

Wolters, O. W., *History, Culture and Region in Southeast Asia Perspective*, Institute of Southeast Asian Studies, 1985

池端雪浦『変わる東南アジア史像』山川出版社、１９９４年

石井米雄・桜井由躬雄『東南アジア世界の形成』講談社、１９８５年

ウェーバー、マックス『職業としての政治』脇圭平訳、岩波文庫、１９８０年

遠藤乾編『グローバル・ガバナンスの歴史と思想』有斐閣、２０１０年

大芝亮・秋山信将ほか編『パワーから読み解くグローバル・ガバナンス論』有斐閣ブックス、2018年
川出良枝・谷口将紀編『政治学』東京大学出版会、2012年
佐々木毅『主権・抵抗権・寛容――ジャン・ボダンの国家哲学』岩波書店、2014年（オンデマンド版、初版1973年）
佐々木毅『民主主義という不思議な仕組み』ちくまプリマー新書、2007年
ダントレーヴ、アレクサンダー『国家とは何か』石上良平訳、みすず書房、1972年
ネグリ、アントニオ、ハート、マイケル『帝国：グローバル化の世界秩序とマルチチュードの可能性』以文社、2003年
ホッブス『リヴァイアサン』水田洋訳、岩波文庫、1954年
村川堅太郎責任編集『ヘロドトス・トゥキュディデス』中央公論社、1980年
山影進『国際関係論講義』東京大学出版会、2012年
山本吉宣『「帝国」の国際政治学――冷戦後の国際システムとアメリカ』東信堂、2006年
渡辺昭夫・土山實男『グローバル・ガバナンス――政府なき秩序の模索』東京大学出版会、2001年
ルソー『社会契約論』桑原武夫・前川貞次郎訳、岩波文庫、1954年
ロック『市民政府論』角田安正訳、光文社古典新訳文庫、2011年

第10章　戦争と外交

［本章のポイント］

近代的歴史記述の形成過程においては、歴史といえば戦史やそれに関わる外交史が中心でした。人類史は戦争に満ちており、戦争を駆動力として人類は進歩を遂げてきたという発想は根強いものです。しかしそこでいう「戦争」とは何を指すのでしょうか。近代において「戦争」の概念は（近代的な）「国家」の概念とわかちがたく結びつけられてしまっています。そこから生じる見せかけの通歴史性を解除することなしに人類社会における暴力の問題を考えることはできないでしょう。

「戦争」「外交」とは何か

「戦争」というと、まず何を思い浮かべるでしょうか。第1次世界大戦、第2次世界大戦のような国家間の戦争かもしれません。または、2011年から始まったシリアにおける政府軍と反体制派との国内紛争、さらにはそこに参与しているアメリカやロシアによる戦争を思い出す方もいるでしょう。

また、「外交」という言葉でまず想起されるのは、近年でいうと、2018年6月のアメリカのトランプ大統領と北朝鮮の金正恩委員長との歴史的な会談、あるいは少しさかのぼって、冷戦中に世界に激震を走らせた72年のアメリカのニクソン大統領と中国の毛沢東主席との電撃的会談や、冷戦を終わらせることとなったアメリカのジョージ・H・W・ブッシュ大統領とソ連のゴルバチョフ書記長との89年のマルタ会談を思い出すかもしれません。

「外交」の延長線上にあると考えられているのが「戦争」です。一般的には、武力を伴わない平和的な手段である外交が行き詰まった結果、武力で問題を解決させようとするのが戦争です。19世紀に国家間戦争について述べたクラウゼヴィッツは「戦争は政治におけるとは異なる手段をもってする政治の継続にほかならない」と論じていますし、東洋においても、中国の周恩来が「すべての外交は戦争とは異なる手段をもってする戦争の継続にほかならない」と述べ、戦争と外交との連続性に注目しています。その連続性において最も重要な前提は、すべての主権国家は国益を持ち、外交も戦争も、その国益を保護し、または最大化させるための手段だということです。

しかし以上のような考え方は、17世紀に近代国家が成立して以来のものです。戦争も外交も、主権国家という枠組みを前提とし、その国家同士の関係を調整するための相互に関連する概念として論じられ、実践されてきました。しかし、戦争も外交も、近代国家が成立する以前、また国家の概念が揺らぐ冷戦後のグローバリゼーションの時代において、その意味・内実を変容させてきたことも事実です。本章では、近代の欧米以外の場所において、戦争と外交がどのように理解され実践されてきたのかもふまえて、それらの変容のあり方を俯瞰していきます。

戦いの主体と目的、手段の発展と多様性

(1) 戦いの主体

「戦争（war）」という概念は、近代国家を前提にして論じられることが多いので、この章では、戦争概念をより普遍化し、グローバルヒストリーの文脈でさまざまな展開を遂げてきた「戦い」を俯瞰したうえで、近代国家同士の「戦争」の特殊性に注目します。

まず、戦いの歴史において問題視されるのは、その戦いがどの程度、組織だったものであった

か、また組織の在り方がどのように変わってきたかということです。なぜこれが問題視されるかというと、人類と戦いの関係を再検討することになるからです。「人類の歴史は常に戦いの歴史であった」という一般的概念がありますが、もし人類に戦いを行う組織がない時代があったとすれば、そこで行われる戦いは単なる個人同士の喧嘩に過ぎず、人類が平和に生きた時代もあったかもしれないからです。

実は、人類史の一般的な説明では、そのような平和な時代があったといわれています。今から1万年ほど前、中東の肥沃な三日月地帯、中国、インド、西アフリカ、メソアメリカ、アンデス地域において、人類は狩猟採集生活から農耕定住社会に移行しました（Gat, 2006）。狩猟採集生活をしていた時分にも戦いは生じていましたが、その頃は、いわゆる「個人プレー」としての戦いであり、基本的には平和な時代が続いたというのがよくある説明です。しかし農耕定住社会ができると、農耕によって富を蓄えることができるようになり、社会構造的にも、その富を産出し、守るための組織・集団が発展していきます。その集団の富を奪いに来る外敵が現れると、より組織だった戦いが起こりました。つまり、この説によれば、農耕定住社会が発達する時代まで、人類は平和裡に暮らせたのだということです。

これに対して反対の説を唱えるのが、狩猟採集時代の好戦性を実証する研究者たちです。考古学者は、掘り起こした人骨にある殺傷の跡や武器との関係から、戦闘の在り方の歴史的発展に対する再検討を行っていますが、それによれば狩猟時代からすでに組織だった戦いが行われていたのではないかという議論もあります。また、人類学的にも例えばオーストラリアのアボリジニーやアメリカのインディアンが行ってきた戦いを見ると、その様相や理由はさまざまであったとしても、クラン（clans）や種族（tribes）が真正面から交戦したり、夜討ちをかけたり、組織だっていなければできない戦いも行われてきたことが検証されています。したがって、狩猟採集生活を営んでいた人類が、ある程度の組織形成、組織的動員をもとに戦いを行ってきたということも実証されつつあります（Keeley, 1996）。

また、人類が戦う際の組織の変化は、戦いの在り方の歴史的発展を見るうえで非常に重要です。先に前述した狩猟採集社会においては、親族を元にしたクランや種族が主な構成単位となることが多かったのですが、その後、王国的政治組織が各地に成立していきます。前４０００年頃にエジプト南部に発生したナカダ文化圏には、「原王国」とも呼ばれる地域共同体が発生し、前２９００年頃からはメソポタミアで世襲の王が共同体を統治するシステムが発達していきました。このような変化は、必ずしも時系列的に発展してきたものではありません。さまざまな社会形態は同時に存在してきました。例えば、モンテネグロ族のように種族制度が20世紀まで続いたものもあれば、ローマ帝国衰退後のヨーロッパ暗黒時代には、帝国に変わって種族による支配が行われた地域もありました。こんにちにおいても、未だ内戦の絶えないソマリア、スーダン、アフガニスタン、コンゴ民主共和国などでは、主権国家の冠を戴いているものの、実際は首長ないし軍閥が支配する状況が続いています（Pinker, 2011, p. 42）。

封建制度の下では、王国や帝国が主な組織形態となりましたが、国王や教皇が、所有財産の拡大や、家来の服従、キリスト教圏に対するトルコの攻撃からの防衛、キリスト教の異端者の懲罰などのため、戦いを発動します。戦いは、より広い範囲でスピーディーに行う必要が生じたため、馬を持つ騎士が戦いの主な担い手になりました（Howard, 2009, p. 40）。16世紀くらいになると力を蓄えた国王が出現し、彼らの戦いに対して貴族が軍事力を提供する際に、商業的利益を求めるようになり、それが傭兵となっていきます（Howard, 2009, pp. 24-25）。この時点では、まだ「国民」となっていない「領民」は、その土地についている人々であるというだけで、必ずしも戦争には参加しません。

この組織の在り様と人々の戦いへの関わり方が大きく変化するのが、18世紀後半のフランス革命とアメリカ独立革命でした。これらの革命により、主権者であった国王は排され、そこに住んでいた人々が自由を勝ち得たと同時に主権を握りました。主権を握るとはどういうことでしょうか。人々は、「国家」に属する「国民」となり、「国民国家」が生まれました。そこには国民としての権利が生じるとともに、外敵が襲ってきたときには、その勝ち得た自由を守るために自ら戦う義務も発生します。近代以降の「戦争」は、「国民の事業」としての「国家」の「戦争」へと変わっていったのでした。これにより、戦争は主権保持者による主権保持者のための戦争へと発展していきました。

国民国家による戦争の在り様は、国民国家の機能と切り離して考えることはできません。マックス・ヴェーバーは『職業としての政治』の中で、国家を「ある一定の領域内部で、正当な物理的暴力行使の独占を（実効的に）要求する人間共同体」と定義しています（ヴェーバー、1980）。この物理的暴力行使の独占を確保するためには、国家は次の4つの機能を兼ね備えなくてはなりません。第1に、国家が独占すべき暴力を外敵が損なわせようとする場合、その外敵を壊滅させる機能。第2に、暴力の独占を阻害するような暴力的挑戦勢力を制するための秩序維持の機能。第3に、自らが暴力の独占を乱用することを抑える機能。そして第4に、暴力の独占の正統性を強化するため、公共財として安全保障を提供する機能。国際政治学者のキース・クラウスは、現代の戦争とは、これらの機能を強化するために、対外的ないし国内的に行われるものだと述べています（Kraus, 2018）。

(2) 戦いの目的

戦いが起こる際は、必ず大義名分があります。前述の4つの機能は暴力の独占が行われている国民国家の機能ではありますが、歴史上の戦いは、国家や帝国などの戦いに従事する主体が4つの機能を強化ないし復活させることを目的あるいは名目としてきたとも考えられるでしょう。また、これらの戦いの目的が時の権力者、または勝者によっていかに定義されるかによって、戦いの名前も変わってきます。敵国が自国の力を弱体化させることを目的に攻撃してきた時に、その敵に対して戦うことは「自衛戦争」と呼ばれます。あるいは、国益を増加させるために対外的に戦争する際には、「文禄・慶長の役」のように「役」が使われることもあります。また、第2の国内秩序を維持するための戦いは、「乱」の「鎮圧」と呼ばれます。例えば、鎌倉幕府が後鳥羽上皇を中心とした討幕の兵を鎮圧した1221年の「承久の乱」などがあげられます。第3の力の独占的乱用に対しては、中国における「禅譲」と「放伐」という2つの王朝交代の方式があげられるでしょう。儒教的な考え方に基づいて、中国の「天子」つまり皇帝は、天命を受けた有徳者がなるべきものであり、天子こそが世界の中心と考えられていました。現在の天子が臣下の中の最も徳の高いものに対して平和的に政権を譲り渡すのが「禅譲」、逆に現在の天子が徳を失い有徳者が武力で政権を獲得するのが「放伐」と呼ばれていました。放伐の場合は、当然戦いを経て政権交代になりますが、禅譲であっても新政権の正統性を保つため、実質的に戦いが行われても形のうえでは禅譲となる場合もありました。また、国内の安全保障の提供を行うためには、クーデターの「鎮圧」が行われることになります。

以上が歴史的発展を通して一貫して存在してきた戦いの目的ですが、戦いの目的の歴史的発展を考えるうえで、帝国と文明の重要性は言及するべきでしょう。主権国家が登場する前の政治集団の主要な単位として「帝国」が存在します。帝国とは、強大な軍事力と文明観に基づいて皇帝により広域的支配が行われている統治体の様相を指します。帝国はその正統性を裏づけるものとして「文明」を用いることが多くあります。例えば、中華帝国においては、儒教やそれに基づく儀礼や漢字の知識、中国の皇帝が天子であり文明の中心であるとする考え方を持つことが文明的な基準とされました。また大英帝国をはじめとする帝国主義政策をとったヨーロッパ各国においては、非西洋諸国と対峙するにあたり国際法を適応するに値するかどうかの基準となる「文明国標準（standard of civilization）」が設けられました。それによればヨーロッパにおける文明とは、キリスト教の信仰や、生命・名誉・財産に関する基本的権利の保障、制度化された政治的官僚制度、国際法の順守、外交制度を維持することによる国際システムの下での義務の遂行、多妻制や奴隷制などの「野蛮」な行動を拒否することなどが含まれます。これらの文明観が共有されない場合に、懲罰あるいは「野蛮」な地域を文明化するための戦いが起こるのです。19世紀の帝国主義に基づく植民地戦争はこのような文明化のための戦争と目的づけられました。さらに、欧米中心的な文明国標準により不平等条約を押しつけられた日本は、自らがアジアにおける「文明国」になり不平等条約を解消することを目指し、帝国主義的文明観を元にしてアジア諸国に対する植民地化政策をとるに至りました（Suzuki, 2009）。

文明をもとにした戦争は、過去のことだけではありません。2003年のイラク戦争においても、イギリスのブレア首相が「これは文明間の衝突ではなく、文明に関する衝突である」と述べています。この発言に象徴されるように、欧米が自らを中心とした世界秩序を保持するために行う戦争は、現代においても文明との関係で正当化される傾向があるといえるでしょう。

(3) 戦いの手段

前述したように、戦いは外交が行き詰まった時に、国益を最大化し守るための「手段」であると考えられてきました。しかし、その手段としての戦争が、核兵器の登場により、目的そのものに変わる可能性が生じたというのが、戦いのグローバルヒストリーを考えるうえでのもうひとつの重要点です。

フランス革命とアメリカ独立革命を経て、戦いが国民の事業としての国家の戦争へと変わっていった結果、戦うのは戦場に出ている兵隊だけではなくなりました。その後ろ盾となるのが、産業革命を経て量産できるようになった鉄鋼・機械・兵器であり、それらをどれだけ生産して戦場をサポートすることができるかが戦争の雌雄を決していきました。ドイツのエーリヒ・ルーデンドルフ将軍は、『総力戦』という戦争理論の著作の中で、経済的攻撃やメディアを用いた心理的攻撃を含んだ非軍事的要素も20世紀の戦争を勝つには不可欠であり、政治は戦争に寄与しなければならないとしました。この時点ですでに、「戦争」は手段から目的に変化していたと言えるでしょう。

1945年に広島と長崎で初めて核兵器が使われて、「戦争」の意味がさらに変わることになりました。核兵器の威力を知ったアメリカ・ソ連をはじめとして、さまざまな国が核兵器の開発を行うようになりました。これは火薬に次ぐ、第2の軍事革命といわれています。しかし、核兵器は「使えない兵器」といわれています。なぜなら、核兵器保有国同士が戦争をした場合、一方の国による核先制攻撃は、必然的に敵国による核による報復を招くことになります。つまり核を使用することにより、自らが必然的に核攻撃の対象になります。つまり相互確証破壊が生じ、これが核使用を抑止するメカニズムになるからです。ここにおいて戦争の手段である兵器が、いかなる戦争目的をも超える破壊をもたらすことから、戦争遂行手段ではなく、戦争抑止の手段として注目されるようになりました。しかしながら、核兵器が小型化し、また通常兵器よりも安価で手に入ること、また核兵器がテロリストの手に渡る可能性や、事故の可能性なども指摘され、本当に核兵器が抑止の手段になりえるのかというのは、現在も大きな議論となっており、結論には至っていません。

戦争の道具は、近年ますますその技術が高度化され、それにより戦争の意味が変わってきました。近年では第3の軍事革命といわれるロボット兵器の開発が、戦争をどう変えるかに注目が集まっています。例えば、ドローンを用いた戦争により、戦地に赴く兵員の死傷を避けることができる一方で、人間が乗っていないドローン兵器、つまり無人機が拡散することにより、攻撃を避けるべき標的に対し的確に行動できずに誤爆を招いていること、また「反テロ対策」との名目で他国の領地を爆撃することができるようになっていることなどが指摘されています。また、サイバー戦争もこれまでの戦争の概念を大きく変えつつあります。サイバーは、これまで「国家」が戦争の主体であったものを、戦争の従事者、標的ともに、国家だけでなく企業・集団・個人に拡大させています。すでに各国政府は、サイバー空間を、陸・海・空・宇宙に次ぐ5番目の戦場と認識し、その戦力増強に取り組んでいます。

(4) 絶望か希望か

大規模な戦争を遂行するための国家制度が確立し、その手段が高度化してきた過程を見ると、戦争のグローバルヒストリーは人類の絶望の歴史のように見えます。しかし近年、より前向きの議論も誕生しています。イマニュエル・カントが『永遠平和のために』の中で共和制が平和を確立するための条件であるとした議論をもとにして、マイケル・ドイルは民主的平和論を提唱しました（Doyle, 2011）。それによれば、民主主義国家同士は戦争を忌避する傾向があります。民主主義国家の数は第2次世界大戦後は29％でしたが、２０１６年には58％まで増加しています（Pew Research Center, 2017）。その増加に比例して戦争の数が減少していることは、民主的平和論者が強調する重要な証左です。また、進化心理学者のスティーブン・ピンカーは、人類の歴史において戦争を含むあらゆる形態の暴力は減少し続けていると述べています（Pinker, 2011）。人類が国家らしきものを持つ以前には、死因のうち人によって殺される割合が15％ほどであった、また種族による戦争は20世紀の虐殺（ジェノサイド）より9倍の殺人力があった。暴力がこのように減少してきた理由には、原題 *The Better Angels of Our Nature* にある「天使」――共感・自己制御・道徳感覚・理性――が人間に存在し、それらが文明化と啓蒙によって発展してきたからだとしています。これらの2つの代表的議論にはさまざまな批判も存在しますが、戦争のグローバルヒストリーを考えるうえで避けては通れない、また人類に希望を与えてくれる学説であることは間違いありません。

交渉のあり方の発展と多様性

しかしながら戦争が複雑化・高度化してしまったことは事実であり、それだからこそ、外交による戦争回避の重要性はますます増大しています。外交とは、よく「対外政策」と同意義的に使われることがありますが、後者が国家と国家の関係性やその目的や方向性を論じた「立法的」性質のものであるのに対し、外交は「執行的」な側面、つまり、対話や交渉をはじめ情報収集を含む、外交政策を執行するための手段と捉えられます（Nicholson, 1988）。19世紀のイギリスの外交官アーネスト・サトウは、外交を「独立国家の政府間」の「実務の行動」と定義しています（細谷、2007）。

しかし、このような実務的な外交のあり方も、グローバルヒストリーの視点で捉えると一時代的な定義といわざるを得ません。そもそも「外交（diplomacy）」という言葉は、エドマンド・バークが1796年に用いたのが初めといわれており、国際関係を主権国家間同士の関係と捉えるヨーロッパ近代国家体制を前提としています。しかし、イギリスの外交官ハロルド・ニコルソンは、外交を「交渉」と捉えることにより、普遍的概念として理解し、名著『外交』の中でその歴史的始まりについて以下のように述べています。「先史時代においてさえ、その日の戦闘に飽き飽きしてしまい、そして負傷者を収容し死者を埋葬するための休戦が欲しいということを知らせるためだけにせよ、野蛮人の一集団が他の野蛮人集団と交渉を望んだ時があったに違いない」（ニコルソン、1968）。

いかなる時代においても、帝国であれ国家であれ、他者との交渉を行う意義は常にあるものです。しかし、帝国においては前項で述べたように軍事力や文明観による統治が行われる上、周辺国との国境があいまいなため、周辺国との「交渉」の重要性は比較的少ないといわれています。しかしビザンティン帝国のように常に隣国の軍事力の脅威にさらされていた帝国では、戦争を回避することが重視されたため、「交渉」の重要性は比較的大きかったといえるでしょう。

交渉ができるための条件は、同一の言語、文明圏に属していることです。古代ギリシャで外交交渉が多く見られたことは、ギリシャ世界の中で、同一の言語と文明が共有されていたという前提があった故です。東アジアにおいて、使節が往来し、漢字で記された文書でコミュニケーションがとられてきたこと、また日本の戦国大名間にも「和睦」や「軍事同盟」を結ぶための「取次」が存在し得たことは、それぞれの世界に同一の言語、文明圏が存在し、その中で交渉が行われてきたということがいえるでしょう。

19世紀になり、ヨーロッパにおける「外交」制度が非ヨーロッパ諸国に広がったのは、皮肉なことに「砲艦外交」ともいわれる植民地化の流れによるものでした。対等な独立国家同士の「外交」という制度は、文明国が持ち得る制度であり、前項で述べた西洋における文明国標準の一部としても取り上げられ、近代ヨーロッパにおける国際システムの要ともなっていました。非ヨーロッパ諸国は、ヨーロッパに「文明国」と認められるためには、外交制度を受け入れるよりほかありませんでした。その結果が、例えば1861年に清朝が設立した総理各国事務衙門をはじめとする外政機関であり、68年に日本が設立した外国事務掛でした。これは、ヨーロッパを中心とした文明圏が帝国主義的手法でその勢力を拡大させ、非ヨーロッパ地域をヨーロッパと同一の文明圏に属させることにより、ヨーロッパ中心の外交制度を世界中に広めていく過程であったといえるでしょう。

第1次世界大戦が終わり、アメリカの力が徐々に台頭していき、またソ連での共産革命が成功すると、両者とも旧態依然としたヨーロッパ中心のいわゆる「旧外交」を批判して、「新外交」の重要性を唱えるようになります。ここでは、外交はこれまでのような秘密外交ではなく公開されたものでなくてはならないこと、また国際連盟を中心とした会議外交により紛争を解決する必要があることが唱えられました。しかし、軍事力の後ろ盾を持たない会議外交が第2次世界大戦を止め得なかったことは周知の事実です。この反省をもって、第2次世界大戦後は国際連合において軍事的強制措置をも取ることができる集団安全保障体制を確立させ、またこの国連が冷戦期から冷戦後にかけての多国間外交の中心となっていきました。

現代の外交では、国家間関係の複雑性・重層性が増すにつれて、その様相も変容してきました。以前に比べて、多国間外交がますます重要になり、外交が取り扱うべき専門分野が拡大・進化してきました。これにより、専門家の役割が増大すると同時に大使の政策決定力が減少してきたことが指摘されています。また、その専門分野に関する外務省以外の省庁が外交に関わる頻度や重要性が高まってきたこと、外交に与えるメディアや国際世論、市民社会の役割の重要性が増大したことも指摘されています。つまり、交渉にあたって非国家主体が重要になってきたことが、グローバリゼーション時代の交渉の特徴のひとつといえるでしょう。

おわりに――グローバル化と国家

本章が強調したのは、「戦争」も「外交」も、われわれが一般的に想起する事例は、ヨーロッパに起源を持つ対等な主権国家が主体となっている国際秩序が前提となっているということです。グローバルヒストリーの文脈で、より普遍的な「戦い」や「交渉」の概念を考えることは、われわれの考える「戦争」や「外交」が一時代・一地域の産物であることを理解するうえで非常に重要です。

戦いの主体や、戦いが目的か手段かということは時代が変わるにつれて変化してきましたが、人類が戦う時は常に主体にとっての正当性（大義・名目）が存在しなければならないことは普遍的な現象といえるでしょう。また「交渉」は、交渉する者同士が同一の文明圏に属していることが、交渉を可能にする前提であることは普遍的であるといえるでしょう。グローバリゼーションが進むにつれて、この正当性と文明観の内実が、国家の枠に必ずしもとらわれない形で変容していくことになるかもしれません。

〔参考文献〕

Desilver, D., "Despite Concerns about Global Democracy, Nearly Six-in-ten Countries Are Now Democratic", Pew Research Center Factank: News in the Numbers, December 6, 2017, http://www.pewresearch.org/fact-tank/2017/12/06/despite-concerns-about-global-democracy-nearly-six-in-ten-countries-are-now-democratic

Doyle, M. W., *Liberal Peace: Selected Essays*, Routledge, 2011

Evans, G. and J. Newnham, *The Penguin Dictionary of International Relations*, Penguin Books, 1998.

Gat. A., *War in Human Civilization*, Oxford University Press, 2006

Gong, G. W., *The Standard of Civilization in International Society*, Clarendon Press, 1984

Hirono, M., *Civilizing Missions: International Religious Agencies in China*, Palgrave MacMillan, 2008.

Howard. M., *War in European History*, Updated Edition, Oxford University Press, 2009

Keeley, L. H., *War before Civilization —— The Myth of the Peaceful Savage*, Oxford University Press,

1996
Kraus, K., "Between Predation and Protection —— Violence, Order, and the 'Insecurity Trap'", Unpublished Manuscript, 2018
Nicholson, H., *Diplomacy*, Institute for the Study of Diplomacy, School of Foreign Service, Georgetown University, 1988
Pinker, S., *The Better Angels of Our Nature —— Why Violence has Declined*, Penguin Group, 2011
Sagan, S. and K. N. Waltz, *The Spread of Nuclear Weapons —— An Enduring Debate*, Third Edition, W. W. Norton & Company, 2012
Suzuki, S. *Civilization and Empire —— China and Japan's Encounter with European International Society*, Routledge, 2009
Tanja, C., "Civilization and civilized in post-9/11 US Presidential Speeches", *Discourse and Society*, 20 (4), 2009, pp. 455-475
ヴェーバー、マックス『職業としての政治』脇圭平訳、岩波文庫、１９８０年
小田中直樹・帆刈浩之編『世界史／いま、ここから』山川出版社、２０１７年
木村茂光「乱と変と役」『歴史評論』歴史科学協議会、１９８８年５月号（４５７号）、22－28ページ
郷田豊・杉之尾宜生・李鍾學・川村康之『「戦争論」の読み方――クラウゼヴィッツの現代的意義』芙蓉書房出版、２００１年
ニコルソン、ハロルド『外交』斎藤眞・深谷満雄訳、東京大学出版会、１９６８年
西谷修『夜の鼓動にふれる――戦争論講義』ちくま学芸文庫、２０１５年

西谷修『戦争とは何だろうか』ちくまプリマー新書、２０１６年
ハーバード核研究グループ『核兵器との共存――いま何ができるか』永井陽之助監修、久我豊雄訳、ＴＢＳブリタニカ、１９８４年
細谷雄一『外交――多文明時代の対話と交渉』有斐閣、２００７年
丸島和洋『戦国大名の「外交」』講談社選書メチエ、２０１３年
安田元久『武士世界の序幕』吉川弘文館、１９８２年
ルーデンドルフ、エーリヒ『総力戦』伊藤智央訳、原書房、２０１５年

第11章

概念としての家族の流動化

［本章のポイント］

歴史を通じて、あるいは地域によって、家族の機能や形態、動態が多様であることは、歴史学、人類学の成果としてよく知られています。それにもかかわらず「家族」は非常に自然化されたイメージで捉えられやすい概念です。「近代」は核家族を自然視する強力な規範的枠組みを作り出しましたが、それは「伝統的な」家族形態の自然性を強調する言説と対になっていました。いわば二枚舌的な自然性が「近代」の背後で家族の多様性を抑圧してきたのです。本章では家族のあり方のリアリティーの変化が、すでに「近代」を過去にしている可能性が示唆されています。

「家族」という概念の多面性

日常生活においては家族というものは祖父母、父、母、子どもからなる近親者により構成された、ごく自然で当たり前なものとして理解されているでしょう。そして、自然で当たり前に見えるからこそ、家族は実際には非常に多面的なものであることには注意が向けられにくいです。しかし、家族の内部関係（夫婦関係や親子関係）にしろ、外部社会（地域コミュニティ、学校、職場、行政）との関係にしろ、家族にはさまざまな側面があります。そして、用いられる文脈によって家族に対する理解とその概念化の形も多様です。

本章では、「家族」という概念に焦点を当て、主に西洋や東アジアを事例に、①「家族」概念の多面性、②近代化時代における「家族」概念の固定化、そして、③現在進行している脱近代化時代における「家族」概念の流動化、の3点から「家族」という概念を歴史化して捉える視座を提示します。

家族についての完全に普遍的な概念や定義は存在しません。むしろ、社会や時代、そして用いられる文脈によって家族という概念は多様です。第1に、生物学的な立場と社会学的な立場とで、家族の概念は一致しません。第2に、家族形態のあり方は現在だけではなく、前近代においてすでに多様性を示しています。第3に、「父」や「母」、「兄弟・姉妹」、「いとこ」、「おじ・おば」

といった語からなる家族関係を示す名称体系の多様性からも示唆されるように、家族意識は社会や時代によっても異なります。また第4に、家族には、言語と並んで、近代化に伴うナショナル・アイデンティティの形成と結びついて強力に構築される側面があります。以下では、この4点に焦点を当て、家族という概念の多面性を明確にしましょう。

(1) 生物学と社会学における家族概念の違い

生殖技術が大きく変わらない限り、どの時代、どの社会においても、各人には親（2人）、祖父母（4人）、曽祖父母（8人）などからなる家系があります。それは上に広がる逆ピラミッドのような形をして、準拠点となる個人はその最下点に立ち、そしてその上にいる人々はその個人の先祖となります。また、逆にいうと、準拠点となる個人に子孫がいれば、下に広がるピラミッドのような形をした生物学的な関係が生じます。このように、それぞれの人には生物学的な意味での先祖子孫関係が打ち出されます。そういう関係の基礎にあるのは遺伝学的な関係です。それはしばしば血縁関係とも呼ばれます。日常生活では兄弟姉妹のような近親者もそこに含めて考えられているでしょう（Harris, 2006）。

社会的関係としての家族を考えるときに、血縁関係は重要な要素ではありますが、生物学的関係それ自体は社会学的関係とは異なっています。なぜならば、社会学的関係で重視されるのは、社会の構成員を規定する意識のあり方であるからです。「誰が家族なのか」ということは一見生物学的関係で決まるように見えるかもしれませんが、実際には生物学的関係それ自体ではなく、むしろそうした生物学的関係の中の特定の要素を特定の仕方で重視する家族意識が、家族の構成員を決めているのです。

例えば、父系社会の場合では、父親の先祖を重視しますが、母親の先祖をそれほど重視しない、または全く自分の家族として意識しない場合もあります。そして、生物学的関係を持っていても、価値観や生活習慣において大きな葛藤があるため、同じ家族だと意識しないほど大きな世代間ギャップが生じることもまれではありません。

さらに言えば、「誰が家族なのか」ということを考えるときには、必ずしも生物学的関係が重要な点になるわけではありません。それよりもむしろケアしてくれる人を「家族」とみなす場合もあります。子に対してケアを提供するのは生物学的関係を持つ人（遺伝学的親）であることが多いですが、養子縁組の場合では育ててくれる養い親を「家族」として意識するでしょう。

さらに極論すれば、飼っているペットの犬を（比喩ではなく）家族の一員として考える場合もあり、「家族」の概念は必ずしも人間に限るものではありません。この場合では家族は血縁関係からではなく、感情的な側面から概念化されるのです。

「家族」概念の多様性は、日常生活に限るわけではありません。制度としての家族、または学術論文にあらわれる家族の定義は必ずしも日常生活で流通している家族意識に一致していません。例えば、法律では家族はしばしば血縁関係、または法律関係（結婚・養子縁組）によって形成されたものとして概念化されており、同棲カップルや同性愛者カップルを家族としてみなさない場合があります。そのため、このようなカップルは自分を「家族」として意識していても、相続や病院での見舞いのような法律や規則のうえでの権利は与えられていません。およそ1970年代までには学術論文においても血縁関係または法律関係から家族を定義する傾向が強かったですが、1980年代以降の家族形態と家族意識の多様化（後述）をふまえて、家族の研究者は、家族概念を固定的にとらえることに慎重になってきています。

(2) 家族形態の多様性

家族「概念」は、現代社会に限らず、前近代においてもすでに多様性を示していました。それを直接調査することができませんが、前近代における家族形態のあり方（同居する家族成員の内部構造）から検討できます。その多様性をまず婚姻のあり方から考えましょう。

現代社会では家族は単婚制（一夫一婦制）として制度化される傾向がありますが、前近代においては複婚制が数多くの社会において実践されました。複婚制の中では一夫多妻制と一妻多夫制が大別されますが、後者はあまりにも少なく（チベットなど）、むしろ前者のほうが圧倒的に多かった（イスラーム社会、アフリカ、前近代の中国など）です。一方、このような社会においても、経済的困難などの関係で、実際一夫一婦の家族のほうが一般的でした。このように、制度（理想）上の家族像と現実での家族のあり方との間にはギャップがありました。他方、一夫一婦のような家族が多かったものの、それを基にする家族形態のあり方も多様でした。

家族社会学では家族形態に関してさまざまな類型論が使われています。その中では非常に精密に七つの類型に分類するものもありますが、最も基本的には、①夫婦と未婚の子どもが同居する核家族、②夫婦および一人の既婚子とその配偶者が同居する直系家族、③夫婦および二人以上の既婚子とその配偶者が同居する複合家族の3つに大別されます。前近代において、①はイギリスやアメリカ、北欧、②はフランス、ドイツ、アイルランド、北イタリア、北スペイン、そして日本やフィリピン、③はインドの高級カーストや前近代における中国の貴族階級において典型的でした（Arensberg, 1960）。

家族の形態は社会によって多様であるものの、同じ社会の中でも社会階層や地域によって異なるあり方をとる傾向があります。例えば、前近代の日本の武士階層では、長男を跡継ぎにする規範がありましたが、他の階層ではその規範がそれほど厳しくなく、次男や三男でも跡継ぎになる場合もありました。また、近畿、瀬戸内、九州の一部地域の漁村ではむしろ末っ子、東北地方では長女が跡継ぎになる場合もありました。

前述の3つの類型から、同じ家族形態はひとつの社会に限らず、さまざまな社会（文化）に共通する傾向があるといえます。とはいえ、前近代には通文化的ではなく、むしろ独特な家族（親族）関係が形成された場合もあります。例えば、中国における宗族や旧日本における同族はそのようです。中国の宗族は共通した先祖を持つことを信じる父系出自親族集団であり、日本の同族はむしろ「家」連合の共同体です。両者は一見して似ているかもしれませんが、実際にはさまざまな点で異なっています。例えば、中国の宗族は（父系の）血縁を非常に重視する「個体」中心であり、日本の同族は血縁関係に対する意識が弱く、むしろ「家」中心です。また、宗族には族財が付いていますが、日本の同族は（本家を除いて）族財を持っていません。そして、日本の同族はだいたい同じ村に限定していますが、中国の場合では血縁と地縁は別々に意識されています。その関係で、日本の農村では同じ寺に様々な同族の位牌が置いてあるのに対して、中国では宗族によって異なる場所に祖先が安置されています（麻、２００４）。

(3) 家族名称の多様性

「家族」概念の多面性は、家族意識や家族形態からのみならず、家族名称からも観察することができます。家族名称の具体性は文化によって多少異なる傾向があります。特に「親族関係」の場合はそうですが、近親者の場合でもやや異なる傾向がみられます。

近親者の名称は、一般には「父」、「母」、「子ども」、「兄弟」、「姉妹」のようなものになりますが、例えば、家族名称の具体性が比較的低いオーストラリアの原住民の場合では「父」と「母」の概念は遺伝学的父と母に限っているわけではありません。例えば「父」と「父」の兄弟を区別する名称がなく、「父」の兄弟をも「父」と呼び、そしてその子どもを「いとこ」（cousin）ではなく、「兄弟」（brother）または「姉妹」（sister）と呼ぶことになっています。また、「母」の場合でも、「母」と「母」の姉妹を区別する名称がなく、「母」の姉妹をも「母」と呼び、そしてその子どもを「兄弟」（brother）または「姉妹」（sister）と呼んでいます。また、例えば「祖母」の場合ではその姉妹をも同じく「祖母」と呼び、そしてその子どもを「おじさん」または「おばさん」ではなく、「父」か「母」、そしてその子どもを「兄弟」（brother）か「姉妹」（sister）と呼ぶことになっています。つまり、同じ性別である人々（例えば「父」と「父の兄弟」）を同じカテゴリーとして類別する名称体系となっています。

このように、ある人には「父」も「母」も一人以上、「兄弟・姉妹」も数多くいることになります。しかし、それに対して「父」と「父」の姉妹の場合では性別が異なっているので、「父」の姉妹を「母」ではなく、「おばさん」（aunt）、そしてその子どもを「いとこ」と呼んでいます。同じように、「母」の兄弟を「おじさん」（uncle）、その子どもを「いとこ」と呼ぶことになっています。

それに対して、例えば中国と韓国の場合では、「家族」の名称は高度に細分化されています。例えば、「お祖父さん」と「お祖母さん」に関していえば、中国では「祖父」と「祖母」という名称もありますが、それよりも父親の父母（「爷爷」と「奶奶」）と母親の父母（「姥爷」と「姥姥」）を区別して呼ぶ傾向があります。韓国語の場合でも父親の父母（「할아버지 *harabeoji*」と「할머니 *halmeoni*」）と母親の父母（「외할아버지 *oe harabeoji*」と「외할머니 *oe halmeoni*」）を区別しますが、ここではそれぞれ違う名称にするというよりも、母親の父母の名称には「ソト」

という意味での「외 *oe*」をつけて、両側の祖父母を区別します。

このように、父親側の家系を近く、母親側の家系を遠く感じるような名称となっています。家族の名称が詳細であることは祖父母の場合だけではなく、おじさん（uncle）とおばさん（aunt）、そしていとこ（cousin）の場合でも、父親側と母親側、そして年上か年下によって異なっており、その文化に生まれ育っていない人にとっては非常に複雑に見えるかもしれません。一方、韓国語の場合では「兄」の呼び方は「형 *hyeong*」（自分が男の場合）と「오빠 *oppa*」（自分が女の場合）となります。

日本語では「おじさん」や「おばさん」、そして「いとこ」の書き方は「叔父さん」と「伯父さん」、「叔母さん」と「伯母さん」、そして「従兄」、「従弟」、「従姉」、「従妹」のようにさまざまでありますが、それぞれの場合読み方は同じであり、中国や韓国の場合ほどの細分化は意識されにくいです。一般的にいうと、日本語による家族の名称体系は、むしろ、前近代において日本の社会が完全に儒教化しなかったため、西洋諸国に似ているといっても過言ではありません。

以上で紹介したように、文化によって家族名称の具体的なあり方は著しく異なっています。そうした差異を規定するひとつの要因は、どの程度血縁関係を重視するかということです。オーストラリアの原住民の場合では血縁関係をそれほど重視しませんが、中国と韓国の場合では従来の儒教思想の関係で非常に重視する傾向があります。ただし、家族名称のあり方から直接家族意識のあり方を推測することはできません。例えば、オーストラリアの原住民の場合では遺伝学的父と母を区別する名称がなくても、遺伝学的父と母を意識しないわけではありません。また、逆にいうと、中国と韓国の場合では父親側と母親側の家系を区別する名称になっていますが、日常生活では必ずしもそれほど大きな区別をしないでしょう。その意味で、家族名称と家族意識のあり方もまた完全に一致しているわけではありません。

(4) 家族とナショナル・アイデンティティ

家族に関する概念の問題は単に「誰が家族なのか」ということに限る問題ではありません。例えば家族の概念はナショナル・アイデンティティともしばしば強く結びついています。ある特定の社会においてどのような家族モデルが理想とされているかは、法律やメディア、そして学術論文などにも表れています。激しい社会変動の時期には、家族のあり方が明示的な論争の的となり、ナショナル・アイデンティティの問題にまで直結して論じられることもあります。

現在、少子高齢化に伴う家族形態の多様化は、先進諸国において共通した問題になっていますが、19世紀と20世紀において、家族形態の変容はナショナル・アイデンティティの問題と結びつけられて論じられていました。例えば、近代化によって激しい社会変動を体験した19世紀のフランスにおいては、フランス革命の平等主義思想の下で均分相続制が採用されましたが、社会改良運動家であるF・ル・プレーはそれに反対しました。彼は家の遺産を平等に分けず、すべてをひとりの跡取に相続させる家族のほうがより大きな経済的な安定性を持っていると主張しました。

ル・プレーはこのような家族を「直系家族」と名づけた一方、遺産を平等に分ける家族を不安定家族だと考えたため、その増加を問題視していました。

ル・プレーの「直系家族」に関する発想はのちにドイツ、そしてノルウェーの知識人にも影響を与えました。ドイツの民族学・文化人類学の父とも呼ばれるW・H・リール（Riehl）はル・プレーと同様に、不動産を平等に分ける家族を否定していました。そして、それと同時に、都市中間階層で普及した2世代からなる家族を否定し、ドイツの農家の家族で見られた3世代家族の理想性を主張しました。また、リールは「全き家（das ganze Haus）」という概念を提示し、祖父母だけではなく、親族ではない奉公人もその一員とみなしました。リールが理想としていた権威主義的な家族は20世紀初期に台頭してきた民族主義とファシズムと結びついて、ドイツ人の本質的特徴だとみなされるようになりました。また、元々デンマークの支配下にあったノルウェーの場合でも、みずからをデンマークから区別するために、直系家族としてイメージされたロマン主義的なノルウェーの農民像が理想化されました。

明治時代の日本に目を向けても、これらの国々と似たような動きが見られます。明治政府は民法の制定にあたって、当初フランスの民法典を参照しましたが、自由主義的なフランス民法は日本の社会（および家族）を破壊するものとみなされて、論争が生じ、結局しりぞけられることとなりました。その結果、日本の家制度を法制化した明治民法が定められ、家制度は日本のナショナル・アイデンティティとして再確認されたのです。

実際のところ、当時の日本においても、地域や階層によって家族のあり方はかなり多様であったにもかかわらず、明治民法も含め、均質な日本的家制度なるものが制度化されたことは、家族概念が国民統合に果たす役割の点で大きな意味を持ちます。家制度を国民統合の象徴とする考え方は、20世紀中葉まで続きました。例えば、有賀喜左衛門は「家族」と「家」を区別し、前者を通文化的なもの（family）として捉えたのに対して、「家」を通文化的なものではなく、奉公人や使用人のような非血縁者をも中に含む、家の連続性を目標とする「生活集団」として日本に特殊なものだと考えました。

近代化における家族概念の固定化

伝統社会から近代（産業）社会へと転換する社会変動を「近代化」と呼び、その過程においては家族も激しく変わっていきます。近代家族論ではその典型的な特徴は核家族化と小家族化ですが、それ以外にも例えば主婦化（専業主婦の台頭）、そして子どもの実数の減少（二人っ子化）と、それに伴う子ども中心主義の普及（学歴社会の誕生）が論じられています。日本に着眼すると、落合恵美子は家族の戦後体制が持っている3つの特徴として核家族化、主婦化と二人っ子化をあげています。ここで、「核家族」という概念に焦点を当てましょう。

(1) 核家族という概念の台頭

アメリカの人類学者であるG・P・マードックは、250の未開社会の家族を研究対象としました。『社会構造』という著作において、一組の夫婦と未婚の子どもからなる家族はどの時代やどの社会にしても、またどんな家族の形態（拡大家族や直系家族）であっても、普遍的かつ中心的なものとして存在していると主張しました。また、それと同時に、家族の性的・経済的関係、そして生殖と教育の機能から考えても、家族の形態はこれより小さくすることができないと考え、このような家族を「核家族」と呼ぶことにしました。

のちに、このマードックの核家族普遍性説は強い批判にさらされることになりましたが、1950〜60年代に形成された北米中心の近代家族論において、「核家族」は産業社会の基礎単位とされ、中心的な概念とされてきました。その理由のひとつは、三世代家族に比べて、必要に応じて居住地を移動することが容易であることがあげられます。また、夫は外で働き、妻は家で家事と育児をするという意味で性役割分業を行う夫婦関係も近代（産業）社会にふさわしい家族モデルだと主張されました。このような家族は当初都市中間階層で台頭しましたが、社会全体に普及すると予想されていました。そして、非西洋文化圏も北米と似たような近代化（核家族化をも含んで）のモデルに収斂することが予想されていました。

実際のところ核家族は、近代化に伴って初めて現れた家族形態ではなく、近代化以前も地域によっては高い割合で存在していました。しかし、近代化によって核家族の割合が上昇する傾向はたしかに見られました。日本では1920年代から2000年代にわたる時期において、すべての家族形態に占める核家族（夫婦と未婚の子どもの世帯、単親家族の世帯、夫婦のみの世帯）の割合はおよそ60%から80%へと増加してきました（総務省統計局）。

核家族化という現象は多くの国で議論になりましたが、ここでは「核家族」という概念の普及が注目されます。「核家族」の概念は元々家族研究における専門用語であり、専門家以外の人がこの概念を知ることはかならずしも当然のことではありません。しかし、特に日本の場合、この概念は社会的にきわめて広く普及しました。それは教育やメディアの影響だと考えられますが、他国では必ずしも日本の場合ほど社会的に広く知られているわけではありません。

例えば、東欧のハンガリーでは専門家ではない大多数の人々にとって、この概念は聞きなれない言葉です。むしろ、「核」と聞くと、「核兵器」を連想してしまうため、混乱を起こしてしまいます。「核家族」という言葉の知名度は社会によって異なっているようですが、それは単に核家族化というプロセスの実態の差異によるというよりも、核家族化をどう意識するのかということによります。戦後の日本ではアメリカの影響の下、家族制度の民主化の関係で「核家族化」は非常に大きな課題となり、公共の言論の場に載せられました。それに対して、戦前までの日本で法制度化されていた家制度に近い表現である（ル・プレー）の「直系家族」は「核家族」ほど知られていないでしょう。実は「核家族」も「直系家族」も家族（社会学）研究の専門用語ですが、両概念の社会的普及の度合いは異なっています。

(2) 家族に関する論争

終戦直後の日本ではアメリカによって求められていた「民主化」の下で、明治時代において法制度化された家父長的な家制度が民主的な家族ではないとされ、新民法において「家」の考え方は排除されました。それに対して、民主的家族関係（男女平等）を実現すると思われた「核家族」が戦後の日本において理想なモデルとされました。

当時の日本の知識人の中でこのような動きを推し進めようとした者として『日本社会の家族的構成』（1948）と『イデオロギーとしての家族制度』（1957）を書いた川島武宜があげられます。彼は日本の「家」制度と、日本社会の家族主義的な構成を近代社会にふさわしいものではないと考え、強力に批判しました。一方、日本の家の特殊性、そして核家族の日本社会への適用性についても活発な論争が行われました。まず、1950～60年代においては、前述のように日本の家制度の固有性を論じる有賀喜左衛門と、日本の家を単に家族の歴史的な一形態にすぎないと考えた喜多野清一とのあいだで論争が行われました。また、60年代においては核家族の日本社会への適用可能性を主張した森岡清美と、それを否定した山室周平とのあいだにもまた別の論争が行われました。

その後は、日本の家族研究は伝統家族研究と近代家族研究に分裂し、後者においてはアメリカ中心の近代家族論が受容されるようになりました。しかし、最近では改めて、拡大家族から核家族へのプロセス（核家族化）を単線的かつ普遍的な過程として提示した西欧中心の社会学に挑戦し、日本の家族の特殊性を主張しながら、日本の家族の近代性を問い直そうとする研究も出てきています。日本の家族の特殊性を主張する立場に立てば、統計的には核家族の割合が高いものの、三世代関係が西欧や北米より強いため、日本の家族はある種の修正された直系家族として機能していると解釈されます。一方、現在でも日本の家族の特殊性を主張する立場があるものの、戦後における民主主義のスローガンの影響で、明治時代のように改めて日本の家をナショナル・シンボルにすることはそれほど簡単ではないでしょう。

(3)「問題家族」という概念の出現

近代（産業）社会において核家族が社会の基礎単位とされると同時に、いわゆる健全な家族のモデルが求められていました。それは、2世代からなり、異性愛者のあいだの結婚を基に子どもが2人いる家族がモデルでした。そして、父は主要な稼ぎ手として外で働き、母は家事と育児に専念するという意味で性役割分業を行う夫婦関係がモデルとされてきました。それはしばしば「近代家族」と呼ばれますが、サラリーマン化（つまり、近代化に伴ってある金額の賃金を定期的にもらう雇用者（＝サラリーマン：和製英語［salary man］）の割合の増加）によって普及した家族モデルですから、「サラリーマン家族」とも呼ばれます。サラリーマン家族は日本では大正時代の都市中間階層において台頭しましたが、戦後になってから普及した家族です。

このような家族が近代社会の標準的・規範的な基礎単位だとされたことで、それと異なる家族は問題視されるようになりました。例えば、父または母が不在の家族は「欠損家族」と呼ばれました。これは現在では差別的な表現として避けられるべきものです。また、それ以外にも直接家族形態に関わる現象、例えば、離婚や非婚、事実婚や同性愛カップルも問題視されてきました。1970年代に入ると、アメリカの社会学の影響を受けて、当時盛んであった社会病理学の一分野である家族病理学でまさに上記のような諸現象が研究の対象とされました。そこでは「家族病理」、「家族問題」、そして「家族危機」という概念が中心的なものとなりました。「家族病理」とは家族をある種の統合体とみなし、その統合体が崩れてしまう過程を指す概念です。それに対して「家族問題」とは、家族が崩れていく過程の症状を示す意味で使われていました。そして、「家族危機」は次の2つの意味で使われていました。ひとつは、家族制度が崩れてしまうというマクロ・レベルでの危機であり、もうひとつは、個々の家族がストレス等によって崩壊してしまうというミクロ・レベルでの危機的な状況を意味するものでした。いずれの概念も「正常」な家族と「異常」な家族という見方で、家族形態のバリエーションを否定する傾向にありました。このように、近代家族の概念は、家族のあり方の多様性を抑圧し、家族概念の固定化を招くことになりました。

脱近代化における家族概念の流動化

前節に述べたように、近代において、家族概念は血縁関係および法律関係を基礎として、「近代家族」の概念を標準として固定化されましたが、20世紀の末葉以降、脱近代化の傾向の中で、そうした固定的な家族概念が解体される傾向が生じ始めました。つまり、近代家族を標準とする観点から「正常」な家族と「異常」な家族を区別する見方が否定されるようになったのです。その背景にあるのは、個人のライフスタイルに対する自由な選択を尊重する個人化の傾向の伸長です。他方で近代家族を規範的に捉える家族意識が後退したことで、家族の定義自体が難しくなっており、家族概念は流動化しています。

先進諸国に共通する脱近代化の傾向がなんらかの家族モデルへの収斂を導くのか、それとも多様な家族形態への発散が進むのかは、「家族」の概念の今後を考えるうえで大きな論点です。

(1) 異なる家族形態の正常化

1970年代以降西洋諸国においては、近代社会の諸制度の変容とともに、近代家族の構造的変化（脱固定化、多様化、流動化）も進行してきました。進行のしかたは国によって多少異なっていますが、基本的に晩婚化（非婚化）、晩産化（少子化）、脱主婦化、そして離婚率、同棲率

（事実婚）、婚外子率の上昇、子どもを持つ意思のないカップルの増加、同性婚の法制化などがその特徴です。

そして、１９８０年代以降西洋以外の地域でも少なくとも表面的には似たような現象が台頭しています。典型的な近代家族、つまり、前述のようなサラリーマン家族の割合が減少し、近代家族の標準から外れた家族形態が増加するにともなって、社会意識も変化してきており、多様な家族形態が制度的にも承認されるようになってきています。こうした変化は、前述した病理から生理対処モデルへの転換、あるいは集団モデルから個人モデルへの転換として要約することができます（清水、１９９８）。つまり、かつて理想とされていた近代家族モデルにおいて、家族の成員は、個人である以前に、特定の生活様式を持つ家族の中での役割を果たすことを期待されていたという意味で固定的な集団として提示されていましたが、そうした家族の中での役割よりも、個人としてのライフスタイルを追求する傾向の強まりによって、家族関係は脱固定化が進行してきています。このようなプロセスは西洋諸国と、そして非西洋文化圏では特に日本の場合で顕著ですが、例えば中国ではそれほど進行していません。

(2) 家族と個人化

このような近代家族の脱規範化の背景にあることは社会、そして家族の「個人化」として理解されていますが、個人化そのものに対する評価には幅があります。まず、古典的なアカデミックな解釈では、個人化とは個人の自律化、つまり個人がある特定な社会関係・家族関係により固定化された地位としての身分（例えば、江戸時代のような身分社会）から解放され、社会的地位が個人の能力・業績（学歴等）により定められるという（むしろ肯定的に評価する）過程として捉えられましたが、その反面、このように「個人」主義を制度化する近代化については、自己責任という意味で個人に相当大きな負担が課されてしまったという否定的な指摘もあります。

他方、現在進行している近代家族の脱規範化に関して言えば、それを自分のライフスタイルを自由に選択する個人の普及と捉え、肯定的に評価する傾向もありますが、それに関する言説（個人化論）は次の2つに分割しています。ひとつは、個人の要望による家族形態の多様化が進行していても、家族それ自体を否定せず、個人化を主張する個人化論（清水新二の用語では「家族の個人化論1型」）と、非婚化や子どもが欲しくないことによって家族を作りたくない選択をも個人の自由な選択肢として提示する個人化論（清水の用語では「家族の個人化論2型」）もあります（清水、２０１５）。前者の場合では家族と個人化との関係は肯定的であり、後者の場合では否定的な関係として見られます。

一方、家族と個人化に関する言説は、前近代・近代・脱近代という時間的ベクトル以外にも、西洋と非西洋という二項対立という空間的ベクトルも持っています。例えば、中国文化圏では、家族をある種のナショナル・シンボルにつなげたうえで家族を「安全な港」のように表象し、家族形態の多様化を否定する傾向が強い一方で、個人化を西欧北米の文化として「利己主義」（エゴイズム）と結びつけて捉え、個人主義の害悪に対して、家族の価値を強調するような言説が受け入れられやすいです。

(3) 概念としての家族の流動化

このように多様な家族形態の承認が進むにつれ、家族自体が定義しにくくなりました。これまで、家族はしばしば血縁関係か法律関係（結婚・養子縁組）により形成されるものとして定義されていましたが、このような定義によって現在進行している家族形態の多様化を把握することには限界があります。そのため、学術研究の領域ではもはや家族を定義しない傾向になっています。研究者は、固定的な家族の定義を前提としてアプローチするのではなく、むしろ、「家族」意識が介在するさまざまな文脈に表象される家族の概念（イメージ・意識）を対象として研究対象にアプローチします。換言すれば、家族の概念化の主体は研究者から対象者に移ってきています。そこでは家族のあり方の多様性を前提として、さまざまな時代、社会の文脈に即した家族概念間の比較が課題となります。

先進諸国に共通した家族形態の多様化に伴って「家族」概念は流動化が進んでいますが、その中では各地域が自らの特徴を示しています。例えば、ＥＵ地域と東アジア地域の婚外子率を比較すると、家族と婚姻届けに対する意識に差異があることがわかります。ＥＵ諸国の婚外子率は相当多様性を示していますが、その平均はおよそ42％（Eurostat、２０１６年）です。それに対して、日本の婚外子率は３％未満であり、ＥＵ諸国の中で婚外子率が最も低いギリシャ（およそ９％［Eurostat、２０１６年］）をも下回っています。その裏にあるのは、家族と婚姻届けに対する意識の違いです。日本、そして東アジア地域では未だに家族を結婚に結びつけて意識する傾向がありますが、ＥＵ地域ではごく一般的に言うと、（キリスト教の信仰者などを除いて）家族を重視する意識が強くても、婚姻届けを重視する意識がそれほど強くない傾向があります。このように、ＥＵ地域と東アジア地域は少子高齢化や家族形態の多様化の点では類似性を示していますが、必ずしも歩んでいる道筋は一致しているわけでなく、家族形態の変容は収斂と発散の両傾向を伴っています。

［参考文献］

Arensberg, Conrad M.,"The American family in the perspective of other cultures", In Eli Ginsberg (ed.) *The Nation's Children*, Vol. 1: *Family and Social Change*, Washington, D.C.: White House Conference, 50-75, 1960

Harris, Chris, "Kinship, Family and Marriage", In John Scott (ed.) *Sociology, The Key Concepts*, London: Routledge, 93-96, 2006

落合恵美子『21世紀家族へ――家族の戦後体制の見かた・超えかた』有斐閣選書、２００４年

川島武宜『日本社会の家族的構成』学生書房、１９４８年

川島武宜『イデオロギーとしての家族制度』岩波書店、1957年
清水新二「家族問題・家族病理研究の回顧と展望」『家族社会学研究』10巻、10－1号、31－83ページ、1998年
清水新二「家族の個人化」『家族生活研究――家族の景色とその見方』放送大学教育振興会、153－172ページ、2015年
麻国慶「『家』の再構築――中国における宗族組織とその復興：日本の同族との比較」『慶應義塾大学日吉紀要』32号、41－60ページ、2004年
マードック、G・P『社会構造――核家族の社会人類学』内藤莞爾監訳、新泉社、2001年

第12章

漢字で書き、用いている「文学」

［本章のポイント］

人間が行う知的、精神的、美的な活動や製作の形態は本来多様であるにもかかわらず、たえずそこにジャンルや形式、格式や序列が持ち込まれます。文化における、いわばそうしたコード化のされ方は時代や地域によって異なりますが、他方で異なるコードのぶつかり合いは、政治的な意味を持ったり、新たな文化を生み出す契機となったりします。本章では東アジアの近代化を文脈として「文学」概念のダイナミズムが論じられます。あわせて、「科学」および「芸術（音楽・美術）」についてのコラムを収めました。

文学という概念の批判

文学は常に自らを書き換え、自分自身とは異なるものになろうとしています。したがって、文学という概念を立て、その内容を定義したり、その歴史を書いたりしても、そうした叙述は、すでに文学から一歩遅れ、それを捉えることができません。文学には常に、自らの概念にたいして、「否」を突きつけることができます。とするなら、それでも文学について論じようとする私たちは、まさに私たちが日常的に用いている文学の概念史を振り返ることで、その概念としての自明性を批判し、別の文学へとつながる空間を開くという方法をとるべきでしょう。

私たちが現在、日常的に漢字で書き、用いている「文学」という概念は、19世紀後半から20世紀前半の東アジアにおいて成立しました。そしてその成立には、当時の歴史的文脈が深く関与していました。まずはその事情を振り返ったうえで、そこで作られた文学という概念を批判的に捉え直してみたいと思います。

翻訳概念としての「文学」

「要するに、朝鮮文学にはもっぱら将来があるのみであり、過去はないのだというのがふさわしい」。これは、朝鮮近代文学の父と称される李光洙（１８９２－１９５０）が、１９１６年の著名な論文「文学とは何か？」で述べたテーゼです。この言表には、私たちが「文学」という概念を考えるうえで重要な問題が凝縮されています。

当時の朝鮮は、19世紀後半以来試みられてきた改革の努力が、宮廷内の守旧勢力の抵抗や農民の反乱に加え、近隣諸国による干渉のため挫折し、ついには日本によって植民地化されるという事態に陥っていました。こうした民族の危機に際して、李光洙は新たな文学の創造という課題に取り組みました。そしてそのために、彼は少なくとも三国時代にまで遡る朝鮮文学の長い過去を、「ない」とまで断じたのです。言い換えれば、彼は「文学」を全く新しい概念に作り変えようとしたのです。そのために彼は、翻訳の力を借りました。

今日、いわゆる文学というのは、西洋人が使用する文学という語義を取るのであって、西洋の Literatur あるいは literature という語を、文学という語に翻訳したというのが適当である。ゆえに、文学という語は、従来の文学としての文学ではなく、西洋語の文学という語を表すものとしての文学だというべきである（李、１９７１）。

東アジアにおいて「文学」という概念は古く、その最初期の用例のひとつは『論語』の「先進」篇にまで遡ります。４世紀後半の古注によると、「文学」は「先王ノ典文ヲ善クスルヲ謂フ」と

され、権威ある経典についての学問という意味でした（『論語集釈』）。この概念が、西洋の「literature」の翻訳語として利用されはじめたのは19世紀半ばで、例えば清末の『英華辞典』や江戸末期の『英和・和英語彙』といった辞典類に、そうした用法が見られるようになります。西洋の「literature」にも、元来は書かれたもの一般、とくに人文主義的古典についての学問という意味があり、東アジアにおける「文学」の原義と比較的よく対応する概念だったのです（鈴木、１９９８、최、２０１２）。

ところが、東アジアにおいて「文学」が「literature」の翻訳語として定着するのに先立って、18世紀の西洋では、「literature」の概念の意味が大きく変わっていました。「literature」は、広く人文主義的古典についての学問という意味から限定されて、音楽・絵画・建築などとならぶ、「美術」の一分野としての言語芸術を意味するようになったのです。古代ギリシア以来、西洋における言語芸術の中心には詩がありました。とくにその詩を範例として、18世紀半ばにドイツの哲学者アレクサンダー・ゴットリープ・バウムガルテン（１７１４－１７６２）が、「感性的認識の学」としての「美学」（aesthetica）という概念を作り出し、感性的認識のうちで完全なものを「美」と呼びました（『美学』）。この「美学」という概念によって、それまでもっぱら詩に限定されていた言語芸術という範疇が、ジャンルの垣根を超えて見いだされるようになり、言語芸術一般としての「literature」という概念が成立したのです。

この変化において中心的な役割を果たしたのは、ドイツ・ロマン派の作家や批評家たちで、彼らが詩に代わって新たに重視したのが、「小説」（Roman）というジャンルでした。東アジアで19世紀半ばに翻訳語として成立した「文学」の概念は、この小説を範例として組み替えられた、言語芸術一般としての「literature」を継承しています。現在「文学」を考える際、まず思い浮かぶのが小説作品であるのは、こうした西洋の概念史的文脈が近代東アジアに流れ込んだためです。

李光洙はこの新たに翻訳された「文学」概念を武器にして、朝鮮文学の過去を切り捨てようとしました。そしてその際、彼がもっとも忘却したかったのは、朝鮮文学が中国文学との密接な関係の中で形成されてきたという歴史でした。

> 心ない先人たちが、愚かにも中国思想の奴隷となり、自らの文化を絶滅させたのだ。今日、朝鮮人はみな（中略）名は朝鮮人でもその実は中国人の一模型に過ぎない。にもかかわらず、いまだに漢字・漢文のみを崇め、中国人の思想を脱することを知らないというのは、残念だというほかない（李、1971）。

李光洙はこう述べて、朝鮮文学の過去を呪ったのです。漢字で書かれた文献が中原を越え出て朝鮮半島にまで流通したのはおよそ紀元前2世紀、朝鮮半島を経由してさらに日本列島に到達したのは紀元後3世紀頃であると推定されています（Lee, 2003, p. 87; Kornicki, 1998, p. 278）。それ以来、朝鮮と日本において、漢字は表意文字としても表音文字としても重要な書記媒体として用いられ、中国からの渡来文献は、両国における文学の成立と展開において決定的な役割を果たしつづけました。李光洙が創造しようとした新たな「文学」が、一方で西洋語の翻訳であったとするなら、それは他方で、この東アジアにおける文学の越境的過去の忘却という影につきまとわれていたのです。

「文学」の「古さ」

李光洙の1916年の言説は、近代東アジアにおける「文学」概念の成り立ちを範例的に示しています。それは、ある意味で19世紀半ばから20世紀にかけての、「世界史」における東アジアの地政学的構造転換を反映するものになっています。西洋に由来するliteratureの翻訳によって、中国の文学が近代以前に有していた強大な文化資本の軛《くびき》から脱し、新たにナショナルな文学を作ったという構図は、アヘン戦争や日清戦争によって中華帝国の権威が失墜し、西洋文明の導入によって国民国家を成立させ、「世界史」の舞台に登ったという東アジアの近代化の大きな物語とぴったり対応しています。しかし「文学」の概念は、このいわゆる世界史の言説に回収されてしまうものなのでしょうか。

この問題を考える際、注意すべきなのは、そもそも「アジア」や「東アジア」という概念自体が近代化のナラティブによって構成されたものであるということです（Wang, 2011）。これらの概念には、それを進歩によって乗り越えるべき「停滞」として否定するにせよ、（主として西洋文明と比肩しうる）価値をもつ伝統として肯定するにせよ、「東アジア」の文化をある一貫した特徴にもとづいて対象化しようとする欲望が潜んでいます。こうした言説の枠組みにおいて、「［漢字という］書記体系ほど決定的に、東アジア地域に一貫性を与えたものはない」とか、「誇張を恐れずに述べれば、ひとつの普遍的な東アジアの高級文化と、ローカルな共同体と同じ数だけの民衆文化とが共存していた」とかいった言表がこれまで繰り返されてきました（Holocombe, 2001, p. 45, 61）。「漢字」や「漢文」という記号によってしばしば指し示される、ある普遍性をもった「東アジア」の「ひとつの（中略）文化」という表象は、まさに近代化の言説の産物です。李光洙が一刀両断に否定しようとした朝鮮文学の過去も、こうした概念布置の中で構成された表象にほかなりません。

しかし朝鮮文学は、本当に「漢字」や「漢文」の古い普遍性のもとで主体性を失い、それらの奴隷となるがままだったのでしょうか。まず漢字について考えてみると、そのある種の普遍的共通書記言語としての機能は、それが話し言葉間の差異を越えて、中華帝国の中心において定まった記号作用を反復する、いわゆる「表意文字」であるという前提によっています。ところが朝鮮や日本において、漢字は早い時期から「吏読」や「万葉仮名」という使用法において表音的にも用いられていました。そうした用法は、六書のひとつ「仮借」として、つとに中国でも概念化されていました。また同じ漢字を用いても、言語によって意味が異なる単語には枚挙にいとまがありません。漢字は、シニフィエとの恣意的な関係を持つシニフィアンであるという点で、アルファベットと全く同じで、それが何らかの「文化」を自然に代表すると考えるのは困難です。

また、漢文で書かれた古典の普遍性についても、例えば儒教・条里制・律令制といった思想や制度の東アジアにおける地域的普遍性を考察するのとは異なった手つきが必要です。というのも、東アジアの歴史を振り返ると、文学は古さを参照しながら、新たに普遍性を作り出す技術でもあってきたからです。そうした新しさの追求は文学の根源に深く根ざすもので、近代的なliterature の翻訳を待ってはじめて登場するものではありません。東アジアにおいて、とくに16世紀以降の白話小説の流行が、その歴史にひとつの期を画していました。

李光洙は、例えば許筠（1569-1618）をどう評価したでしょうか。許筠は、『水滸伝』を読み、それに擬して『洪吉童伝』につながる異人伝を書いたが故に、その徒は「一村ことごとく粉砕」され、自らも叛徒となり誅されたと揶揄される（『澤堂集』別集第十五、雑著「散録」、『洪吉童伝』「解説」参照）、当時の朝鮮文学の規範から逸脱した文人でした。ハングル小説の嚆矢のひとつとされる『洪吉童伝』は、庶子であるという理由で社会的・政治的地位を得られない主人公洪吉童が、盗賊たちと手を結んで活貧党を立ち上げ、朝鮮全土の不義の財物を奪っては分配することで貧民を救済し、その活躍に手を焼く王の承認をついに勝ち取ることで、自ら兵曹判書（軍事を管掌する行政機関の長）に就くものの、やがて朝鮮を脱して耉島国に渡り、理想国を建設するという物語です。許筠は、その文章論において次のように書いていました。

許筠に客が問うた。「今の世で古文の上手い者といえば、間違いなくあなたは巨擘とされています。ですが私がその文章を見たところ、無限の水を湛えたかのような深みのある一方、軽々と日常語を用いているため、口を開けば喉が見えるようにすらすらと読めました。それを解する者も解さない者も、結局引っかかったり滞ったりしません。古文を実践するというのは、果たしてそのようなことなのでしょうか？」私は言った。「まさにそうだからこそ、私の文章は古いのです。」（『惺所覆瓿藁』巻十二「文説」、128ページ）

許筠は、文章の模範として、「三代の六経」や「黄老と諸子百家」を嚆矢とし、韓愈、柳宗元、欧陽脩に連なる中国の古典の系譜を挙げています。しかし、むしろ日常語を積極的に用いることでこそ、そうした理想的な文章のような「古さ」を実現できるというのです。また当代随一の詩人としても知られた許筠は、詩について、それが「理」という既存のパターンには関係することなく、「天機を弄び、玄妙な造化の働きを奪い取る際」に最上のものが生まれるのだと論じました（同、巻四「石洲少稿序」）。すなわち、許筠にとって、文学とは〈いまここ〉に深く関与することでこそ、「古さ」という普遍性を新たに実現する技術でした。規範を逸脱することでむしろ普遍的な正義を実現するという『洪吉童伝』の物語は、そうした文学のアレゴリーとして読むことができるかもしれません。許筠は中国の古典を権威ある規範として認めるものの、それはその「奴隷」となることを意味したのではなく、むしろ逆に、彼はそれを〈いまここ〉において反復することで、根本的な新しさを文学にもたらそうとしました。古典は主体性を奪うのではなく、逆に主体が立ち上がる契機を与えるものだったのです。

日本に眼を移すと、朝鮮とほぼ時期を同じくして中国の白話小説が流行し、古典に対する態度に反省を迫っていました。白話小説の中国語は、それまで訓読で読まれてきた漢文とは全く異なる語彙や文法を含むため、日本の漢学者たちを困惑させました。それは、強大な権威を誇ってきた文学も時代によって根本的に変化することを教えたのです。荻生徂徠（1666－1728）はまさにそうした時代の変化を引き受けて、中国の古典に新たに取り組みました。儒者である徂徠は、日本や西洋とは異なり、聖人を輩出したという中国の文物に傾倒し、とくに「六経」と『論語』から『文選』にいたる中国の古典を重視しました。しかし言語が時代によって大きく変化するという認識は、古典を理解する方法に変化を要求しました。

およそ学問の道は「古」にその基礎をもっている。「六経」・『論語』・『左伝』・『国語』・『史記』・『漢書』は古い書物であり、読まない者はいない。しかし人はそれらの理解が難しいことに苦しむ。それは古今の言葉が異なるからである。だからどうしても解釈や注釈を使って理解せざるを得ないのだが、それはちょうど日本の訓読によって中国の文を読むようなものであって、より一層隔てられ、ぼやけてしまうだけである。しかも解釈や注釈は後世に作られたものであり、［その作者にとって］古今の言葉が異なるのは、われわれにとってそうであるのと同じである。彼らはまた理［という前提］をもって［古典の意味を］心に求め、それを事柄や辞句に求めようとしない。だからその誤謬についてはいうまでもない（「答屈景山」第一書、529ページ）。

時代によって言語が変化する以上、後世に作られた解釈や注釈に頼って古典を理解するのは、日本の訓読によって中国の文を読むようなもので、誤謬を生むというのです。徂徠はとくに宋代以降に作られた新注を批判し、それ以前の古注についても限定的な評価しか与えませんでした（吉川、1975、124-125ページ）。こう考えることで、彼はこれまで古典の読解を助けてきた道具を無用とし、古典のテキストに直に触れることを学問の基本とする一方、「古」からの隔たりという点において、中国と日本のあいだに本質的な違いを認めなかったのです。

そこで徂徠は、当時日本に滞在していた中国僧や長崎の出島で活動していた中国商人から学んだ中国語の発音、つまり「唐音」によって、中国語として中国の古典を直接読むことを方法論の基礎に据えました。そのために、彼は「学の道は模倣を基本とする」と唱え、古典の文体を、我が「それに化し」、「あたかも習慣が天性のようになり（中略）我とひとつとなる」まで徹底的に模倣し、「古書がまさに私の口から出てくるかのよう」になる境地を目指したのです（「答屈景山」第一書、529－531ページ）。また他方で、彼は中国の文をわざわざ昔の日本語で読もうとする「訓」を排除し、日本の俗語に翻訳する「訳文の学」を提唱しました（「訓訳示蒙」巻一）。それは、テキストを「意味」に解消することなく、その中国語としてのレトリックを重視したためでした。「われわれ日本の学者は、和訓を用いて中国の書物を読むために、意味を多く得るものの語句を得ないという欠点がある」（「与入江若水」『徂徠集』二十八）。後世の中国語や日本語によっては、「［古い］中国語について訳しうるのは意味、意味について言いうるのは理にすぎず、その文彩の燦然たるものは得て訳することができない」（「答屈景山」第一書、530ページ）。徂徠はこう考え、「辞」は「言」の「文《かざ》れるもの」だとした上で、『礼記』を参照しながら「なぜ言を文《かざ》ろうとするのかといえば、それが君子の言だからである」と述べて、権威ある言葉は、「古文辞」つまり「古い文《かざ》れる辞」として、それを意味に解消することなく、むしろその「修辞」をこそ読解すべきだと考えたのです（「与平子彬」第三書、503ページ）。

「修辞」への着目は、中国の古典を「文《あや》」を持った「テキスト」として立ち現れさせます。それは、古典と一対一で新たに対峙する〈いまここ〉を、学問にとって不可欠な場所として開くことを意味します。そして徂徠は、言語が時代によって変容する以上、その〈いまここ〉の「古」に対する正統性は、同時代の日本と中国では本質的に変わらないと考えたのです。儒者として中国の古典を敬愛し、古い中国を憧憬した彼は、むしろ「古」の徹底した反復によって、日本においてアクチュアルな学問の「今」を開くことができたのです。

古には聖人がいたが、今は聖人がいない。だから学問は必ず古にかかわる。しかし古がなければ今はなく、今がなければ古はない。今をどうして見捨てることができるだろうか?(「学則」四)

また、中国自身を振り返ってみることもできるでしょう。中国でもやはり時をほぼ同じくして、古典への態度が根本的に反省されていました。それは、許筠がその『焚書』を引用もした明末の異端思想家、李卓吾(1527-1602)の文学論にも現れています(이、2000)。よく知られているように、『水滸伝』の批評を行った李卓吾は、「六経」、『論語』、『孟子』といった古典中の古典を、「史官が余計に褒め崇めようとしたのでなければ、臣下が賛美を極めようと書いた言葉、またそうでなければ、迂闊な門徒やまごついた弟子たちが師の教えを覚えておこうと、頭はあっても尻尾はなく、後は捉えても前を失いながら、自らの見解にしたがって書きとめておいたもの」にすぎないと、口を極めて批判しました(「童心説」)。しかし李卓吾にしても、古典なしで済ませようとしたわけではありません。彼は、当時流行していた小説を擁護して次のように述べました。

なぜ詩は古く『文選』、文は先秦でなければならないのか？〔詩は〕降って六朝となり、変じて近体詩となった。〔文は〕また、変じて伝奇となり、さらに院本、雑劇、『西廂曲』、『水滸伝』となり、そして今の科挙受験用の八股文となった。これらはみな古今の至文であり、時勢の前後をもって論じてはならない。よってわたしは童心をもつ者が自ら書いた文に感じるのであり、そのうえどんな「六経」、どんな『論語』や『孟子』について、なお語ろうというのか？（同）

すなわち李卓吾は、時代の前後にしたがった歴史的起源の意義を疑い、ここで「童心」と呼ばれる新たな起源を、文学に導入しようとしたのです。「学者」は、書物をたくさん読んで義理を知るがために、童心がさえぎられているといいます。

童心がさえぎられると、外から入ってきた見聞や道理が心になってしまう。見聞や道理が心になると、言うことはみな見聞や道理にかなった言葉だが、童心が自ら出した言葉ではない。言葉はたくみでも、それが私になんの関係があろう？　偽の人物として偽の言葉を言い、偽の事を行い、似非の文を書くだけだろう。そもそも人が偽物なのだから、すべて偽物だろう（同）。

それは、まさに古典の「奴隷」となることを意味します。逆に「童心」とは、「童子」が「人の初」であるのと同様、「心の初」であり、「偽を絶った純粋に真な、はじめに何かを思ったときのその本心」だといいます。それは、何か言語以前の心といったような哲学化された概念ではなく、むしろ人々の生活上の必要や欲求に根ざした心のありようを指しています（溝口、1985、223-228ページ）。それは、李卓吾が『水滸伝』がまさにその表現であると論じた、政治に対する「発憤」も含むでしょう（「忠義水滸伝序」）。李卓吾の古典批判は、それが歴史的に古いからとか、いわゆる「古典」であるからとして権威づける言葉への隷属を退け、「童心をもつ者が自ら書いた文」だけが「古今の至文」であり、それに「感じる」という態度こそが古典を読むにふさわしいと主張するのです。

「文学」と「世界史」

Literatureの翻訳語として成立した「文学」という概念は、中国の古典とのさまざまな関係性の中で形成されてきた、東アジアの文学の越境的な過去を抑圧しようとします。それは、この概念の構造が、近代において国民国家を成立させるために、常に中華帝国を参照してきた古い文化を捨て、新しいナショナルな文化を作ろうとする政治的要請を反映したものだからです。その要請は、そもそも民族が西洋列強、そして後には日本帝国の力に対抗し、「世界史」の一員となるという必要から生まれたもので、その意義を割り引くことはできません。実際、ナショナルな文学を創造するということは、まさに「世界文学」の一員として承認されるということと表裏一体でした。１９１６年の李光洙による、朝鮮文学に「過去はない」という言表は、こうした危機意識から生じ、朝鮮民族を救おうとして発せられたものにほかなりません。ところが、東アジアの古典文学を実際に読んでみると、その複雑な越境的展開が見えてきます。文学は、決して中国の古典の普遍的権威に隷従し、主体性を失っていたわけではなく、その「古さ」を現在に蘇らせることで、自らの起源を新たに打ちたてようとしてきました。許筠、荻生徂徠、李卓吾のテキストからは、「今」を巻き込み、常に自らとは別のものになろうとする文学の根源的な運動を垣間見ることができます。

近代に生まれた「文学」概念にとって、東アジア文学の、そうした「古さ」は一体どのような意味をもつでしょうか。「世界史」における承認、民族の救済、近代化という政治的要請の中で、そうした過去に再び光をあてることは、蛇足でしかないようにも思われます。ヘーゲルの言葉を借りれば、それこそネイションとして参入すべき「世界史」にとって、「声なき過去の暗がりの中にとどまっている」べきものでした（ヘーゲル、１９９４）。ですが今あえて、そうした声なき声に耳を傾けるのは、私たちの文学という概念の構造を批判的に再考することであると同時に、その可能性をできるかぎり遠くまで追求しようとすることでもあります。というのも、近代の文学それ自体が、世界史のような大きな物語が装う、全体性のほころびを体現する芸術形式だったからです。

ここで私たちは、李光洙が「文学とは何か？」を発表したのと同じ、1916年に出版された、ハンガリーの思想家ジェルジュ・ルカーチの『小説の理論』に立ち返ってみましょう。そこでルカーチは「小説」を、近代文学を体現する形式として理論化し、次のような逆説を論じていました。

［小説という］形式によって要請される意味の内在性は、まさにそのようなものなど存在しないということを暴露するに至るまで、作家が断固として突き進むときに獲得されるのである。

芸術は、生に対して常に「だがしかし」を突きつける。形式を創造するということは、［生における］不協和音の存在をもっとも深く確証するものである（ルカーチ、1994）。

その意味をなかなか私たちに現さず、不協和音の鳴り響く生に対して、芸術は形式を創造することで、ある全体性を回復しようとします。しかし近代に生まれた小説という形式は、結局はそうした全体性を破るところまで突き進むというのです。

もし「世界史」が、東アジアの近代化を説明する、ひとつの完結した物語であったとするなら、小説を範例とした「文学」という形式の創造は、そうした大きな物語には回収されない、生の不協和音の存在を指し示しています。「世界史」によって「声なき」「暗がり」に閉じ込められ、また李光洙によって「ない」と断じられた「古さ」は、東アジアにおける近代的生の不協和音の中に、その残響をとどめていました。私たちの「文学」は、literatureの翻訳語であると同時に、そうした不協和音の存在を確証する芸術形式でもあるのです。そしてそれは、自らその意味の内在性を破ることで、常に、別の解釈、別の形式、別の文学を招来する空間を開いてしまいます。それは、私たちの「文学」が、自らの近代的概念を超えて、読解され、書き換えられるべきことを意味しているのです。

［参考文献］

Holocombe, C., *The Genesis of East Asia, 221 B.C.-A.D. 907*, University of Hawaii Press, 2001

Kornicki, P., *The Book in Japan*, Brill, 1998

Lee, P., *A History of Korean Literature*. Cambridge University Press, 2003

Wang, H., *The Politics of Imagining Asia*, Harvard University Press, 2011

이가원『유교반도허권』（서울：연세대학교출판부、２０００）

李光洙「文学이란 何오?」『李光洙全集』第1巻（서울：三中堂、１９７１）所収

최원식『한국개념사총서：문학』（서울：소화、２０１２）

許筠『惺所覆瓿藁』、『許筠全集』（서울：成均館大學校大東文化研究院、1975）
許筠『洪吉童伝』野崎充彦訳、平凡社東洋文庫、2010年
程樹徳『論語集釈』（北京：中華書局、1990）
李贄「童心説」・「忠義水滸傳序」『焚書・続焚書』（北京：中華書局、1975）所収
荻生徂徠「答屈景山」・「与入江若水」・「学則」『日本思想大系・荻生徂徠』岩波書店、1973年
荻生徂徠「訓訳示蒙」『荻生徂徠全集』第5巻、河出書房新社、1977年
鈴木貞美『日本の「文学」概念』作品社、1998年
バウムガルテン、アレクサンダー・ゴットリープ『美学』松尾大訳、講談社学術文庫、2016年
ヘーゲル、ゲオルク・ヴィルヘルム・フリードリヒ『歴史哲学講義』長谷川宏訳、岩波書店、1994年
溝口雄三『李卓吾——正道を歩む異端』集英社、1985年
吉川幸次郎「徂徠学案」『仁斎・徂徠・宣長』岩波書店、1975年
ルカーチ、ジェルジ『小説の理論』原田義人・佐々木基一訳、ちくま学芸文庫、1994年

［コラム① 科学をグローバル・ヒストリーで捉えなおす］

科学革命とヨーロッパ中心主義

自然科学は人類の普遍的な知の象徴として、特権的な地位を与えられてきました。自然現象を実験と数学的分析により実証的に解明する自然科学は、近代ヨーロッパで誕生し、19世紀以降、帝国主義と近代化を通して、日本のような非西洋諸国にも浸透していった――こうした科学史観は大文字の「科学革命（The Scientific Revolution）」という概念に基づいています。17世紀のヨーロッパで、歴史上唯一の科学革命が起こったという考えは、アレクサンドル・コイレが1939年に提唱し、ハーバート・バターフィールドの『近代科学の起源』（1949）で広く知られるようになりました。

しかし、トーマス・クーンは『科学革命の構造』（1962）で、科学革命をscientific revolutionsと小文字の複数形で表し、科学革命を科学に理論的枠組みを与えるパラダイムの転換として捉えました。クーンは科学革命を、科学者共同体におけるダイナミックで社会的な現象とみなし、特権的な知としての科学像のイメージを揺るがしました。さらに1980年代以降、自然科学の特権性を神話であるとして批判する社会構築主義や、自然科学の研究活動や理論形成の過程を社会や制度に即して考究する科学の社会史によって、科学史のヨーロッパ中心主義は後退していきました。

科学史のグローバル・ヒストリー

ただし、大文字の科学革命を前提としていた科学史研究の時代に、近代科学の形成過程がもっぱらヨーロッパという地域に限定されていたと考えられていたかといえば、全くそうではありません。ジョセフ・ニーダムの『中国の科学と文明』は、1954年以来、半世紀以上にわたり巻を重ねて刊行されてきた中国の科学と技術に関する浩瀚なシリーズです。ニーダムは人類の科学文明における中国の重要性を、世界に知らしめました。ニーダムをはじめ、科学史家たちはヨーロッパの近代科学という普遍的な知の源流を古代から中世の中国、インド、イスラム圏に求めました。とくにイスラム圏の科学については、古代ギリシャの科学をヨーロッパにもたらした重要な媒介役として、盛んに歴史研究が行われてきました。これらの科学史研究では、ヨーロッパの近代科学の成立との関連で、非ヨーロッパ地域の科学と技術についての膨大かつ重要な知見が蓄積されました。しかし、大文字の科学革命を前提としている限り、中国、インド、イスラム圏の科学は、あくまでも主役であるヨーロッパの近代科学に寄与した脇役として位置づけられることになりました。

すでに述べたように、ヨーロッパ中心主義的な科学史は脱構築されました。ヨーロッパ以外の地域における科学の成立と展開について、それぞれの文化や社会の文脈に即した研究が進められ、従来のヨーロッパ中心主義的な科学史が書き換えられてきています。

こうした動向を踏まえて、最近では科学史の歴史叙述をグローバル・ヒストリーの観点から捉え直そうという動きがあります（Elshakry, 2010、諫早、2014）。例えば、帝国日本の植民地科学の歴史研究では、帝国主義の世界史的な展開の中でアジアをフィールドとした科学研究の様相と、ポスト帝国の戦後科学との関係を知ることができます（飯島、2005、坂野、2016）。また、現代の科学技術と植民地科学の関係を、国家による住民の統治に注目して描いたキース・ブレッケンリッジの『生体認証国家』も、科学のグローバル・ヒストリーの成果といえます（ブレッケンリッジ、2017）。先進国では、パスポートや住民登録に顔認証などの生体認証技術を使うことについて、プライバシー保護の観点から慎重です。その反面、ヨーロッパ旧植民地のインド、ブラジル、メキシコなどでは、貧困層の福祉的給付と連動して生体認証技術が広く利用されています。ブレッケンリッジはこうした現状とともに、イギリス旧植民地の南アフリカ国家が20世紀を通して指紋による生体認証の実験室となり、世界でもっとも早く生体認証による統治が実施されたことを指摘しています。19世紀後半以降、イギリスの科学者フランシス・ゴルトンの南部アフリカの人々に関する人種差別的な人類学、統計学、優生学、近代的指紋法が融合しながら、南アフリカの統治に応用されていく複雑な過程が、『生体認証国家』において興味深く描き出されています。

「科学」に込められた科学の社会史

ところで、ここまで「科学」という言葉をscienceと同義のものとして使ってきましたが、そもそもなぜ「科学」と呼ぶのでしょうか。中国語の「科学」は日本語の「科学」に由来しており、漢字文化の本家が日本から逆輸入した形になっています。

日本語の「科学」は、明治期以降に普及した言葉です。西洋学術の導入に大きな役割を果たした哲学者の西周《にしあまね》が、１８７４年に『明六雑誌』で用いたのが最も初期の例とされています。81年発行の『哲学字彙』という哲学辞典には、「理学」とともに英語のscienceの訳語として「科学」が挙げられていました。scienceの由来はラテン語のscientiaで、「知ること」あるいは「知識」を意味します。ヨーロッパではscienceが学識全般、やがては自然を探求する学問という意味で使われるようになりました。「理学」という訳語はscienceの原義に近く、現在でも「理科」や「理学部」にその名残をとどめています。一方、「科学」の「科」は「科目」の「科」であり、単に区分という意味です。実はこの「科」学という表現の中に、日本が西洋から科学を導入した19世紀後半の科学の特徴が刻まれているのです。

日本では、西洋の学術が蘭学として、私塾を中心に発達しました。幕末になると、西洋諸国の東アジア進出に対抗するため、幕府や薩摩藩などが軍事力強化を目的に西洋の科学と技術を導入しました。そして、明治期以降、近代化を進めるために、それまでの伝統的な学術が西洋式に一挙に切り替えられることになりました。例えば日本では、中国由来の算術を独自に発展させた和算が普及していました。和算は江戸時代に暦学、測量術、財政、砲術などで高度な計算に使われました。また、家元制度の同好会で和算を楽しむ町人や農民たちがあらわれるなど、和算文化が隆盛を誇っていたのです。しかし、明治になると文部省は算術教育に洋算（西洋数学）を取り入れ、和算は算盤だけを残して排除されました（佐藤、２００５）。洋算が、ヨーロッパの科学と技術に不可欠であったためです。これをもって和算が洋算よりも劣っていたとは、もちろんいえません。和算は、洋算とは別の数学の文化なのです。アラビアの天文学や数学と同様に、和算もまた科学史の重要なテーマとして、現在も研究が進められています。

さて、明治政府が樹立された19世紀の後半、ヨーロッパでは科学の性格が大きく変化しました。17世紀に自然哲学（natural philosophy）と呼ばれていた自然科学が、19世紀になると物理学、化学、生物学、地質学として自立するとともに、物理学では力学や天文学だけでなく、熱学、光学、電磁気学などが数理科学として成立しました。さらに、科学の専門分化に対応して、数多くの学会が誕生しました。また、自然科学や工学を専門的に教育する高等教育機関の必要性も主張されるようになりました。

中世以来、ヨーロッパの大学の専門学部は神学部、医学部、法学部であり、自然科学の専門家を養成する体制は存在していませんでした。ヨーロッパでは、中世以来の伝統があるために、大学の改革には抵抗がありました。しかし、近代化のために学術をすべて西洋式に切り替えることを決断した日本では、最先端の高度に専門化した科学を西洋の科学として高等教育に導入することができました（古川、2018）。東京帝国大学工学部の前身である工学寮（1873年、後の工部大学校）では、当時ヨーロッパで初めて大学に工学の専門課程を設置した、グラスゴー大学の教育システムを取り入れました。このように、明治期に導入された19世紀の自然科学は、自然を包括的に考究する自然哲学ではなく、さまざまな科学の専門分野（分科）の集合体からなる「科」学だったのです。

現代の科学と歴史研究

最後に現代の自然科学の特徴を概観しておきます。自然科学は国際化が著しく進んでいる分野です。

科学者は通常チームで研究し、共著論文として成果を発表します。国際的に評価の高い研究拠点はヨーロッパやアメリカに集中してきましたが、日本の研究室でも国際化が進んでいます。特に、21世紀以降は中国やシンガポールの躍進が目覚ましく、世界の中で東アジアは新たな科学研究の拠点となりつつあります。より速く、より多く論文を発表することが科学者としての評価につながります。そこで科学者たちは、より優れた成果を比較的短期間に、かつ数多く発表できるような「勝てる」チームに参加するため、国境を越えて連携しています。

科学研究が短期間に優れた成果を挙げることが期待されているのは、イノベーションを推進する役割が自然科学にも求められるようになったためです。現実的な課題の解決という目的を持つ科学技術開発と、実用性や有用性を目的としない自然科学研究は、分野により程度の差はあるものの、20世紀前半までは明確に区別されていました。しかし情報科学や生命科学の進展に代表されるように、20世紀後半以降、応用研究と基礎研究が相互浸透的になり、基礎的な自然科学研究も特許のような知的財産権と結びつきうるようになりました。そこで各国政府やEUのような国際機関は、経済活動における国際競争力を高めるために、自然科学研究をイノベーションにつなげる科学振興政策を打ち出しています。大学発のベンチャー企業や、産官学の連携も強く推奨されています。

現代の科学は、グローバルな経済および政治の動向と密接に関係しています。このようなシステムから生み出される科学の知とは何か。あるいは、こうしたシステムから独立した科学の知があるとすれば、それはどのように存在しうるのか。科学は人類に今後何をもたらすのだろうか。こうした現代的な問いもまた、科学のグローバル・ヒストリーの探究に深みを与えてくれるはずです。

［参考文献］

Elshakry, M., "When Science Became Western: Historiographical Reflections", *Isis*, 101, pp.98-109, 2010

飯島渉『マラリアと帝国——植民地医学と東アジアの広域秩序』東京大学出版会、２００５年

諫早庸一「科学史とグローバル・ヒストリー——時空間と科学を再考するための問題提起として」『科学史研究』第53巻、99-１０５ページ、２０１４年

坂野徹編著『帝国を調べる——植民地フィールドワークの科学史』勁草書房、２０１６年

佐藤賢一『そして数は遙かな海へ…——東アジアの数理科学史』北樹出版、２００５年

ブレッケンリッジ、キース『生体認証国家』堀内隆行訳、岩波書店、２０１７年

古川安『科学の社会史——ルネサンスから20世紀まで』ちくま学芸文庫、２０１８年

［コラム②　混合趣味あるいは忘却されたマルチリンガリズム］

忘れられた混合趣味

バロック音楽の時代にあたる18世紀のヨーロッパでは「混合趣味」と呼ばれる音楽が流行した。混合趣味とは、いくつかの国や民族の様式を、ひとつの作品の中に「混ぜ合わせた」ものであり、クープランの『リュリ賛』（1725年）やテレマンの『食卓の音楽』（1733年）などが有名な例である。しかし、それらごく少数の作品を除き、混合趣味の音楽作品は今日、演奏会で取り上げられることも少なく、音楽愛好家からも研究者からも忘れ去られている。だが、このコラムがわざわざそれを取り上げるのは、それが「世界史」を捉え直すための重要な視座を提供してくれるからだ。音楽の混合趣味は、当時のヨーロッパ人、とりわけドイツ人の国民意識やナショナル・アイデンティティの形成に深く関わっていたのである。

音楽後進国だったドイツ

現代のわれわれにとってドイツは「音楽の国」である（なおここでいうドイツには、オーストリアやスイスのドイツ語圏も含まれる）。しかし歴史を振り返れば、ドイツは長い間、むしろ音楽の「後進国」であった。ルネサンス期以降のヨーロッパにおいて、音楽の先進国はフランドル（ネーデルラント）やイタリアであり、ドイツ人は「非音楽的な民族」と呼ばれることもあった。その状況は概ね、18世紀になっても変わらなかった。しかもそれは音楽だけではなかった。学問と芸術の多くの分野で、当時のドイツは、成熟した宮廷文化を誇るイタリアやフランスの後塵を拝していたのである。

例えば、プロイセン王フリードリヒ2世の宮廷に、イタリアやフランスから芸術家や哲学者が多数招かれていたことは、よく知られるが、その宮廷で作られた『モンテズマ』（1755年）というオペラがある。フリードリヒ自身がフランス語で台本を書き、彼に雇われたイタリア人の詩人ジャンピエトロ・タリアズッキがそれをイタリア語に訳し、宮廷楽長のカール・ハインリヒ・グラウン（こちらはドイツ人である）がその台本にイタリア風の音楽をつけたものだ。ドイツの宮廷でドイツ人作曲家が「イタリア・オペラ」を作っていたわけである。それが当時のドイツの音楽的状況だった。

18世紀のドイツで混合趣味が注目された理論的背景には、フランスにおける国民様式の比較論争があった。フランスでは、イタリア・オペラの影響が強まった17世紀後半以降、イタリア音楽とフランス音楽の優劣論争が巻き起こり、音楽家や批評家だけでなく、多くの知識人がそこに巻き込まれた。リュリの「音楽悲劇」が登場して以降は、それがフランス音楽の代表としてイタリア・オペラに対置された。そしてその論争の中で、すでに両者の「混合」を説く立場も出現していた。そしてこの国民様式の比較論争は、すぐさまドイツにも輸入され、新たな展開をみせることになる。ドイツ人は、フランス音楽とイタリア音楽の優劣論争に対し、「第三者」としての立場で臨むことができたからである。

例えば、作曲家・音楽批評家ヨハン・アドルフ・シャイベは、1730年代に「ドイツ人は総じて、フランス人やイタリア人自身と同じくらい上手に、フランス風にもイタリア風にも作曲することができる」と書いている。彼によれば、その根拠は「真面目で、外国人から事物を受け入れることに積極的」というドイツ人の国民性にある。「ドイツ人は模倣と勤勉のために生まれる」のであり、「これら2つの特性が、イタリアとフランスの音楽様式の改良を可能にした」。さらに彼は「いわゆるイタリア音楽そのものがドイツ起源」であり、「音楽におけるよい趣味の確立は、ドイツ人の機知の産物である」とまで言っている。

「模倣」から「混合」へ

混合趣味の理論の集大成と言えるのが、ヨハン・ヨアヒム・クヴァンツの著書『フルート奏法』（1752年）である。クヴァンツはフリードリヒ2世のフルート教師も務めたことがあるフルート奏者・作曲家だった。その中で彼は、ドイツ人は音楽において「独自の趣味」は持たないが、「あらゆる外国の音楽から、そのよいところを利用するのが得意である」と書いている。したがって「諸民族の音楽の趣味から、最も優れたものを選び出す」ことで成立する「混合趣味」は、「ドイツの趣味」と呼ばれるべきである。そしてそうしたドイツの混合趣味は、どの国の人々にも気に入ってもらえる「より普遍的」な趣味である。これまでは、ドイツ人がイタリア音楽やフランス音楽を模倣してきたが、これからはイタリア人やフランス人が、「趣味の混合」という点でドイツ人を模倣するようになるだろう。このようにクヴァンツは、ドイツ人の遅れを好機に変える「逆転」の発想をみせる。

ドイツ人は、イタリア人やフランス人とは違って、音楽において「独自の趣味」は持たない。だがその代わり、他国の音楽を「模倣」し、そのよいところを「混合」するのが得意である。真面目さや勤勉さといったドイツ人の国民性がそれに大きく寄与している。その結果、ドイツ人が作る音楽は、他のどの国の音楽よりも「普遍的」なものとなる。それが18世紀のドイツ人が考案した混合趣味の理論であった。長い間、音楽の「後進国」に甘んじてきたドイツ人にとって、混合趣味は、「後進性」を「独自性」へと変換してくれる、絶妙の発想だった。

しかしここで注意しなくてはならないのは、ドイツ人が混合趣味を「ドイツの趣味」と呼んだにもかかわらず、「混合」や「いいとこどり」は、決してドイツ人の「専売特許」ではなく、文化的後進国でしばしば出現するアイデンティティ戦略であるという点だ。

実際、音楽の混合趣味もまずフランスで現れた。後にフランス音楽の代表格となるジャン＝バティスト・リュリは、元々ジョヴァンニ・バッティスタ・ルッリという名のイタリア人だった。フランス王ルイ14世の宮廷に職を得た彼は、その初期には、イタリア様式とフランス様式を折衷した音楽を作ることで支持を得ていた。ところがフランスでは、１６６１年にイタリア人の宰相マザランが世を去ると、ルイ14世が親政を開始し、イタリア趣味に傾倒した貴族階級を遠ざけ、市民階級出身者を積極的に登用するようになる。同年、リュリはフランスに帰化し、音楽的にも、フランスの「国民的（ナショナル）」な様式を意識的に目指すようになる。その完成形といえるのが「音楽悲劇」である。これは、詩人フィリップ・キノーと組んだリュリが、フランスの古典主義悲劇を土台にした音楽劇として新たに創始したジャンルであり、その後長く「フランス的」な音楽を代表する存在となる。このように、フランス音楽自体が「ハイブリッド」な起源を持っているのだ。

また、時代と場所を大きく移して、日本に目を向けても、同様な発想は存在する。例えば、明治期の美術史家・美術行政家、岡倉天心は『東洋の理想』（1903年）で、日本を「アジア文明の博物館」と呼んだ。日本は古来インドや中国など、アジアの様々な思想や文化の影響を受けてきた。しかし驚くべきは、それらが破壊されることなく、多様性を保持したまま、今も蓄積されていることである。岡倉によれば、このように日本が「アジアの思想と文化を託す真の貯蔵庫」たりえている理由は、「万世一系の天皇」という国体がその基盤に存在するからだ。岡倉はここから西洋文化に対する日本文化の優越性を説く。言うまでもなく、その狙いは、当時の国際社会の中で圧倒的な後進国に甘んじていた日本を、文化的に西洋に対抗させることにあった。「アジア文明の博物館」はそのためにきわめて効果的なレトリックだったのだ。そもそも『東洋の理想』は英語で書かれ、ロンドンで出版された「外向き」のマニフェストだったことを忘れてはならない。

「混合」は優れているか、劣っているか

18世紀のドイツ人が、ドイツ音楽の「普遍性」の根拠がそこにあると考え、そこに文化的アイデンティティを見出した、混合趣味。しかしそれ自体が、実際にはいささかも「ドイツ的」とはいえないとすれば、それは何という皮肉だろう。しかしさらなる皮肉は、ほどなくして、ドイツ人自身が、混合趣

味をむしろ「非ドイツ的」として否定するようになっていくことだ。

その最大の理由は、国民性（ナショナリティ）をめぐるパラダイムの転換にある。すなわち18世紀後半から19世紀にかけて、国民性は、人間の根源を形成するものとして再発見され、再定義されていく。それはドイツのみならず、全ヨーロッパ的規模で生じた変化だった。そうした根源的国民性をヨハン・ゴットフリート・ヘルダーはフォルク（民族、民衆を表すドイツ語）と呼んだ。彼は1797年にこう述べている。「自然が、言語や風俗、特性を通して諸民族を分けたのだから、人はそれらを人工的手段や化学的操作を通じて1つに混ぜ合わせてはならない」（『人間性促進のための書簡』第9集）。これは音楽について言われたものではないにせよ、ヘルダーが、混合趣味を「ドイツの趣味」と呼ぶような発想を拒絶していることは明らかだ。わずか半世紀前には、「より普遍的」で「完全」なものとして称賛されていた混合趣味は、これ以降、むしろ「不純」で「不完全」なものとして退けられていく。

ナショナリズムの嵐が席巻した19世紀のヨーロッパで、混合趣味の音楽が再び人々の愛国心と結びついて作られ、そして聴かれることはなかった。もちろん、作曲技法としてはそれは可能だった。しかし今や、ドイツ人は「ドイツ人らしく」、そしてフランス人は「フランス人らしく」作曲することが、音楽家に対する美的・倫理的要請となったからである。

このように混合趣味の盛衰を辿ることは、音楽史というマイナーな文化領域に貢献するにとどまらず、それを大きくこえでる文化的重要性を持つ。趣味の混合を「より優れた」状態とみなすのか、「より劣った」状態とみなすのか。それと全く同じジレンマが、現在でも、例えばマルチリンガル（多言語話者）

やハーフ〔混血〕をめぐり、世界のあちこちで生じている。そして旧来型のナショナリズムのパラダイムは、完全に破綻しつつある。忘却された過去の芸術に目を向けることが、そのまま同時に、世界の未来を展望することにつながる、ということがあり得るのだ。

〔参考文献〕

岡倉覚三『東邦の理想』村岡博訳、岩波文庫、1943年
クヴァンツ、ヨハン・ヨアヒム『フルート奏法〔改訂版〕』荒川恒子訳、全音楽譜出版社、2017年
吉田寛『民謡の発見と〈ドイツ〉の変貌――十八世紀』青弓社、2013年

第13章 宗教的交通の豊かさ

［本章のポイント］

本書の締めくくりとして、「宗教」概念の再考を通して近代をいかに開くかを正面から再検討する章を置きました。近代化は古典的には世俗化、つまり脱宗教化と同義に捉えられていましたが、グローバル化を経て現代の世界で論じられているのはむしろ社会の脱世俗化です。これは、近代を目的とする歴史の見方が端的に眼前の現実によって揺さぶられていることを示唆します。とはいえ、世俗化によって否定されただけではなく、それ自体近代的なものに追い立てられた宗教概念は、そのままでは脱世俗化後の社会を適切に秩序立てることはできません。本章は近代的歴史記述の枠組みを外したところに見出される宗教概念として、儀礼の意義を強調し、「弱い宗教性」という捉え方を提示します。

宗教とは何か

宗教とは何かを定義することは、容易ではありません。それでもささやかな出発点として、エミール・デュルケーム『宗教生活の原初形態』（1912年）を踏まえながら、「聖なるものに関する信仰と実践の体系」（Bellah, 2011）だと考えてみましょう。ここにある「聖なるもの」を定義することも同様に容易ではありませんが、それは何か人間を超えたものであり、ある種の畏怖や崇敬の感情を伴うものだと考えてみたいと思います。

宗教が哲学や科学といった他の人間の活動と異なるのは、そこに信仰という、聖なるものへの深い関与の活動があるからです。哲学や科学が目指すのは真理ですが、通常、「真理を信じる」とは言いません。それは真理が、信じるという行為に馴染まないように思われているからです。真理の探求はあくまでも「距離を取った知」であって、対象との間に程よい距離が生じなければなりません。その距離こそが、知にとって批判的であることや反証可能であることを可能にするものなのです。それに対して、宗教が開く信仰は、「関与する知」に支えられています。聖なるものに関与することで、自分自身の変容（さらには他者の変容）が生じていくのです（Kasulis, 2018を参照）。

しかし、対象である聖なるものとの間に、批判的な距離を取らないとすれば、宗教は簡単に一種の狂信に陥るのではないでしょうか。自分の信仰もしくは自分たちの信仰のみをよしとして、他を排除してしまうのではないでしょうか。この危険はたえず宗教につきまとっています。

それでも、先ほどの暫定的な定義にある「実践」を考慮に入れますと、この危険はやや緩和されてくるように見えます。哲学がテオリア（観想的実践）や理性によって真理を吟味し、科学が仮説と実験によって真理を検証するのに対して、宗教は儀礼的な実践を通じて信仰する聖なるものに関与するのです。この儀礼には歴史がありますし、通常はそれを上演する特定の空間と集団を有しています。そのために、儀礼的な実践は狂信的な熱狂へのある程度の歯止めともなりうるのです。ただし、その反対に、儀礼は硬直化し、特定の権力と結びつくことにもなるわけですから、かえって信仰を損なうこともしばしばありました。

儀礼についてもうひとつ述べますと、それが身体とりわけ感情に関わっていることが重要です。聖なるものへの信仰が、人間を超えたものへの畏怖や崇敬の感情を伴っている以上、儀礼は身体や感情の鍛錬や洗練に向かいます。そして、ここにもまた二重の帰結があることに注意しましょう。一方で、儀礼は身体や感情をより豊かにし、日常のあり方を乗り越える可能性を示しますが、他方で、身体や感情を規律化することで、それらを貧しくし、特定のあり方に押しとどめる場合もあるのです。

近代的な宗教

以上のように宗教を「聖なるものに関する信仰と実践の体系」だと考えると、それは古今東西の文化や社会にあまねく見出しうるものです。ところが、歴史のうえで宗教が問題化していったのは、とりわけ近代ヨーロッパにおいてでありました。プロテスタントによる新しい宗教運動とそれに対するカトリックの対抗運動は、16世紀半ばから17世紀半ばにかけて、一世紀に及ぶ宗教戦争を引き起こします。

では、プロテスタントの主張の核心は何であったのでしょうか。それは大きく見れば、信仰と実践の関係の調整でした。つまり、従来の教会を中心とする儀礼実践に支えられた信仰ではなく、個人の信仰が先にあり、儀礼実践は二次的だということです。そのために、教会という場所、そして神父とそれに関連する有力者たち（皇帝や王を含む）が重要ではなくなります。その代わりに、聖書と、それを読解することで神と直接向かいあう個人が前面に出てきました。一言で言いますと、信仰と実践の重心が、教会から個人の内面に移っていったのです。

このことは、キリスト教神学における大きな変更にとどまりませんでした。後に、それは社会のあり方を規定する社会的想像力を変えていったのです。とりわけ重要な帰結は、世俗化でした。世俗自体は（これに批判がないわけではありませんが）聖なるものの対概念で、多くの文化や社会に見出しうるものです。ところが、近代ヨーロッパにおける世俗化は、聖俗の共存する社会状況から、世俗優位の社会状況への変化を引き起こしました。より正確に言いますと、宗教が社会の公的な領域から、私的な領域である個人の内面に退き、社会の公的な領域がより世俗化し、私的な領域がより宗教化されたのです。これを政教分離という概念で説明することもあります。政教分離は、英語ではSeparation of Church and Stateであり、教会と国家の分離という意味です。つまり、政治という公的な領域から宗教という私的な領域を分離するという意味ですね。この変化を支えたのが、先ほど見たプロテスタンティズムであることは、よくわかることでしょう。しかし、それだけでなく、近代ヨーロッパの資本主義の展開や法的・哲学的概念の成熟もまたこの変化を支えていったのです（本書第7章、第8章を参照）。

イマヌエル・カントの『啓蒙とは何か』（1784年）では、理性に基づく啓蒙の敵として宗教が取り上げられています。その冒頭はこうです。

啓蒙とは、人間が自分の未成年状態から抜けでることである、ところでこの状態は、人間がみずから招いたものであるから、彼自身にその責めがある。未成年とは、他人の指導がなければ、自分自身の悟性を使用し得ない状態である。（カント、1950）

さらにカントは、未成年状態の典型で、最も有害で恥ずべきものが宗教だと述べます（同上）。

つまり、宗教は、近代の啓蒙のプロジェクトにおいて、徹底的に批判されていったのです。

とはいえ、事態はそれほど単純ではありません。近代ヨーロッパの世俗化や啓蒙の過程の中でも、宗教が消滅したわけではないからです。それどころか、宗教には、個人の内面に深く根を下ろすことによって、かえって政治や倫理との結びつきを強化していった面がありました。カントは『実践理性批判』において、理性の上に倫理的な規範を基礎づけようとした際に、最終的には神に訴えざるをえなかったのですが、そのことは実に重要なことです。つまり、世俗化と啓蒙の過程において、神ではなく人間（とりわけ理性）に基礎づけられた倫理的な規範を要請したのは、公的な空間を守るためだったのですが、皮肉なことに再び宗教を密かに導入しなければ、その要請は果たされなかったのです（ジュリアン、２０１７を参照）。

このことは政治においても同様です。近代の政治的な正統性を担保するためには、主権概念が洗練されていかなければなりません。究極的には人民主権という考えが登場するのですが、そこに体現された、人々が一人の個人としてその主権を有しているというモデルは、きわめてキリスト教的なものです。なぜなら主権とはもともと神の至高性であって、それが個人の政治的権能に置き換えられたからです。

非ヨーロッパ世界における近代的な宗教パラダイムの受容

では、こうした近代的な宗教パラダイムを非ヨーロッパ世界はどう受容していったのでしょうか。16世紀から17世紀にかけては、イエズス会を中心とする宣教師の布教に対して、日本や中国は当初は容認していましたが、それが世俗権力への強力な対抗になりうるとして、ある時期から排除するようになりました。日本の場合、その排除の構造に仏教が組み込まれ、宗門改のように、檀那寺が檀家の一人ひとりの宗旨をコントロールするようになります。この背景には、一向一揆のような強力な反権力闘争の記憶があるとも考えられています。

ところが、19世紀に入り、ヨーロッパそしてアメリカという西洋列強の経済的・社会的・軍事的な力が競り上がっていくと、キリスト教を邪教として排斥するだけでは済まなくなります。とりわけ、近代的な宗教の典型例と見做されたプロテスタンティズムへの対応は、非ヨーロッパ諸国が社会の近代化を推し進めるうえでは、不可避の問題になりました。

とはいえ、宗教化と世俗化という2つの課題を同時に遂行することは容易ではありません。聖俗が補完的に社会体制を構成していた日本や中国にあって、その分離を図りつつ、新たな概念としての宗教化と世俗化を定着させるというのは、並大抵のことではなかったからです。

日本において religion が「宗教」と翻訳されると、その後、この新たな概念は東アジアに広がっていきます。ところが、近代日本の啓蒙を代表する福沢諭吉は、「日本国中既に宗教なし」（福沢諭吉、1995）と述べていました。これはどういうことでしょう。

近代人として福沢は宗教を近代ヨーロッパ的な意味で理解していました。すなわち、プロテスタントのような内面における信仰です。そして、福沢は、日本において宗教として理解できる可能性があるのは神道と仏教だと考えていましたが、神道は宗教の体をなしておらず、しかも長い間仏教に吸収されていたし、仏教はというと、最初から為政者の政治的な道具となっており、「政府の奴隷」（同上）にすぎない、というのです。

では、宗教のない日本において、宗教をどうすればよいのでしょうか。福沢はここで内面における信仰としての宗教には向かわず、仏教であれキリスト教であれ、統治に資する宗教であれば十分だと考えました。統治の道具としての宗教ですね。江戸までの議論と同じ結論ではありますが、福沢のそれは世俗化の議論を踏まえたうえでの主張でした。

それでもプロテスタント的なモデルに基づく宗教も同時に求められていきます。例えば仏教は、神道と分離させられ、廃仏毀釈という弾圧を受けた後に、自らを宗教化していきました。浄土真宗の清沢満之や近角常観などは、内面における信仰としての仏教を作り上げようとした典型例です。清沢と協力したのが、南条文雄でした。南条はサンスクリット語研究をマックス・ミュラーのもとで学び、近代仏教学を日本に導入した人物です。仏教の宗教化は、近代仏教学と手を携えていました。その一方で、仏教は世俗との関係も新たに模索しました。日蓮宗に基づいた田中智学の国柱会のように、世俗宗教としての仏教を主張するものが登場したのです。

神道もまた大きく変容していきました。仏教から分離した後、神道は日本の固有性を体現したものとされ、日本の国民神話の形成に大きく関わっていきます。戦前の政府による公式見解では「神道は宗教ではない」とされていましたが、国家神道に編成し直されて、ネーションとしての日本を支えたのでした。

儒教も、神道と同様に、宗教ではないと見なされており、そのために、神道と協力しながら国家神道を作り上げていきます。とりわけ、心という視点から内面を扱うのに優れていた陽明学を近代化した近代陽明学は、儒教にプロテスタンティズムに匹敵する力を与えたのでした。

言うまでもなく、だからといって、すべての宗教が国家に還元されていったわけではありません。仏教・神道・儒教のいずれにも、対抗運動としての宗教運動がありましたし、国家とは異なる公共空間を支える宗教という側面もあったわけです。

ここで中国の場合も見ておきましょう。近代中国では、まずは儒教が問題になります。改革派でもあり公羊学者でもあった康有為は、儒教の宗教化に取り組み、イエスに基づくキリスト教とパラレルに、孔子に基づいた孔子教（孔教）という宗教を創設しようとしましたが、変法運動とともに失敗に終わります。その後、儒教は、啓蒙の言説の進展の中で、中国の封建制・後進性の象徴として周縁化され続けました。それでも、新儒家と呼ばれる運動の中では、仏教と手を携えることで、儒教の宗教性への期待は保存されていきました。

仏教は楊文会の金陵刻経処の設立（1866年）によって、文献学の観点から復興が始まります。その後、楊文会はロンドンで南条文雄と出会い、日本から中国で失われた仏典を手に入れました。1910年には仏学研究会を立ち上げ、「仏学」という近代仏教学を創設したのです。日本と中国の思想的な媒介関係はきわめて重要だったのです。その弟子である欧陽漸は師を継いで、支那内学院を建てます。そこで、章炳麟や太虚といった仏教学者を育成しながら、中国仏教を近代仏教として復興したのです。

それでも、国家神道を形成していった日本と異なり、中国では儒教も仏教も国家を支える宗教にはなりませんでした。新儒家の議論には儒教と国家を繋ぐ回路もありましたが、共産党が政権を担うことになってからは、新儒家は大陸からしばらく姿を消してしまいました。とはいえ、中国において国家を支える宗教もしくは宗教的なものが全くないというわけではありません。全面的西洋化を唱えた近代中国の知識人たちは、近代的な宗教の力を十分に理解していたからです。近代中国において宗教的な働きをしたのは、近代中国文学と近代中国哲学だと思います。それはフランスのライシテ（世俗主義）のように、宗教なき宗教とでも呼ぶべきものだと思います。

インドでも、19世紀にはヒンドゥー教の宗教化と世俗化が生じました。「ブラーフマ協会」（1828年）を創設したラーム・モーハン・ローイはその代表者で、イギリス東インド会社の地方官吏を務めたり、サンスクリットから『ヴェーダ』や『ウパニシャッド』を文献学的に読み直したりしながら、ヒンドゥー教の本来の姿が、後の儀礼や制度によって損なわれていると主張します。

例えばサティという寡婦殉死の儀礼や、カースト制度に反対し、その禁止に取り組んでいったのです。ローイがキリスト教と親和的な仕方でヒンドゥー教の改革を唱えたのに対し、「アーリア協会」（1875年）を設立したダヤーナンダ・サラスヴァティーは、キリスト教そしてイスラームに対して敵対し、一種の原理主義的なヒンドゥー教を主張しました。

興味深いのは、「霊性 spirituality」という概念を広めたスワミ・ヴィヴェーカーナンダです。すべての宗教の真理は一に帰すことを唱えたラーマクリシュナの弟子として、1893年にシカゴで開かれた万国宗教会議に参加しました。その前後で、ヴィヴェーカーナンダは、世俗的なものとも制度化された形での宗教とも区別された、より普遍的で根源的な宗教性としての「霊性」を主張したのでした。

ポスト世俗化社会における宗教復興——弱い宗教性について

このような宗教パラダイムの受容を経た後、20世紀の後半以後になると、宗教のあり方は再び大きく変容することになりました。宗教復興と呼ぶべき現象が世界中に見られるようになったのです。その背景としては、世俗化と宗教という近代を支えた2つの重要な概念の関係に変化が生じたことがあります。

世俗化と宗教が共存しえたのは、国民国家という枠組みを利用できたからでした。ところが、第2次世界大戦後の植民地の独立、さらには冷戦後のグローバル化によって、国民国家という枠組みそれ自体が軋み始めます。それはより強固なナショナリズムを煽る一方で、新しい帝国を求めるようになりました。その中で、どのようにして公共空間を維持すればよいのか。世俗主義に任せておけば公共空間は維持できるのか。そうではなく、宗教こそが再び公共空間において役割を担わなければならないのではないか。ユルゲン・ハーバーマスが「ポスト世俗化社会」という言葉で問うたのはこの問題でした。具体的には、世俗的な市民と宗教的な市民の間の対話や翻訳をどう行っていけばよいのかという問いが出されていきます（ハーバーマス、2014を参照）。

その際に、議論の焦点となるのが、いわゆる宗教原理主義です。原理主義という概念は20世紀前半のアメリカにおけるキリスト教の原理主義運動に由来するものですが、それが20世紀後半に拡張されて使用され、イスラーム原理主義、ヒンドゥー原理主義、さらにはユダヤ原理主義や儒教原理主義と呼ばれる場合が出てきました。こうした拡張された使用を素朴に受け入れることは慎まなければなりません。例えばイスラーム圏においては、イスラーム運動は、近代的な国家が不十分にしか準備できない福祉を補完する意味も大きくあり、原理主義として一括りにすることは全く不適切だからです。

それでも原理主義という仕方での理解がなされる基礎には、近代とりわけ世俗化と宗教という問題系への不満があります。別の言い方をすれば、世俗化した後の、民主的でリベラルな公共空間では、社会・経済・政治に関わる重要な問題が十分には解決されないという不満です。復興した宗教であれば、そうした問題を解決してくれる、もしくは解決まではいかないにしても、不遇に陥った人々に意味を与え直してくれるのではないのか、と問い直されたのです。

とはいえ、極端に政治化した宗教原理主義は、世俗化が支えようとした公共空間を破壊しかねませんし、さらには宗教それ自体（近代化された宗教であれ、より伝統的な宗教であれ）を自己閉塞させ、不寛容で排他的なものにもしかねません。そうではなく、ポスト世俗化社会において考えるべきなのは、弱い宗教性ではないでしょうか。

それは、先ほど見たように、インドのヴィヴェーカーナンダの「霊性」という概念にもすでに現れていて、近代的な強い宗教概念（超越者に対して、個人がその内面で直面する信仰の強調）に対抗するものです。それは、垂直的な超越よりは水平的な聖性に向かうものでしょう。プラセンジット・デュアラが、インド・中国・日本の宗教経験から導き出した「対話的超越」という概念は、そのような宗教性のことです（Duara, 2015を参照）。そして、「霊性」という概念はゲニウス・ロキ（土地の精霊）から離れることはなく、在来の宗教概念を賦活するものでもあるのです。

もう一つ、冒頭で触れた宗教の最小限の定義に戻って、弱い宗教性について述べますと、それは無媒介的な信仰よりも身体に根ざした実践を重視するものでしょう。より具体的にいえば、歴史的に吟味され続けてきた儀礼の意義を見直すことで、無媒介的で即座の反応としての信仰に、考える余地を取り戻し、批判的な距離を開くものです。マイケル・ピュエットが儒教の「礼」を、カント的な定言命法に対抗する、仮定法的な「かのように」の規範だと理解し直したことは、この点で実に示唆的です。

人生の脈絡や複雑さを凌駕する倫理的、道徳的な枠組みはない。あるのはわずらわしい現実世界だけで、わたしたちはそのなかで努力して自己を磨く以外ない。ありきたりの〈かのように〉の礼こそ、新しい現実を想像し、長い年月をかけて新しい世界を構築する手段だ。人生は日常にはじまり、日常にとどまる。その日常のなかでのみ、真にすばらしい世界を築きはじめることができる。（ピュエット＆グロス＝ロー、２０１６）

儀礼の意義の見直しは、多くの宗教においても進められています。その際に、伝統的とされている儀礼に対するメタ宗教的な眼差しが必要です。さもなければ、宗教は実に不自由な足枷になってしまうことでしょう。メタ宗教的とは、宗教、この場合は儀礼を歴史的かつ哲学的に問い直すということです。歴史や哲学は、宗教の自己閉塞化への歯止めであり、さらには宗教をより豊かに生きるための鏡なのです。

宗教という概念の系譜学(1)――他者の古さ

ところが、私たちが通常目にしているのは、弱い宗教性を認めようとはしない、近代的な強い宗教概念です。少しここでその概念を系譜学的に検証してみましょう。

プロテスタンティズムへの対抗運動の中で、カトリックが修道会（イエズス会、後にドミニコ会やフランシスコ会も）を世界各地に派遣していった際に、ヨーロッパには大きな問題が生じます。それは、他者の古さをどう考えるかという問題でした。

例えば、中国布教を例に取ってみましょう。最初の頃、キリスト教の宣教師たちは、中国の宗教思想とキリスト教を直接接続させようと努力しました。その代表がマテオ・リッチで、リッチは中国の儒教に天（上帝）への信仰を見て取るとともに、キリスト教を中国化し（伝統的な儀礼、例えば祖先祭祀を認める）、仏教に代えてキリスト教を採用させるようにしました。ところが、リッチの後、ローマ教皇庁は態度を変えていきます。厳密なキリスト教の実行を要請し、いわゆる典礼論争を中国皇帝との間で起こすことになりました。つまり、教皇と皇帝のどちらがより典礼において優位かという論争です。祖先祭祀や祭孔（孔子を祭る）という儀礼を認めない教皇庁に対して、清朝皇帝も強い態度で臨み、1773年には中国のイエズス会を解散させます。

しかし、中国という問題は、こうした布教や政治の問題にとどまりませんでした。それ以上に、中国からもたらされる情報によって、ヨーロッパ社会の根底をなすキリスト教の権威が揺さぶられてしまったのです。なぜなら、中国の経書には聖書に書かれているよりも古い歴史が伝えられており、超越的な神という概念がなくとも、中国社会には秩序が成り立っているように見えたからです。

それにもっとも敏感に反応したひとりが、ゴットフリート・ヴィルヘルム・ライプニッツでした。ライプニッツは若い時から宣教師の伝える中国の情報を得ていましたが、晩年になって『中国自然神学論』を書き上げます。その中で、朱子学の概念体系を利用しながら、「理」をキリスト教の神に、「鬼神」を天使に、「神（精神）」を人間の魂に比定したうえで、第一原理としての「理」を「能産的自然 Natura naturans」すなわち創造的な力として理解したのです。これはマテオ・リッチのような宣教師の態度に倣ったものでした。

しかし、より重要なことは、ライプニッツの哲学の核心にある、「可能世界論」に与えた影響です。これは、神が複数の可能世界から、この現実の世界を最善の世界として選んだという主張の根拠となるものです。しかし、なぜ可能世界を構想しえたのか。その理由の一つが、中国がヨーロッパの他者として登場したということです（ドゥルーズ&ガタリ、１９９７）。キリスト教が前提とされているこの世界とは別の仕方で世界はありうるのではないのか。ヨーロッパの社会は複数可能である社会のひとつにすぎないのではないのか。中国という他者を前にして、こうした根本的な疑問が登場したのです。

もうひとつの重要な他者はエジプトです。ヨーロッパのエジプトへの関心は13世紀頃からの探検記や旅行記に窺えますが、17世紀にその関心が一挙に高まります。オックスフォードの天文学者ジョン・グリーヴスによるピラミッドの測量やイエズス会士のアタナシウス・キルヒャーのヒエログリフ研究やコプト語研究がその例として挙げられます。その後、ナポレオンのエジプト遠征（１７９８年～１８０１年）がヨーロッパにエジプトブームを引き起こし、エドワード・サイードの批判するオリエンタリズムとしてのエジプト学が成立していったのです。後述するゲオルク・ヴィルヘルム・フリードリヒ・ヘーゲルが、エジプトの宗教を問題にしたのはこうした背景があったのです。

インドという他者にも触れないわけにはいきません。イエズス会はインドにも布教に赴きましたし、東インド会社を通じての交易とその後の植民地化という重い歴史がここにはあります。そして、エジプトと同様に、言語学的関心や文献学的関心がインドに向けられました。東インド会社のウィリアム・ジョーンズが、サンスクリット語とギリシア語・ラテン語の起源が同一であると論じた「ヒンドゥーについて」（１７８６年）以降、比較言語学と比較宗教学を中心とするインド学が成立したのが、その象徴的な出来事です。しかし、中国やエジプト以上にインドが厄介であったのは、「インド＝ヨーロッパ語族」もしくは「アーリア人」という概念のもと、言語的・民族的にヨーロッパに直接つながりうると考えられたことでした。ルネッサンスにおいて発見されたギリシアという起源を超えて、より古いヨーロッパの起源が登場してしまったのです。近代宗教学を創設したマックス・ミュラーが、ヴェーダというサンスクリットの古形とそれによって書かれた『リグ・ヴェーダ』研究から始め、それを比較宗教学の根本に置いていたことには、このようなヨーロッパの古い起源としてのインドが前提にあったわけです。

宗教という概念の系譜学(2)――一神教

以上のような他者との出会いによって、宗教という概念がより強固に定義され直す中で、キリスト教のような啓示宗教を優位に置き、それ以外の宗教を劣位に置くという宗教のヒエラルキーが導入されました。

その典型がヘーゲルの考えでした。ヘーゲルは最初の「宗教哲学講義」(1827年)において、段階的発展(精神的かつ歴史的)に基づく宗教のヒエラルキーを提唱しました。すなわち、「規定された宗教」から「完成された宗教」へというものです。この「規定された宗教」は、さらに2つに分かれていて、一方で、自然宗教、呪術宗教(中国の儒教と道教を含む)、仏教、ラマ教、ヒンドゥー教、ゾロアスター教、エジプトの宗教が順番に並べられ、他方で、より精神的に高まったものとして、美の宗教としてのギリシアの宗教、崇高の宗教としてのユダヤ教、目的に合わせた宗教としてのローマ人の宗教があるとされました。そして、「完成された宗教」とは、啓示宗教としてのキリスト教のことでした。別の「宗教哲学講義」でも、カテゴリー化に若干の違いはありますが、順序は変わりません。主著である『精神現象学』（1807年初版、1832年第二版）でも同様に、キリスト教に向かって高まっていく宗教のヒエラルキーが叙述されました。

こうした宗教のヒエラルキーという考え方を強化したものが、「一神教」という概念でした。この概念は、1660年にヘンリー・モアが出版した『敬神の深秘を説く *An Explanation of the Grand Mystery of Godliness*』において、「一神を崇拝すること」としてはじめて用いられます。モアは、ケンブリッジのプラトン学派という、近代初期の啓蒙の学派の一員で、ギリシアとりわけプラトンと新プラトン主義のプロティノスに依拠することで、理性と信仰の調和を目指しました。モアは多神教が偶像崇拝や無神論に傾くとして批判し、一神教を優位に置いたのです。

その後、プリミティブな宗教から多神教そして一神教という歴史的段階が設定されるようになり、さらにそれが人間の精神的な発展と重ねられることになります。ヘーゲルは、その前提の上で議論をしていたわけです。「一神教」という概念は近代において猛威を振るっていき、その影響は現代にも及んでいます。

例えば、精神分析のジグムンド・フロイトは、その最後の著作『モーセと一神教』（1939年）で、ユダヤ人ならぬエジプト人モーセが一神教の理念をユダヤ民族にもたらしたという主張をしました。これもまた一神教概念に取り憑かれたものです。また、近代の宗教学を開いたマックス・ミュラーが、一神教概念を比較宗教学の言説とともに、ヨーロッパの外に流布したことも重要です。ミュラーは宗教を比較することを通じて、一神教こそが発達した文明のものだと繰り返し主張しました。またそのミュラーとオックスフォードで一緒であったエドワード・バーネット・タイラーが、プリミティブな宗教の中心概念を「アニミズム」という霊魂観念に置き、やはりそこからの宗教発展史を構想していたことも指摘しておきたいと思います。今日でも、日本の神道は「アニミズム」であり、よりプリミティブな宗教だという理解が浸透していますが、それはこうした歴史的背景があるのです。

無論、キリスト教を頂点とする歴史的・精神的な宗教のヒエラルキーが、時に転倒されることもありました。それは、プリミティブな宗教により純粋な宗教性を求めるという、一種のロマン主義の運動からです。その傾向は、実は、ヘーゲルにも、ミュラーにも認められるものです。ここには弱い宗教性へとつながっていく可能性があったかもしれませんが、それでも、宗教のヒエラルキーという枠組みそれ自体が依然として前提にされたままだったのです。

宗教的交通の豊かさを言祝ぐ

このような系譜学的な理解を踏まえるなら、私たちは必ずしも、ヨーロッパ中心主義的な、一神教を頂点とするヒエラルキーと、それに基づく宗教概念に従う必要のないことがわかります。そうではなく、より在来の宗教経験を賦活し、弱い宗教性を重視した方がよいのではないでしょうか。そのためには、すでに述べたように、メタ宗教的な眼差しがどうしても必要です。それは歴史的で哲学的な眼差しでもありますが、何よりも宗教的交通の豊かさに着目することが重要になります。近代的なヨーロッパの宗教学とりわけ比較宗教学には、キリスト教をモデルにした「宗教」のもとにその他の宗教を編成し直そうとする力が多く働いていました。そこには、他者を前にした怖れが根底にあったと思われます。

それと反対に、私たちは、翻訳の実践を通じた宗教的交通に着目することで、宗教が特定の文化や社会において機能するという単一化された眼差しから逃れ、より横断的で発見的な宗教のあり方を考えることができるのではないでしょうか。

その具体例はすでにあります。例えば、内村鑑三が「日本的基督教」を主張したとき、それは、日本化されたキリスト教でも、日本における宣教師のキリスト教実践でもなく、日本の在来の経験を通してより普遍化されたキリスト教を構想しようとするものでした。仏教においても、それが中国において翻訳され、新しい経典が書かれることで、大乗仏教の可能性が大きく開かれていったわけです。同じことは、イスラーム圏で保存されていたギリシア哲学がヨーロッパに入り、中世神学を作り上げていったことにもうかがうことができます。

宗教的交通の豊かさを言祝ぐこと。ここに、弱い宗教性を今日考える基盤があるのです。

〔参考文献〕

Bellah, Robert N, *Religion in Human Evolution: From the Paleolithic to the Axial Age*. Cambridge and London: The Belknap Press of Harvard University, 2011

Duara, Prasenjit, *The Crisis of Global Modernity: Asian Traditions and a Sustainable Future*. *Cambridge*; New York: Cambridge University Press, 2015

Kasulis, Thomas P., *Engaging Japanese Philosophy: A Short History*. Honolulu: University of Hawaii Press, 2018

カント、イマヌエル『啓蒙とは何か』篠田英雄訳、岩波文庫、１９５０年

ジュリアン、フランソワ『道徳を基礎づける』中島隆博・志野好伸訳、講談社学術文庫、２０１７年

デュルケーム、エミール『宗教生活の原初形態』上下、古野清人訳、岩波文庫、１９７５年

ドゥルーズ、ジル、ガタリ、フェリックス『哲学とは何か』財津理訳、河出書房新社、１９９７年

中島隆博「理もまた異なる――ライプニッツと王夫之を繋ぐもの――」、『立命館文学』第５６３号、立命館大学人文学会、２０００年２月

中島隆博「新儒家と仏教――梁漱溟、熊十力、牟宗三」、『思想』第九号、岩波書店、２００７年９月

ハーバーマス、ユルゲン「公共圏における宗教――宗教的市民と世俗的市民による「理性の公共的使用」のための認知的前提」、島薗進・磯前順一編『宗教と公共空間――見直される宗教の役割』東京大学出版会、２０１４年

ピュエット、マイケル、グロス＝ロー、クリスティーン『ハーバードの人生が変わる東洋哲学』熊谷淳子

訳、早川書房、２０１６年
福沢諭吉『文明論之概略』松沢弘陽校注、岩波文庫、１９９５年

おわりに

本書は、2016〜2018年度に立命館大学アジア・日本研究機構 アジア・日本研究推進プログラムに採択された研究プロジェクト「『大分岐』と『大収斂』：アジアからの世界史像の再構築」の研究成果の一部です。本書の編者である山下範久は研究代表者として同プロジェクトを立案・遂行しました。また本書の特に第Ⅰ部は、JSPS科研費 JP17K04102の助成を受けた研究の成果の一部です。

本書の刊行が成って、何をおいてもまずお礼を申し上げたいのは、この「『大分岐』と『大収斂』」プロジェクトに研究分担者として参加くださった先生方です。同プロジェクトは私を含めて11名からなるチームを編成しました。メンバーの専門は、経済学、政治学、社会学、国際関係論、歴史学、哲学、文学など、多岐にわたります。一般に、専門の垣根を越えたコミュニケーションにはさまざまな困難がつきまとうものですが、特にこのプロジェクトはそれぞれの専門の暗黙の前提に近いところへずかずかと踏み込む議論が避けられない性格のものであり、ふりかえって冷静に考えれば、学識の点からも組織管理の点からも、私の力量を大幅に超えるものでした。それにもかかわらずプロジェクトがここまで来られたのは、メンバーの先生方お一人おひとりが、私が明示できる以上に、プロジェクトの意図をお汲みくださり、オープンな姿勢で討議に参加してくださったからということに尽きます。

どの先生も多忙をきわめておられる中、私のマネジメントのつたなさは、つねにメンバーの先生方のポジティブなコミットメントによって救われてきました。そして寄せられた各章の原稿はどれも討議を反映して素晴らしいものでした。編者の私の素人臭い質問や無理な注文にも皆さん前向きにご対応くださり、感謝に堪えません。これだけの多様な背景の著者による本が、一方で高い問題意識の共有に貫かれつつ、他方でこれだけのリーダビリティをそなえることができたことを本当にうれしく、ありがたく思っています。

プロジェクトを支えたのは、メンバーの先生方のコミットメントだけではありませんでした。プロジェクトでは、外部のスピーカーやディスカッサントを招聘するワークショップを重ねてきました。九州大学の小笠原弘幸先生は、一度ならずワークショップへの招聘に応じてくださり、最終的に「イスラーム世界」を論じた「補論」をご寄稿くださいました。小笠原先生は途中からは事実上プロジェクトのメンバーとも言うべきコミットメントをいただきました。メンバーの廣野美和先生のご周旋によって来日が実現したマンチェスター大学の鈴木章悟先生、そして立命館大学の小川さやか先生は、プロジェクトの初期の討議にきわめて重要な示唆を与えるご報告をいただきました。また東北大学の小田中直樹先生からは、世界史の教科書を書くということについて、豊富なご経験をふまえて、惜しみないご助言を賜りました。

『現代経済学のヘーゲル的転回』（ＮＴＴ出版）の著者であるカーステン・ヘルマン＝ピラー

ト先生をお迎えしての国際ワークショップはおおいに盛り上がりました。同ワークショップは、『現代経済学のヘーゲル的転回』の訳者である本プロジェクトメンバーの瀧澤弘和先生のご尽力で実現したものです。同書の合評会の形式で実施されたワークショップには、東京大学から宇野重規先生、そして同じく東京大学から玉手慎太郎先生にご報告をいただきました。それぞれのお立場からの鋭い批評に対して、ヘルマン＝ピラート先生も正面からお答えくださり、多元的な近代を「制度」の着眼で捉えるための理論的な基礎付けについて、討議を深めることができました。この後、ヘーゲル哲学およびプラグマティズムからの洞察をどう受け止めるかはこのプロジェクトに伏流するテーマのひとつとなりましたが、本書ではそれを十分に展開するところまでは進めませんでした。さらに追求したい主題です。

本書の骨格ができ上がったころに、特に第Ⅱ部を検討するワークショップで小笠原弘幸先生にくわえて、北海道大学の長谷川貴彦先生、そして明治学院大学の石原俊先生からフィードバックを得られたことは、プロジェクトの討議で盲点に入っていた論点に気づかされる貴重な機会でした。またオーストラリア国立大学と立命館大学との間の研究者交換プログラムで来日されていたジョセフ・マッケイ先生をお迎えしたワークショップも本書第Ⅱ部の論点を明確にするうえで大きな示唆を与えるものでした。同ワークショップにディスカッサントとしてご参加くださった京都府立大学の島本多敬さんのご報告は本書第3章に直接のご指示を与えてくださいました。

こうしたワークショップの開催はもとより、プロジェクトのマネジメントにおいて立命館大学のリサーチオフィスからは多大なるご支援をいただきました。プロジェクトの意義や実態に応じて柔軟な運用をご裁可くださった正木孝行さん、資金管理やゲストの招聘にかかわる事務処理を一手にご担当くださった辻川とも子さん、立命館大学アジア・日本研究機構の事務局として、当初よりプロジェクトを見守ってくださり、ワークショップのロジばかりか、マッケイ先生とのマッチングの手続きをサポートしてくださった岡本詠里子さん、その岡本さんのご異動のあと、同じくプロジェクトを支えてくださった川村夏子さんには、特に御礼を申し上げたいと思います。

11名の多様なメンバーを擁した本プロジェクトでしたが、「世界史のリテラシー」をできるだけ俯瞰的に提示するという本書の目的にかなう内容のすべてをメンバーだけで書ききることはやはり困難でした。小笠原先生のご貢献は先に述べた通りですが、くわえて第Ⅲ部に「家族」の章をご寄稿くださった立命館大学国際関係学部のライカイ・ジョンボル先生、「科学」の項でコラムをご寄稿くださった立命館大学先端総合学術研究科の松原洋子先生、「芸術」の項でコラムをご寄稿くださった同研究科の吉田寛先生のご協力がなければ、本書はその目的に達することを望みえなかったでしょう。本書の趣旨をたいへん前向きに受け止めてくださり、すばらしい原稿を頂戴することができました。本当にありがとうございます。

またこのプロジェクトでは、専門研究員として松井信之君の参加を得ました。松井君は資料の整理や研究会・ワークショップの運営補助など、およそプロジェクトをまわす裏方の仕事を一手に引き受けてくれました。また本書の最終段階の原稿を読んで有益な指摘をしてくれました。記して感謝します。

本書は、もともとは大学生向けの教科書を念頭に制作を進めていたものでした。しかし、実際に草稿を互いに検討し、入稿原稿が集まってくる中で、本書の射程は単に大学における社会科学教育の範囲を超えるものであることがわかってきました。本書のポテンシャルを見抜いて、より広い読者にむけて発信力のある作品へと導いてくださった東洋経済新報社の岡田光司様にも厚く御礼申し上げたく存じます。

最後にもうお一人どうしてもお礼を述べておきたい方がいらっしゃいます。渡辺公三先生です。本プロジェクトのアイデアを最初に面白がって聞いてくださったのは、渡辺先生でした。プロジェクトにおいて大きなカギの役割を果たされた中島隆博先生、そして橋本悟先生を私にお引き合わせくださったのは渡辺先生です。本書が刊行されれば、真っ先に御覧に入れたいと念じておりました。ところが渡辺先生は一昨年末に、病のため、いまだに信じられぬほど唐突に不帰の人となってしまわれました。「山下君、このプロジェクトはもっと面白くできるよ」と、折に触れて温かく叱咤くださった渡辺先生に感謝を捧げて、筆を擱きたいと思います。

２０１９年2月

山下範久

教養としての　世界史の学び方

2019年4月3日発行

編著者――山下範久
発行者――駒橋憲一
発行所――東洋経済新報社
〒103-8345　東京都中央区日本橋本石町 1-2-1
電話＝東洋経済コールセンター　03(5605)7021
https://toyokeizai.net/

装　丁………秦浩司（hatagram）
D T P………アイシーエム
印刷…………丸井工文社
編集担当……岡田光司

Printed in Japan　ISBN 978-4-492-06211-1

【執筆者紹介】

山下範久（やました のりひさ）　編著者、第1章、第2章、第3章担当
1971年生まれ。東京大学大学院総合文化研究科国際社会科学専攻博士課程単位取得退学。現在、立命館大学国際関係学部教授。歴史社会学、社会理論専攻。著書に『世界システム論で読む日本』（講談社、2003年）、『現代帝国論』（NHKブックス、2008年）、編著に『ウェストファリア史観を脱構築する』（ナカニシヤ出版、2016年）、訳書にA・G・フランク『リオリエント――アジア時代のグローバルエコノミー』（藤原書店、2000年）ほか。

岡本隆司（おかもと たかし）　第4章担当
1965年生まれ。京都大学大学院文学研究科東洋史学専攻博士後期課程単位取得退学。博士（文学）。現在、京都府立大学文学部教授。東洋史、近代アジア史、中国近代外交史専攻。著書に『属国と自主のあいだ――近代清韓関係と東アジアの命運』（名古屋大学出版会、2004年）、『中国の誕生――東アジアの近代外交と国家形成』（名古屋大学出版会、2017年）、『世界史序説――アジア史から一望する』（ちくま新書、2018年）ほか。

辛島理人（からしま まさと）　第5章担当
1975年生まれ。一橋大学経済学部卒業、オーストラリア国立大学にて博士号（歴史学）取得。現在、神戸大学国際人間科学部准教授。国際文化学、知識社会史専攻。著書に『帝国日本のアジア研究』（明石書店、2015年）、Engineering Asia（共著、Bloomsbury、2018年）ほか。

石川敬史（いしかわ たかふみ）　第6章担当
1971年生まれ。北海道大学大学院法学研究科法学政治学専攻博士課程単位取得退学。博士（法学）。現在、帝京大学文学部史学科准教授。アメリカ史、アメリカ政治思想史専攻。著書に『アメリカ連邦政府の思想的基礎――ジョン・アダムズの中央政府論』（渓水社、2008年）、『岩波講座　政治哲学2　啓蒙・改革・革命』（分担執筆、岩波書店、2014年）ほか。

小笠原弘幸（おがさわら ひろゆき）　補論担当
1974年生まれ。東京大学大学院人文社会系研究科博士課程単位取得退学。博士（文学）。現在、九州大学人文科学研究院イスラム文明学講座准教授。オスマン帝国史専攻。著書に『イスラーム世界における王朝起源論の生成と変容』（刀水書房、2014年）、『オスマン帝国史――繁栄と衰亡の600年史』（中公新書、2018年）、編著に『トルコ共和国　国民の創成とその変容――アタテュルクとエルドアンのはざまで』（九州大学出版会、2019年）。

瀧澤弘和（たきざわ ひろかず） 第7章、第8章担当
1960年生まれ。東京大学大学院経済学研究科応用経済学専攻博士課程単位取得退学。現在、中央大学経済学部教授。比較制度分析、実験ゲーム理論、社会科学の哲学専攻。著書に『現代経済学 ゲーム理論・行動経済学・制度論』（中公新書 2018年）、訳書にJ・ヒース『ルールに従う』（NTT出版、2013年）、C・ヘルマン-ピラート＝I・ボルディィレフ『現代経済学のヘーゲル的転回』（共訳、NTT出版、2017年）ほか。

梶谷 懐（かじたに かい） 第7章、第8章担当
1970年生。神戸大学卒業、同大学大学院経済学研究科前期博士課程修了。博士（経済学）。神戸学院大学准教授などを経て、現在神戸大学大学院経済学研究科教授。専門は現代中国の財政・金融。著書に『現代中国の財政金融システム』（名古屋大学出版会、2011年、大平正芳記念賞受賞）、『「壁と卵」の現代中国論』（人文書院、2011年）、『日本と中国、「脱近代」の誘惑』（太田出版、2015年）、『日本と中国経済』（ちくま新書、2016年）、『中国経済講義』（中公新書、2018年）ほか。

大庭三枝（おおば みえ） 第9章担当
1968年生まれ。東京大学大学院総合文化研究科国際社会科学専攻修了。博士（学術）。現在、東京理科大学工学部教授。専門は国際関係論、アジア太平洋・東アジア国際政治。著書として『アジア太平洋地域形成への道程』（ミネルヴァ書房、2004年）、『重層的地域としてのアジア』（有斐閣、2014年）、『東アジアのかたち』（2016年、千倉書房、編著者）ほか。

廣野美和（ひろの みわ） 第10章担当
1976年生まれ。オーストラリア国立大学国際関係学科において博士号（国際関係論）取得。現在、立命館大学国際関係学部准教授、並びにハーバードケネディースクールフルブライト研究員。著書にCivilizing Missions: International Religious Agencies in China（New York: Palgrave MacMillan, 2008）、編著にChina's Evolving Approach to Peacekeeping（London: Routledge, 2011）ほか。

ライカイ・ジョンボル（Rajkai Zsombor） 第11章担当
1972年生まれ。エォトヴェシ・ロラーンド大学大学院東方学研究科言語学専攻において博士号（言語学）を取得。京都大学大学院文学研究科行動文化学専攻において博士号（文学）を取得。現在、立命館大学国際関係学部教授。家族社会学、社会理論、東方学専攻。著書に『競合する家族モデル論』（京都大学学術出版会、2014年）、編著にFamily and Social Change in Socialist and Post-Socialist Societies: Change and Continuity in Eastern Europe and East Asia（Leiden: Brill, 2014）ほか。

橋本 悟（はしもと さとる） 第12章担当
1980年生まれ。ハーバード大学東アジア言語文明学部において博士号取得。現在、メリーランド大学准教授。比較文学・美学、東アジア文学専攻。日本語による論文に、「世界文学と東アジア：夏目漱石・魯迅・李光洙と『新たな根源』」（『文学』）、「近代性と「情」の政治学：李光洙『無情』における弔喪の時間性」（『東洋文化研究所紀要』）ほか。

松原洋子（まつばら ようこ） コラム①担当
1958年生まれ。お茶の水女子大学大学院人間文化研究科博士課程修了。博士（学術）。現在、立命館大学副学長・立命館大学大学院先端総合学術研究科教授。科学史、科学技術社会論、生命倫理専攻。著書に『生命倫理のレポート・論文を書く』（共編著、東京大学出版会、2018年）、『生命の臨界』（共編著、人文書院、2005年）、『優生学と人間社会』（共著、講談社現代新書、2000年）ほか。

吉田 寛（よしだ ひろし） コラム②担当
1973年生まれ。東京大学大学院人文社会系研究科博士課程修了。博士（文学）。現在、立命館大学大学院先端総合学術研究科教授。美学、感性学、表象文化論専攻。著書に『ヴァーグナーの「ドイツ」』（青弓社、2009年）、『絶対音楽の美学と分裂する〈ドイツ〉』（青弓社、2015年、第37回サントリー学芸賞受賞、2015年度日本ドイツ学会奨励賞受賞）、共著に『ゲーム化する世界』（新曜社、2013年）ほか。

中島隆博（なかじま たかひろ） 第13章担当
1964年生まれ。東京大学大学院人文科学研究科中国哲学専攻博士課程中途退学。現在、東京大学東洋文化研究所教授。中国哲学、比較哲学、世界哲学。編著書に『思想としての言語』（岩波現代全書、2017年）、中島隆博編『世界の語り方1　心と存在』（東京大学出版会、2018年）、中島隆博編『世界の語り方2　言語と倫理』（東京大学出版会、2018年）、小林康夫・中島隆博『日本を解き放つ』（東京大学出版会、2019年）ほか。

索　引

く

け

こ

さ

し